LE PALAIS DES ARCS-EN-CIEL

« Espaces libres »

TENDZIN TCHEUDRAK

LE PALAIS DES ARCS-EN-CIEL

Mémoires du médecin du Dalaï-Lama

Préface du Dalaï-Lama

*Propos recueillis
par Gilles Van Grasdorff*

Albin Michel

Albin Michel
▪ *Spiritualités* ▪

*Collections dirigées
par Jean Mouttapa et Marc de Smedt*

© Editions Albin Michel S.A., 1998
22, rue Huyghens, 75014 Paris

www.albin-michel.fr

ISBN 2-226-12700-3
ISSN 1147-3762

Au peuple tibétain,
à la culture, à la médecine tibétaines,
avec une pensée toute particulière
pour les moines de Tchoté,
et le Mèn-Tsi-Khang.

Aussi longtemps qu'il y aura des êtres souffrants,
Et jusqu'à ce que leurs maladies soient guéries,
Puissé-je être, pour les aider,
Leur médecin, leur remède et leur serviteur.

Chantidéva
« Entrée dans l'activité
de la pratique du bodhisattva »,
chapitre III, 8e strophe.

LE DALAÏ-LAMA

Préface

Je me réjouis de la publication de l'autobiographie du docteur Tendzin Tcheudrak. Dans sa vie et dans son histoire, nous retrouvons toutes les souffrances endurées par le peuple tibétain au cours des cinq dernières décennies. Ce livre contribuera également à une meilleure prise de conscience de la situation du Tibet dans le monde.

Paradoxalement, lors de son séjour en prison, le docteur Tendzin Tcheudrak a soigné et guéri de nombreux officiels chinois, gagnant ainsi à contrecœur l'admiration de ses ravisseurs. Le fait que des idéologues communistes endurcis se soient adressés à lui pour recevoir un traitement — et cela à une époque où l'anathème était jeté sur l'ancien et le traditionnel — prouve l'efficacité de notre système médical.

Ce qui est à souligner chez le docteur Tcheudrak — comme d'ailleurs chez de nombreux Tibétains —, c'est la totale absence d'un sentiment de haine envers ses geôliers et ses tortionnaires. Ni les tortures ni les terribles privations subies tout le temps où il se trouvait dans les camps de travail et dans les prisons chinoises ne l'ont dévié des enseignements bouddhistes qu'il a reçus de ses maîtres. Le docteur Tcheudrak considérait notamment ses bourreaux comme des êtres humains qui possédaient la nature de bouddha, mais qui, à l'image de chacun d'entre nous, étaient tombés dans le monde des illusions et de l'adversité. Cette conviction a sauvé la vie et l'esprit du docteur Tcheudrak, ainsi que ceux de nombreux autres Tibétains.

Depuis son arrivée en Inde, le docteur Tendzin Tcheudrak est mon médecin personnel et le responsable de l'Institut de médecine et d'astrologie de Dharamsala, où de jeunes Tibétains peuvent désormais recevoir un enseignement pratique sur la science médicale tibétaine traditionnelle.

Je ne doute pas un instant que les nombreux lecteurs de cet ouvrage particulièrement émouvant seront touchés, voire inspirés, par cet exemple de résistance, de courage et de générosité. J'espère que ce livre suscitera une sympathie encore plus grande auprès de l'opinion internationale pour la cause du Tibet.

Tendzin Guiatso
Quatorzième Dalaï-Lama

Avertissement

La connaissance du Tibet, de son histoire, de sa culture et de ses religions est récente. Chacune des recherches effectuées est une pierre nouvelle apportée à l'édifice dont cet ouvrage se veut une contribution. D'hésitations en tâtonnements, la tibétologie progresse, exposant au grand jour un pays et un peuple menacés d'extinction.

Concernant la transcription des noms tibétains, elle a été simplifiée et nous nous sommes efforcés de reproduire les mots en appliquant une méthode de transcription la plus proche possible du parler tibétain. Par exemple, le mot *Gyatso* généralement utilisé est écrit ici selon la phonétique la plus proche du mot tibétain, c'est-à-dire *Guiatso*, plus utilisé par les Tibétains que *Guiamtso*. Comme les mots *Rinpotché* et *Kundun* sont déjà connus du public français sous cette graphie, nous les avons laissés tels. Pour les noms chinois, hormis pour les plus connus comme *Mao Tsé-toung*, la transcription officielle — ou phonétique, inventée par les Chinois après l'occupation du Tibet — a été généralement adoptée. Les noms de lieux au Tibet ont été écrits phonétiquement ; nous n'avons pas utilisé la transcription de noms chinois. Par exemple, nous écrivons *Chigatsé*, et non *Xigazé*, *Koumboum* et non *Taer*. Afin de ne pas perturber le lecteur, une liste de noms propres et de noms d'usage courant se trouve à la fin du livre : à l'orthographe anglaise correspond la phonétique française utilisée ici.

Nous remercions particulièrement Gilbert Buéso, professeur de tibétain à l'Institut Guépèle, auteur de la méthode d'apprentissage *Parlons tibétain* (L'Harmattan, 1998), pour sa contribution aux questions du Dharma, de la médecine tibétaine et de la transcription phonétique des termes tibétains en français.

Institut Guépèle (institut bouddhiste tibétain)
Fondé par Dagpo Rinpotché
Chemin de la Passerelle
77250 Veneux-les-Sablons

G. V. G.

Première partie

1922-1950

1

Retour dans le monde des humains

Je m'appelle Tendzin Tcheudrak. Je suis né, prématuré, le quinzième jour du deuxième mois de l'année chien-eau du calendrier tibétain (avril 1922), dans une famille pauvre et une maison toute simple, en plein cœur d'un pays si ancien qu'on le croyait éternel, le Tibet. Les montagnes alentour étaient majestucuses, couvertes de neige immaculée, de rocs puissants et d'herbe rare. Tout ici était rude, mais riche de tant d'histoire…

*Amala** — le nom familier par lequel nous, Tibétains, désignons notre mère — a accouché après seulement six mois de grossesse, un jour où le tonnerre grondait si fort dans la montagne que les villageois crurent entendre au loin les rugissements d'un dragon, que mon arrivée inattendue aurait provoqués.

Si je me réfère aux textes de la médecine tibétaine, expliquer le processus de la naissance est aisé, mais dans le cas d'un individu particulier la recherche des causes

---

* Les mots suivis d'un astérisque la première fois qu'ils apparaissent dans le texte sont expliqués dans le glossaire, p. 369.

précises se révèle un exercice complexe. Imaginez que le moment de la renaissance approche : vous êtes dans le *bardo**, et votre esprit éprouve, de plus en plus, le besoin d'un support physique qui prendra forme dans la matrice de votre mère. Emporté par l'énergie du karma*, vous vous approchez de vos futurs parents en union sexuelle. En les voyant ainsi, une très forte émotion vous envahit ; vous éprouvez, tout naturellement, une certaine attraction pour l'un, de l'aversion pour l'autre. Le *Guiu-chi** dit :

> *Trois éléments sont nécessaires à la formation d'un corps : un sperme parfait sans déficience causée par une maladie, du sang menstruel* [terme par lequel les Tibétains désignent l'ovule] *qui doit être au moment approprié de son cycle et sans déficience, et l'esprit de l'être de l'état intermédiaire* [bardo] *entraîné par son karma. La nature des cinq éléments — la terre, l'eau, le feu, l'air et l'espace — est nécessaire à son existence physique : ceci est la cause de la conception. L'évolution vers un support de sexe masculin ou féminin dépend des connexions que va établir l'être de l'état intermédiaire. S'il éprouve attirance envers la mère et aversion pour le père, il naîtra de sexe masculin. A l'inverse, s'il est attiré par le père et ressent de la colère envers la mère, alors une fille naîtra…*

En ce qui me concerne, je suis né garçon. Sans doute devais-je revenir ainsi à l'existence pour poursuivre mon chemin spirituel et aider les autres ? Seul le monde des humains permet un tel progrès. Vers la fin de la grossesse, le bébé considère l'utérus comme une prison emplie de substances nauséabondes. Dans cette forteresse obscure, il éprouve également un sentiment intense de tristesse, de répulsion et de saleté. C'est alors seulement qu'il se prépare à quitter le ventre de sa mère. Au moment de la naissance, le nourrisson vit un traumatisme très douloureux : « La sensation est semblable à celle d'une vache écorchée vive, ou de piqûres de guêpes, et quand il est baigné, le contact de l'eau lui donne la sensation d'être battu. »

Qu'ai-je antérieurement accompli pour naître ainsi prématurément ? Je ne saurais le dire. La seule explication que j'avancerais est liée aux actions de mes parents et au karma accumulé lors de mes vies précédentes.

Ma famille a toujours été très respectueuse des coutumes et traditions tibétaines. Après m'avoir mis au monde, *amala* n'a touché ni à ses cheveux ni à quelque objet que ce soit, au risque de les perdre ou de les user prématurément. *Mola* * — ma grand-mère, je préfère utiliser le mot tibétain car il est aussi l'expression de notre respect — s'est approchée de la couche pour lui faire palper un caillou[1]. Le troisième jour suivant la naissance[2], ma famille a procédé à la cérémonie de purification destinée à me libérer des souillures de l'accouchement. Toute visite est encore interdite ; les Tibétains estiment viciée l'atmosphère qui règne alors à l'intérieur de la demeure. Il faut donc attendre que prières et encens aient fait leur œuvre.

Amala s'est lavé le visage et les cheveux avec de l'eau

---

1. Cela peut être également un morceau de bois.
2. Dans certaines régions du Tibet, cette cérémonie se déroule, pour une fille, le quatrième jour après la naissance.

chaude, a revêtu des habits propres, puis a reçu les villageois venus nombreux lui porter des présents. Tous ont
tenu à m'accueillir et à me souhaiter la bienvenue dans
ce monde, sachant que nous, bouddhistes, considérons
le royaume humain comme le plus précieux de tous : il
nous offre en effet la possibilité d'accumuler suffisamment de mérites pour, peut-être en cette vie, à l'exemple
du poète mystique Milarépa [1], atteindre l'Eveil [2].

Un mois plus tard, au lever du jour, un arc-en-ciel
s'est formé, suivi d'une ombre noire, presque palpable,
dont les bras tortueux ont emprisonné le monastère au
loin, puis enveloppé la colline la plus proche. La pluie
est alors tombée, oblique et froide. Au début de l'après-
midi, un corbeau, noir et trapu, s'est perché sur un
arbre au sud-est de notre maison. Au coucher du soleil,
il a croassé lugubrement et notre chien a aboyé à six
reprises. Quelques heures après ces inquiétants pré-
sages, ma mère, vaincue par la maladie, quittait son
enveloppe corporelle. Mon frère aîné avait seize ans ;
moi à peine un mois...

---

1. Milarépa (1040-1123) : sage, auteur de poèmes qui ne furent
publiés en Occident qu'à partir de 1962. Il passa la majeure partie
de sa vie dans des grottes.

2. Le Bouddha précisa aussi qu'un être doit développer
conjointement la compassion (qualité de cœur) et la sagesse (qualité de l'intelligence) pour atteindre la perfection. Lorsque le sentier a été entièrement parcouru, le pratiquant devient lui-même un
Bouddha ou Eveillé, c'est-à-dire un être qui a éveillé en lui toutes
les potentialités et les a portées à leur plein épanouissement. Le
message fondamental du Bouddha est que tous les êtres possèdent
en eux de façon équivalente la nature de bouddha qui est la poten-
tialité de devenir Bouddha.

De nombreuses années ont passé depuis la disparition de ma mère. Aujourd'hui, je suis un simple moine bouddhiste tibétain, et je sais une chose : tout est impermanence.

« Parfois faite de bonheur, parfois de misère, une vie humaine reste ce bien fragile et précieux », disait le septième Dalaï-Lama *. Même si elle est également un processus d'apprentissage, tout être qui naît sur cette terre doit en passer par les étapes inévitables que sont la naissance, la vieillesse, la maladie et la mort. Il suffit de regarder autour de soi pour se rendre compte combien l'impermanence est manifeste. Cependant, si rien n'est stable, les choses ne se produisent pas pour autant au hasard. Chaque événement découle d'un précédent, suivant une causalité stricte. Même dans notre comportement, nous ne sommes pas libres, car volonté et désir sont dépendants de la somme de nos actions antérieures. C'est ce que nous, bouddhistes, appelons la loi de causalité.

Au moment du décès, un être ne se volatilise pas on ne sait où. Une renaissance suivra, qui sera heureuse, misérable, élevée ou moins bonne. Elle sera déterminée par l'état d'esprit du mourant et par la qualité de son karma, face à laquelle la plupart des êtres restent impuissants. Ils doivent ainsi subir une renaissance, telle que l'imposent la qualité de leurs propres karmas et la maturation des empreintes psychiques déposées sur le continuum mental par les actions passées du corps, de la parole et de l'esprit. C'est pourquoi nous devons

nous préparer longtemps à l'avance à de telles perspec-
tives, comme nous y invite Milarépa :

> *Quand vous êtes fort et en bonne santé,*
> *Vous ne pensez pas à la maladie qui peut survenir*
> *Mais elle vous frappe*
> *Avec la force soudaine de l'éclair.*
>
> *Engagé dans les affaires du monde,*
> *Vous ne pensez pas à l'approche de la mort ;*
> *Rapide, elle surgit, comme l'orage*
> *Qui éclate sur votre tête.*

Mola m'a souvent raconté la mort d'*amala*. Cette
nuit terrible du mois de mai, on a longtemps entendu
le bourdonnement assourdi des voix de proches et
d'amis, moines et laïcs, récitant inlassablement le mantra* de Tchènrézik[1], le bodhisattva* de la Grande
Compassion : *Om Mani Pémé Houm*. Au petit matin,
la montagne s'est couverte de gros nuages gris et le tonnerre a roulé, toujours plus fort, toujours plus proche.
Cependant, vers midi, le ciel s'est éclairci et le paysage
s'est paré de couleurs vives. Des volutes de fumée d'encens s'échappaient encore de l'autel lorsqu'on a drapé
le corps de ma mère, en position assise, dans un linge
blanc. Le lama a fait une ultime prière avec la famille,
avant de l'emporter sur une montagne avoisinante, en

---

1. En sanskrit, Avalokiteshvara ; il est le protecteur du pays et
de ses habitants. Très vénéré en Chine sous le nom de Guanyin, et
au Japon sous celui de Kannon, il y est représenté sous un aspect
féminin.

un lieu mystérieux où nichent les vautours. Le soleil frappait la terre de tous ses feux. Tout là-haut, une plaque de neige, semblable à une longue coulée de larmes, s'est détachée brusquement du rocher, comme un dernier adieu à l'être si cher qui venait de quitter cette vie.

Mola m'a dit que mon père avait retenu son chagrin, fièrement, suivant d'un regard triste le lama jusqu'à ce que son ombre se confondît avec l'horizon. Une étrange clarté, laiteuse et douce, l'absorbait. L'homme déposa le corps en un lieu consacré, tandis que ses prières perçaient le silence pénétrant des cimes. Puis il le découpa, détachant avec soin chaque lambeau de chair, pour le jeter aux rapaces qui guettaient déjà ; il broya les os pour les mélanger avec de la *tsampa* *, le plat traditionnel à base d'orge grillée, et abandonna cette mixture. En agissant ainsi, il permettait à *amala* de gagner un ultime mérite, alors qu'elle franchissait les différentes étapes du *bardo*.

Aujourd'hui, je suis devenu un vieil homme qui ne sait s'il vivra encore longtemps : « Dans l'océan du *Samsara* *, telle une marée éternellement changeante, notre vie bouge. » Pour échapper à cet océan de souffrances, emporté par la naissance, la vieillesse, la maladie et la mort, nous devrions manifester inlassablement bonté, amour, compassion et égalité d'esprit envers tous les êtres sensibles. Un proverbe dit :

Quel que soit l'endroit où nous vivons,
Tant que nous sommes prisonniers du Samsara,

Cela équivaut à résider sur la pointe d'une aiguille,
Ce qui ne peut nous apporter ni bonheur ni plaisir.

Il n'est cependant guère plaisant de se souvenir de son enfance lorsque, orphelin de mère, on a enduré beaucoup de privations. Mais ce ne sont pas mes seules souffrances. Il est aussi une autre période de ma vie dont le souvenir ne me procure aucun plaisir : il s'agit des vingt et une années que j'ai passées en prison. Elles m'ont profondément marqué. La plupart de ceux avec qui nous avons partagé des souffrances ne sont plus de ce monde, victimes des atrocités de nos geôliers chinois. Je me souviens avec émotion d'un couple de vieillards, d'un père, d'un berger de mon village, rencontrés dans un camp. Je ne les ai jamais revus vivants. Quelques-uns pourtant ont survécu, comme le moine Példèn Guiatso qui a partagé avec moi, pendant un an, une cellule de la prison n° 1, à Drapchi, près de Lhassa. Ce récit se veut aussi leur mémoire.

La meilleure manière d'affronter ces souvenirs est d'essayer de composer avec ce passé si lourd à porter, soit en le considérant comme une époque révolue et en l'effaçant tout simplement de son esprit, soit en méditant la loi de causalité. Ni l'un ni l'autre ne sont aisés. Cependant, aujourd'hui encore, à Dharamsala[1], je suis à chaque instant confronté à ce lourd vécu, surtout lorsque des parents viennent confier leurs enfants afin qu'ils puissent suivre une éducation tibétaine dans les

---

1. Situé dans l'Etat de l'Himachal Pradesh (Inde), Dharamsala est, depuis 1960, le siège du gouvernement du Tibet en exil et le lieu de résidence de Sa Sainteté le quatorzième Dalaï-Lama.

structures d'accueil créées par Sa Sainteté le Dalaï-Lama, et échapper ainsi à la répression communiste qui écrase toujours notre pays. La douleur n'en est que plus vive encore. Lorsque les souvenirs m'assaillent, il m'arrive de me demander s'il n'eût pas mieux valu pour moi me retirer comme un simple ermite.

Mon père s'est remarié quelques mois après la mort de ma mère et ma belle-mère ne m'a jamais aimé, parce que je n'étais pas son fils et que, de plus, je passais, aux yeux de tous, pour le simplet de notre village. Enfant, toujours vêtu de haillons, je n'ai eu d'autre choix que de tout supporter. Mon père, pris par ses occupations qui l'éloignaient souvent de son foyer, n'avait à son retour pas le temps de m'écouter. En outre, dès qu'il réintégrait le toit conjugal, il n'avait guère d'autorité. Quant à *mola*, elle a toujours su ce qui se passait dans notre demeure mais elle n'avait pas son mot à dire. Je me suis lentement habitué à la souffrance et j'en suis même finalement arrivé à ne plus me plaindre des mauvais traitements que me faisait subir ma belle-mère. « Dans le lit du *Samsara* croissent misères et ténèbres », disait le Grand Cinquième, nom par lequel nous, Tibétains, désignons le cinquième Dalaï-Lama. Une vérité que je n'ai jamais cessé de méditer.

Une précision, *mola* m'a beaucoup aimé ; elle s'est occupée de moi plus que de ses dix enfants, tous déjà plus âgés. Alors que je n'étais encore qu'un nourrisson, elle m'a nourri au lait de *dri*, la femelle du yack. Plus tard, dormant près d'elle, il ne s'est pas écoulé un seul jour sans qu'à l'insu de ma belle-mère elle ne m'apporte en cachette un petit bol de lait frais. Chaque soir, avant de se coucher, elle psalmodiait des prières et elle se prosternait. Blotti sous une épaisse couverture, je l'écoutais et l'observais en silence. Elle ressemblait beaucoup à ces vieilles femmes de l'U-Tsang que l'on peut encore aujourd'hui croiser à Mc Leod Ganj, le haut Dharamsala, un mélange de rudesse et de douceur avec un regard empli d'amour, de compassion et de sérénité. Quand des voyageurs empruntaient l'un des trois chemins qui conduisaient au village et à notre maison, elle leur offrait systématiquement une petite rasade de *tchang**, notre bière à base d'orge. Elle dispensait la même hospitalité à tous, demandant sans cesse des nouvelles de Lhassa et de *Kundun**. Parfois, elle leur rapportait des histoires sur notre famille, racontant notamment que le père de Kiabjé Ling Rinpotché*, le tuteur aîné de Sa Sainteté le Dalaï-Lama, et le *guièltsap** de Tsourpou étaient apparentés à nous, mais que nous n'entretenions guère de relations avec eux. *Mola* s'épanchait également avec tendresse sur mon sort, partageant avec eux ce terrible secret du lait dérobé qu'elle me donnait.

2

Une enfance d'orphelin

Mon village s'appelle Nièrtchèn; il est situé à quarante-cinq heures de marche de Lhassa, et presque autant de Chigatsé[1]. Bien avant ma naissance, les villageois étaient presque tous des cultivateurs rattachés au monastère de Tchoté. Tout y était beau, disait-on, mais les intempéries, les mauvaises récoltes avaient, au fil des ans, appauvri les habitants, les poussant à migrer. Seule trace de leur présence, les ruines qui entouraient ma maison et où, enfant, j'entraînais mes compagnons de jeu.

---

1. Chigatsé, capitale de la région du Tsang. Guèndune Droup (1391-1475), le premier Dalaï-Lama, disciple de Djé Tsongkhapa, fonda en 1447 le monastère de Tachilhunpo*, près de Chigatsé. Sous le nom de Guièloua Rinpotché (Précieux Victorieux), il en devint le premier abbé. L'ayant doté d'un atelier d'imprimerie, Guèndune Droup y entreprit l'impression du *Kanguiour* et du *Tènguiour* (le premier est le recueil des Paroles du Bouddha Chakyamouni; le second la collection des commentaires composés ultérieurement par les maîtres indiens; ces deux collections d'ouvrages sont des traductions du sanskrit en tibétain). Tachilhunpo est ensuite devenu, par la volonté du cinquième Dalaï-Lama, Ngawang Lobsang Guiatso (1617-1682), la résidence des Pèntchén-Lamas.

J'éprouvais à l'époque bien du mal à m'exprimer. On avait pris l'habitude de m'appeler l'«idiot» et de me considérer comme tel. En véritable chef de famille, ma belle-mère dirigeait la maison avec beaucoup de fermeté. Ne sachant que faire de moi, elle m'avait assigné à la garde du troupeau, sept cents chèvres et moutons, des yacks et des *dri*, que je menais, dès le lever du jour, de l'autre côté de la colline, où s'étendait à perte de vue une plaine herbeuse. J'avais à peine sept ans.

Notre maison était située, au pied de ce mont, à l'écart des autres habitations. L'été, dès les premières lueurs de l'aube, des ombres furtives se glissaient sur les toits. Le mouvement saccadé des moulins à prières rythmait les murmures, comme autant d'incantations. On brûlait aussi l'encens, en faisant des pratiques pour s'attirer les faveurs des divinités.

Commençaient ensuite les travaux de la ferme. Chez nous, on cultivait l'orge, un peu de blé, des pois et, en moindre quantité, de la moutarde. Quatorze personnes vivaient à la maison : l'oncle Tachi, l'oncle Tsétèn, papa Tétsèn, Pasang, Poo, Dordjé, Poutchoung, Déki, Dreulkar, Nozom, ma belle-mère, *pala** — nom par lequel nous désignons le père —, *mola* et moi. Chacun s'activait à ses tâches. Le travail était rude. Lorsqu'il brillait, le soleil cuisait la peau ; les outils raclaient la terre desséchée. Le soir, après les prières, quand la lune était pleine, chacun reprenait son dur labeur. Souvent, aux premiers rayons du soleil, les anciens se rendaient au moulin à eau, situé de l'autre côté du village, pour préparer la *tsampa*.

Leurs chants me transportaient et je me prenais à rêver, assis, au sommet de la colline. Le vent, en bourrasque, fouettait mon visage. Me parvenaient aussi les bêlements et les beuglements du troupeau qui broutait paisiblement. Mon regard saisissait parfois au loin le vol majestueux des aigles, que j'imitais en écartant les bras et en tournoyant sur moi-même. Mais un frisson me parcourait dès que des faucons, en bande, suspendaient leur vol plané pour piquer sur une proie : la mort rôdait, et la nervosité gagnait le troupeau que je rejoignais en courant. Il y avait au Tibet une faune très riche : des daims musqués, des antilopes, des cerfs à lèvres blanches et des cerfs rouges s'approchaient même de la maison. Des ours, des léopards des neiges, des loups guettaient nos bêtes et, par soir d'orage, descendaient de la montagne. Corbeaux et corneilles abondaient également.

La flore était magnifique. Une immense variété de plantes sauvages poussait à flanc de colline. Les champignons formaient un tapis multicolore ; il y en avait des rouges, des blancs mais les jaunes étaient les meilleurs. J'y goûtais volontiers au moment de la cueillette, mais nous appréciions surtout l'instant où *mola* les glissait dans le feu. Ce mélange de champignons grillés et de *tsampa* qu'avec gourmandise je saupoudrais d'une pincée de sel était un véritable festin. On trouvait aussi des oignons sauvages, une sorte de radis qui, une fois épluché, était particulièrement apprécié des enfants, et une plante qui ressemblait à de l'ail [1].

---

1. Sept sortes d'aulx sont utilisés dans la médecine tibétaine. Les marchands népalais venaient à l'époque chercher ces plantes au Tibet et les revendaient dans leur pays, où l'on s'en servait comme condiments.

Une fois le troupeau dans les pâturages, je m'empressais de grimper au sommet de la colline. Là, je passais une partie de mon temps à observer les ruisseaux qui serpentaient à flanc de coteau. J'étais rejoint chaque matin par mes demi-frères et demi-sœurs qui étaient mes seuls compagnons de jeu. Les heures passaient, joyeuses, à construire dans l'eau des réservoirs pour des poissons aux flancs argentés, que nous attrapions à la main. Leurs contorsions nous amusaient énormément. Nos cris et nos rires accompagnaient l'instant magique où nous ouvrions une brèche. S'y engouffrant immédiatement, les poissons, emportés par le courant, filaient, filaient.

Un autre jeu consistait à bâtir de petits temples à l'image de ceux que nous voyions autour de nous dans le village. Après avoir sélectionné avec soin, puis amassé pierres et ardoises, nous dressions les murs, posions les toits. La colline était parsemée de ces constructions grossières, embellies par un drapeau de prières que nous récupérions auprès de *mola*. Quand nous n'en avions pas, nous enroulions un peu de laine autour d'un bâtonnet que nous plantions dans le sol. Tout au long de ce travail minutieux qui nous accaparait des journées entières, nous chantions des prières dont nous ne connaissions pas les paroles, mais dont seule la mélodie ininterrompue et reconnaissable entre toutes flottait, immuable, dans notre mémoire. Enfin, nous faisions semblant de brûler de l'encens.

Les jours s'écoulaient, insignifiants parfois, succession de heurts souvent. Certains après-midi, lorsque le soleil frappait l'herbe rare, je m'allongeais à flanc de colline. Il m'arrivait de m'endormir profondément, la tête blottie contre un chevreau. Mais, lorsque je ne parvenais pas à trouver le sommeil, tout me paraissait confus. Une seule pensée occupait mon esprit, celle de ma mère. Bien que je ne l'aie pas connue, j'ai souvent eu l'impression de la voir, à peine perceptible. Je prenais pour l'effet d'un souvenir ce qui était simplement le fruit de mon imagination : le sourire tendre d'*amala*.

Cette présence aidait à supporter ma différence. Ma belle-mère avait une attitude très partiale à notre égard, donnant les vêtements les plus chauds à ses enfants, n'hésitant pas à m'habiller de loques — une chemise trouée en lainage blanc et une *tchoupa** déchirée que je rapiéçais comme je pouvais — et à me faire porter des chaussures éculées. Je m'étais tellement habitué à cette situation que je ne sentais plus le froid qui pénétrait mes os.

A la tombée du jour, je ramenais le troupeau à la maison. Les étables occupaient tout le rez-de-chaussée de notre demeure, appelé pièce du bas. Le foyer se trouvait au premier étage ; nous l'appelions la pièce du milieu. L'étage supérieur, le lieu du haut, était réservé à l'autel, aux offrandes et au foyer fumigatoire.

La période du *Lossar**, le nouvel an, est l'occasion de multiples célébrations. Au monastère de Tchoté, comme dans tous les lieux consacrés du Tibet, les moines, les lamas accomplissaient des *poudja**, rituels d'offrandes aux Dharmapalas, les déités protectrices du Dharma. Le nouvel an est aussi l'occasion pour nous, Tibétains, d'entreprendre un grand nettoyage : on balaie la maison de fond en comble, on repeint les murs, l'autel ; on change les drapeaux à prières sur les toits des maisons et des monastères, le tout dans une atmosphère de joie extrême. Tout au long du mois ont lieu, dans chaque demeure, des cérémonies de purification, de prières collectives. On s'échange aussi des *khata**, l'écharpe en soie blanche offerte en guise de fleurs, des *khapsé*, les gâteaux frits, et disons : *Tachi délèk** pour exprimer nos bons souhaits.

Les hommes et les femmes aussi passent au grand nettoyage général. Le jour du *Lossar*, les Tibétains doivent obligatoirement se laver les cheveux. Ils s'habillent de vêtements neufs ; s'ils n'en ont pas les moyens, ils en mettent au moins des propres. Pour le *Lossar*, ainsi qu'à l'occasion des autres fêtes villageoises, la partialité de ma belle-mère se remarquait particulièrement : mes demi-frères et demi-sœurs étaient habillés de neuf ; je continuais à porter les mêmes loques. Je pense qu'à l'époque, beaucoup d'orphelins de mère vivaient ce genre de situation.

Dans notre maison, comme dans tout le pays, la vie se déroulait dans une ferveur contagieuse : dès l'aube, l'autel s'illuminait de petites lampes à beurre qui diffusaient une clarté sautillante. S'élevait aussi le chant lancinant : *Om Mani Pémé Houm*. On dit — et je le crois volontiers — que ce mantra est tellement gravé dans la mémoire tibétaine qu'un enfant est capable de le réciter alors qu'il prononce à peine le mot *amala*. L'aîné de la famille répétait inlassablement la prière à Tara[1], que

---

1. En tibétain *Dreulma*; divinité féminine du bouddhisme, Tara est très populaire au Tibet. Elle personnifie l'activité de tous les Bouddhas pour le bien des êtres vivants. On l'invoque un peu comme la libératrice.

les enfants murmuraient tout bas, faisant semblant de la connaître déjà. Dehors, indissociables du paysage, les drapeaux de prières frissonnaient au gré du vent.

Chaque mois, notre famille recevait trois ou quatre moines, en fonction des moyens du moment. On leur portait du thé, servait le repas et on leur offrait un peu d'argent. En contrepartie, ils faisaient des prières à notre intention en lisant les textes sacrés. Une chose m'a étonné durant cette période de ma vie : ma famille se vantait de lire le *Boumdrok* et le *Nyitri*[1], pensant sans doute accomplir là un acte exceptionnel. Plus tard, je me suis souvent demandé pourquoi elle en tirait tant de vanité. Ma belle-mère disait toujours : « Je ne comprends pas ; nous tombons malgré tout malades... »

Les vaniteux qui ne peuvent contenir leur bonheur
Courent de-ci de-là avec une excitation puérile.
Quand ils ont mal, ils pleurent fort.
Incapables de supporter la souffrance,

---

1. *Boumdrok* (en treize volumes) et *Nyitri* (en trois volumes) évoquent la vacuité de manière plus précise, plus détaillée. Certaines familles lisent le *Kadam* (un seul volume), notamment lorsqu'elles sont frappées par le malheur, le deuil ou les esprits malveillants. On peut aussi faire appel aux *Beunpo** pour des rituels spécifiques visant surtout à repousser les mauvais esprits. Une fois par an, après la récolte, les villageois rassemblent une certaine somme d'argent et invitent les moines à lire le *Kanguiour* qui compte un peu plus de cent volumes. Les cérémonies durent plusieurs jours ; cinquante à soixante personnes aident aux préparatifs de ces célébrations très importantes, accomplissant les tâches profanes comme la préparation de la meilleure nourriture possible.

Ils ne peuvent donc vivre, ne serait-ce qu'une seule fois,
Dans un sentiment de confort.

Si elle avait pensé à ces paroles du treizième Dalaï-Lama, sans doute ma famille n'aurait-elle pas souffert autant. Cela me rappelle cette histoire connue d'un moine vivant retiré dans une grotte : «Un jour, alors qu'il attendait la visite de celui qui pourvoyait à ses nécessités matérielles, il disposa joliment son autel avec bols, offrandes et lampes à beurre. Lorsqu'il eut terminé cette disposition, et alors que son donateur approchait, l'homme se rendit compte que sa motivation n'était pas juste. Il cherchait à séduire son bienfaiteur en se donnant les apparences d'un bon pratiquant. Aussitôt qu'il en prit conscience, il ramassa de la poussière et la jeta sur son autel et ses offrandes. Plus tard, un grand maître, venant d'apprendre ce qui s'était passé, déclara : "Voilà les meilleures offrandes qu'on ait pu faire au Tibet!"»

Enfant, je ne m'en rendis pas compte, mais plus tard, devenu moine, je compris que ma famille ne s'adonnait pas à une véritable pratique religieuse. De ce fait, elle accumulait de vastes quantités de karmas négatifs, d'où les graves problèmes qu'elle rencontrait régulièrement.

Prenons l'exemple des Chinois qui se conduisent si mal envers le peuple tibétain. Il se peut qu'à une autre époque, nous ayons vraiment mal agi à leur égard. Pour ma part, que ce soit à la maison, au monastère ou en prison, j'ai traversé des moments très difficiles, voire tragiques. Pourtant, je suis devenu une première fois le médecin de Sa Sainteté le Dalaï-Lama, et le suis redevenu plus de vingt ans après. La vie est un mélange de bons et de mauvais moments, de joies et de chagrins, de bonheurs et de profondes tristesses. Elle peut durer cent ans environ ; seulement, ce n'est ni notre première vie ni la dernière. Nous les traversons ainsi sous de multiples formes. Il nous faudra pourtant passer par beaucoup d'autres vies encore avant d'atteindre l'Eveil, un jour. De même avons-nous tous été le père, la mère, le frère, la sœur, l'ami, l'ennemi de chacun des êtres vivants, et réciproquement.

Ainsi, à moins de purifier notre esprit, nous aurons toujours à affronter les effets de causes que nous avons mises en œuvre. Il existe une très édifiante histoire à ce sujet : « Un jour, dans la montagne, une mère réduisait en poudre une tête de chèvre, qu'elle glissait ensuite dans sa *tchoupa*. Son enfant était attaché sur son dos. Elle lui lançait régulièrement des regards emplis d'amour. Arriva un chien affamé. La mère s'empara de la pierre dont elle se servait comme ustensile et en frappa l'animal. Un lama qui passait par là observa la scène et s'en alla en souriant. Sa réaction s'explique ainsi : la femme était en train d'écraser avec soin la tête d'une chèvre qui avait été son père dans une vie antérieure ; elle avait frappé sauvagement le chien qui avait été sa mère, et elle offrait la plus grande tendresse à son enfant qu'elle portait sur le dos, alors qu'il fut, par le passé, son pire ennemi. »

Cette histoire illustre les propos du Bouddha qui conseillait d'avoir une attitude compatissante à l'égard de tous les êtres parce qu'ils ont tous été, chacun, un jour, notre père ou notre mère.

L'hiver était rude. Les ruisseaux gelaient et la neige recouvrait le pays. L'air était froid et humide. La fumée s'élevait en volutes serrées des maisons. J'aimais malgré tout cette époque, car *pala* était là. Souvent, au petit matin, je le rejoignais à l'étable. Puis, je passais de longs moments à observer la chaîne montagneuse qui déployait, à perte de vue, son immensité léthargique. Mais ce jour-là n'était pas un jour comme les autres ; je m'étais abandonné à la calme présence de mon père. Un double arc-en-ciel reposait sur le sommet de la colline voisine. Soudain, m'apparut un visage que je savais être celui d'*amala* : elle me souriait.

Que signifiait la présence de ma mère en cet endroit ? Je décidai d'en parler à *mola*.

— *Amala* veille sur toi, me répondit-elle. Tu sais, Tendzin, l'heure est venue de songer à quitter notre maison. Un jour viendra où tu auras à grandir sans moi. Tu ne peux rester ici, et demeurer le serviteur de ta famille. Au monastère, tu recevras une éducation et tu mèneras une vie paisible. Et puis ton oncle s'occupera de toi.

La décision fut prise. Je rejoindrais le monastère de Tchoté au sortir de l'hiver. Comme chaque soir, la famille s'était rassemblée autour du feu. Lorsque *mola* annonça la nouvelle, les plus anciens ne sourirent pas. Ils eurent simplement une attitude plus solennelle, déroulant inlassablement le mantra *Om Mani Pémé Houm* en égrenant leur *mala**, le rosaire qui nous sert à les décompter. *Pala* n'avait pas prononcé le moindre mot. Ses yeux étaient abandonnés dans le lointain d'une vision étrange qui le transportait aux confins de l'imperceptible. Que voyait-il ? Il paraissait si paisible, si libre aussi. Lorsqu'il revint vers nous, son regard se perdit quelques instants encore dans la contemplation du feu ; des flammèches bleu et jaune vacillaient sur la braise qui dégageait une chaleur réconfortante. Blottis les uns contre les autres, nous observions *pala* qui me serra très fort contre lui. Puis il se mit à raconter l'une des innombrables histoires du légendaire Akhou Tènpa :

« Autrefois, à une époque où il y avait de nombreux chefs locaux au Tibet, Akhou Tènpa était très proche de l'un d'eux ; il devint même son secrétaire. Ce chef ne savait ni lire ni écrire, mais il était un bouddhiste profondément dévot.

Au début, l'homme fut très satisfait du travail d'Akhou Tènpa. Un jour, celui-ci l'irrita profondément. Pour le punir, le chef l'obligea à retirer tous ses habits, qu'il fit déposer sur le toit du palais. On était pourtant à la période la plus glaciale de l'année. Transi de froid, le pauvre dut endurer, toute une nuit, les pires souffrances.

Le lendemain matin, de bonne heure, Akhou Tènpa déroba un peu de la chaux utilisée pour enduire le mur du palais. Il l'étala précautionneusement sur le sol, et y fit ses besoins ; puis il s'empara d'un bâtonnet qu'il planta dans ses excréments sur lesquels il traça ensuite des lettres. Bien entendu, quelques instants plus tard, tout était gelé.

Akhou Tènpa alla alors se poster près d'une ouverture ménagée dans le toit de la salle de prières. Il vit le chef assis en tailleur, méditant devant un magnifique autel dédié au Bouddha et à toutes les déités. Il attendit le moment le plus propice et laissa tomber son œuvre sur les genoux du chef qui, surpris, sortit de sa méditation. Considérant très attentivement l'étrange objet, il y aperçut des inscriptions. Comme il ne savait pas lire, il ordonna à ses serviteurs de faire venir Akhou Tènpa, mais de lui servir auparavant un repas bien chaud. Peu après, le chef lui demanda de lire l'"excrément miraculeux".

Akhou Tènpa s'inclina respectueusement à trois reprises avant de s'asseoir humblement au pied du trône. Il prit le bâtonnet et lut ces quelques mots d'une voix très forte :

> *Ce manche en bois et ce bout blanc*
> *arborent les excréments du ciel ;*
> *celui qui les reçoit sur les genoux*
> *est le plus fortuné des chefs !*

Akhou Tènpa se redressa. Il s'étonna . "Ah ! Vous avez beaucoup de chance, parce que ce sont les excréments du ciel. Et s'ils tombent sur vous, vous êtes le plus fortuné des hommes. Vous devriez en manger un peu, pour en savourer pleinement les bienfaits."

Le chef porta l'étrange mixture à son front, puis y mordit à pleines dents et déposa ensuite le bâtonnet sur l'autel.

Akhou Tènpa salua et fut congédié. »

Ce soir-là, les enfants avaient écouté plus attentivement que d'habitude cet épisode des histoires légendaires d'Akhou Tènpa raconté par mon père. Les aînés avaient achevé leurs tâches. Vers minuit, *pala* m'accompagna au lit ; *mola* m'offrit un bol de lait de *dri*, puis fit ses prosternations. Le sommeil me gagna très vite. Dans un rêve, *amala* m'apparut à nouveau : je lui souris à mon tour.

3

Premiers pas au monastère

L'hiver 1932, an singe-eau du calendrier tibétain, touchait à sa fin. Je venais d'avoir dix ans et ce ne fut pas sans émotion que, pour la dernière fois, j'emmenais le troupeau dans la plaine. La lumière était crue, l'herbe rarc mais vive et parsemée de fleurs sauvages. La saison qui s'achevait avait connu une naissance et des deuils : deux femmes étaient décédées dans le village. Il n'y avait guère de maladie à Nièrtchèn ; très âgées, elles avaient tout simplement quitté leur enveloppe corporelle au terme de leur vie.

Ce matin-là, il faisait particulièrement froid et humide. Je n'arrivais pas même à ouvrir les yeux. J'avais mal jusqu'au plus profond de mes os. Mes vêtements en loques ne me protégeaient plus depuis longtemps. Je ne parvenais d'ailleurs plus à les rapiécer, tant ils étaient usés. J'avais si mal, et pourtant... Saisi d'une profonde lassitude, je m'entendis répéter d'une voix sourde : *Om Mani Pémé Houm.* Je pris conscience que ma vie allait se poursuivre ailleurs. Quelque chose m'effrayait cependant : la séparation d'avec *mola*.

Soudain, la lumière me parut moins belle. Un fin nuage traversa le ciel, juste au-dessus de moi. En quelques minutes, de nombreux autres apparurent, moins diaphanes, qui se regroupèrent au loin sur les sommets enneigés. Bientôt, il allait pleuvoir ici et la boue gagnerait la colline. Pourtant, le mantra avait agi sur moi : serein et détendu, je ressentais une forme de bonheur à quitter ma famille.

Là-bas, le jour déclinait. Je savais déjà que quelque chose d'important allait se produire. *Mola* me l'avait d'ailleurs souvent répété :

— Au monastère de Tchoté, tu régleras ta vie dans la pratique de l'amour. Tu protégeras la vie des hommes et celle des animaux. Tu porteras assistance aux pauvres et tu soulageras la souffrance...

Oui, cette compassion que j'allais apprendre à Tchoté, je l'apercevais dans les yeux de *mola*; je l'entendais dans sa voix. Ce devait aussi être une forme d'amour. Ce qui correspond aux enseignements du Dharma qui conseillent de s'efforcer de ne pas nuire à autrui et de lui être bénéfique autant que possible.

Vers midi, *pala* me rejoignit au sommet de la colline. Il reprit son souffle, puis s'assit à côté de moi, au bord du ruisseau. Un de nos chiens l'avait suivi, qui vint aussitôt se blottir dans mes bras. Je le caressai tendrement. Soudain, il tressaillit, les oreilles rabattues en arrière, et se mit à l'écoute. Moi aussi, j'avais entendu un bruit étrange, comme un sifflement. Cela provenait d'un trou dans le rocher, où le vent s'engouffrait, tourbillonnait et cognait avant de resurgir, brutalement. C'était un trou plus grand qu'un terrier, dissimulé par des buissons. Le bruissement s'amplifia encore. Le chien se rua à l'intérieur ; une bataille sauvage s'ensuivit. Quelques secondes plus tard, le chien en ressortit tenant en sa gueule un serpent. Tout au long de mon adolescence, ce son, le vent, l'aspect visqueux de cet animal mort demeurèrent pour moi le signe de l'angoisse.

Longtemps, *pala* et moi observâmes le village qui, au sortir de l'hiver, reprenait ses habitudes. Les journées, devenues plus chaudes, permettaient aux uns et aux autres de se rencontrer plus souvent et de renouer des relations plus proches.

Le soleil baissait à l'horizon ; une étrange quiétude régnait alentour. *Pala* confirma notre départ pour le lendemain matin. Intérieurement, je me sentais en paix, comme sur un nuage, ou quelqu'un qui aurait bu trop de *tchang*. Il me fit encore quelques recommandations, parmi les dernières :

— Bien que nous soyons enclins à nous laisser égarer par le poids des défauts et des illusions, entends le message si vaste et profond du Bouddha…

Sachez que toutes choses sont ainsi :
Comme un magicien nous donne l'illusion
De chevaux, de bœufs, de charrettes et d'autres objets ;
Rien n'est tel qu'il apparaît[1].

---

1. Samadhiradjasoutra, *Ancient Futures : Learning from Ladakh*, Helena Norbert Hodge, Londres, Rider, 1991.

Pala regagna la maison. Resté seul, j'eus envie de murmurer une prière inspirée par la majesté de ce lieu de plaine et de montagnes qui, en se confondant harmonieusement avec l'horizon, semblaient emporter tant de secrets. Mais les mots me manquaient, toujours. Des larmes coulaient sur mon visage. J'aurais tellement voulu chanter le surgissement de l'aube sur la colline, l'amour et la compassion de *mola*, le sourire rêvé d'*amala*, mon départ au monastère, cette vie nouvelle…

Les nuages avaient encerclé la colline. La première goutte tomba sur le plat de ma main en un gros *ploc* sonore. Je levai les yeux pour mieux admirer les rais obliques et demeurai, immobile, trempé, à contempler la pluie. J'entrepris enfin de redescendre le coteau. Mais, m'étant laissé joyeusement glisser sur la terre boueuse, je me retrouvai en bas, le nez planté dans l'eau glaciale du ruisseau transformé en petit torrent. Autant dire que j'arrivai à la maison dans un bien triste état.

Le soir, *pala* pria Tara de m'accorder la protection des divinités. *Mola* servit ensuite le repas : de la *tsampa* améliorée de pois, un véritable régal !

C'était le début d'une nouvelle vie. Devenir moine était considéré au Tibet comme un privilège. Bien qu'elle ne possédât aucun bien, *mola* prit en charge mes frais, entre autres les donations nécessaires pour accompagner ma demande d'admission et l'offrande de thé aux moines du monastère. Elle m'avait confectionné aussi une petite robe monastique. En l'enfilant, je ressentis une fierté et une excitation immenses comme si j'allais fêter le *Lossar*. Pour la première fois, *mola* pleura en me présentant la *khata*. Elle me recommanda d'étudier avec application :

— Deviens un bon moine et rappelle-toi toujours combien la vie est instable et que les circonstances peuvent changer aussi vivement qu'une tempête.

En effet, Kèlsang Guiatso, le septième Dalaï-Lama, chantait :

La vie ne dure pas, c'est un soleil couchant.
Richesses, cette rosée sur l'herbe du matin,
Et le vent sur les passes semblable à nos louanges,
Rappellent qu'un corps jeune est une fleur en automne.

Ce matin-là me parut interminable. On avait chargé l'âne de nos effets. *Pala* me fit enfin un signe ; quelques accolades encore, une émotion mal retenue lorsque *mola* me poussa vers la porte. La route jusqu'au monastère allait être longue, imprévisible. Dans le jour naissant, nous gravîmes la colline, sur laquelle j'avais nourri tant de secrets. Je marquai une dernière hésitation lorsque, au sommet, j'aperçus l'autel que j'avais construit la veille. Je m'agenouillai devant. Alors que mes yeux se voilaient, je m'entendis répéter : *Om Mani Pémé Houm*. Déjà mon père atteignait la vallée qui s'étirait à perte de vue. Je me retournai vers notre maison et vis *mola* se prosterner en notre direction avant de disparaître dans l'étable.

Nous progressions lentement, à environ trois mille mètres, et parfois plus haut. L'âne trottait un peu en avant, suivi de *pala*. Je n'étais pas habitué à marcher si longtemps ; mon corps me faisait souffrir. En milieu de

matinée, nous avions traversé la plaine. Nous nous
engageâmes alors dans une passe qui ouvrait sur une
autre vallée. Il faisait froid ; le ciel était clair. L'herbe
était rare, la lumière uniforme. Malgré mes difficultés
à suivre, mon père ne ralentit jamais le rythme. Je savais
qu'il m'observait du coin de l'œil, mais il ne me parlait
pas. Il se penchait pour ramasser les brindilles qui ali-
menteraient le feu à la prochaine halte. Je l'imitais, mais
mes bras étaient trop courts. Nous nous arrêtâmes en
certains lieux consacrés où *pala* s'appliquait à respecter
les rites ancestraux. Là, il s'asseyait et priait. Autour de
nous flottaient des drapeaux de prières. Le sol était jon-
ché de pierres *mani* * déposées par des familles en hommage aux déités. Enfin, il dénoua notre maigre balluchon empli de *tsampa* et du nécessaire pour préparer le
thé beurré. Incantations et nourriture m'apportèrent la
sérénité et la force indispensables à une telle épreuve.
Nous nous remîmes en route.

Au loin, apparut enfin une masse sombre dans un
paysage lunaire. Quelques moines se déplaçaient avec
une lenteur extrême, méthodique, comme dans un
rêve. On distinguait une partie plus verdoyante ; des
enfants y couraient. J'étais fasciné, mais en même temps
une angoisse très forte m'envahit. Comme si quelque
chose devait se produire : un moment heureux sans
doute, serein, source d'épanouissement.
Epuisés mais soulagés, nous parvînmes enfin au
monastère, une immense bâtisse d'au moins cinq étages
dont les murs avaient l'épaisseur d'un pas d'homme.
Nous avions marché plus de huit heures. La première

personne que nous rencontrâmes fut un vieillard, assis en lotus à l'entrée du bâtiment. Pour se protéger du soleil, il avait recouvert son crâne d'un chiffon jaune noirci par le temps. Son visage, son corps étaient d'une maigreur extrême. Immobile, seules ses lèvres remuaient faiblement; son regard étincelait d'une étrange lueur d'un bel éclat. Ses doigts noueux égrenaient un *mala* : il priait. Dans les yeux du moine, je crus percevoir quelque chose qui ressemblait à une expression de totale bonté, de compassion immense, quelque chose que j'avais déjà remarqué dans le regard de *mola*.

Mon père me conduisit directement auprès de son frère Kèlsang, mon oncle et futur tuteur. Au monastère, on utilisait rarement le véritable nom des moines; pratiquement tous portaient un surnom. On appelait mon oncle Teu-ri-la, parce qu'il avait le front rond et saillant.

Après les présentations d'usage, nous allâmes dans la grande salle qui comptait trente-deux piliers. Je me souviens surtout de la joie profonde et de l'émotion qui m'envahirent en observant les jeux d'ombres et de lumières produits par les lampes à beurre, en entendant le chant lancinant des moines, en découvrant les statues des Bouddhas et des bodhisattvas. Mon père offrit le thé, les *khata*, l'argent et la *tsampa* mélangée de fruits secs. Les dons de ma famille devaient donner lieu à plusieurs cérémonies, à des prières aussi qui officialiseraient mon entrée au monastère.

Pala me fit encore quelques recommandations, me donna ses derniers conseils : obéir à mon tuteur, ne pas

me laisser distraire par les autres novices... Puis il disparut dans la pénombre.

A cette époque, au Tibet, les monastères étaient le
lieu privilégié pour pratiquer la religion. Il en allait ainsi
des quatre lignées du bouddhisme tibétain : *Nyingma,
Kaguiu, Sakya, Guéloug* *. Aux principaux monastères
était rattaché un vaste réseau de petits monastères dis-
séminés dans la région. Certaines sources indiquent que
Tchoté, affilié à une des écoles *kaguiu* appelée *Bodong*[1],
aurait été construit au IXe siècle. Un de nos moines était
devenu abbé de Guiuteu. Mais, comme un adepte
bodong ne peut assumer une telle charge, il est probable
qu'avant cela mon monastère ait été affilié à une autre
lignée.

Dans les années 30, Tchoté dépendait d'une dou-
zaine de familles, *mi-sèr*, des citoyens relativement
riches, et d'une quarantaine d'autres, *doutchoung*,
« petite maison » ou encore « petite fumée », plutôt
pauvres. Les premières se partageaient les terres culti-
vables ; aux secondes, l'abbé confiait les menus travaux.
Lorsqu'une famille *mi-sèr* possédait plus de dix unités
de terres, de superficie variable, elle en abandonnait systématiquement une au monastère.

Chaque année, aux alentours du huitième mois du
calendrier tibétain, on faisait une grande fête. Chaque

---

1. *Bodong* : nom d'un lieu situé au nord-ouest de Tachilhunpo.
Le nom complet du monastère : Nyémo Jè Kar Tchoté. Les ren-
seignements obtenus proviennent d'une biographie de Lotchén
Béro, un érudit qui vécut à Tchoté.

famille apportait sa part des récoltes. Les tentes étaient dressées autour du monastère ; on priait, on chantait, l'autel croulait sous les offrandes. Les cérémonies duraient plusieurs jours. C'était l'occasion d'exécuter des danses sacrées masquées et d'exposer d'innombrables sculptures de beurre dont la finesse étonnait bien souvent. Les plus anciens évoquaient leurs propres souvenirs, mais également ceux transmis par leurs ancêtres, pouvant passer des heures à converser de leurs connaissances de la terre, du temps, des récoltes, un subtil mélange de sacré et de profane. Les discussions allaient bon train et on n'hésitait pas à faire appel aux divinités pour protéger les récoltes futures. Dans certaines circonstances particulières, on discutait des événements du passé, des légendes de notre région, du début de notre histoire.

Les cérémonies, nombreuses, se succédaient. L'une était attendue par tous, avec une réelle pointe d'angoisse. La famille qui avait la meilleure récolte recevait le titre de « premier », et chacun de ses membres se voyait remettre une *khata*. Par contre, on décernait à celle qui avait présenté les céréales de moins bonne qualité le titre de « dernier ». Cela explique les raisons pour lesquelles les familles veillaient avec un soin particulier sur les terres et les récoltes destinées au monastère. La sanction était là, inévitable, flatteuse pour les uns, honteuse pour les autres ; et tous se promettaient de faire mieux l'année suivante.

Les monastères possédaient leur propre code de conduite, rédigé sous la forme d'une charte et indiquant clairement les règles que devaient suivre les moines, *trulkou** — les lamas réincarnés —, ou non. Celui qui passait outre devait, en cas de faute grave, obligatoirement quitter le monastère.

Le règlement intérieur de Tchoté était très strict et datait du règne du Grand Cinquième[1]. Tout ici me paraissait si difficile, si inaccessible qu'il m'arrivait d'implorer *mola* de me venir en aide. La première chose que m'apprit mon tuteur fut la manière de m'asseoir au moment des prières. En position du lotus, tel un roc que transperce une épée, la colonne vertébrale droite, le regard dirigé vers l'extrémité du nez. Au temple, pas question d'esquisser le moindre geste. Sinon, gare au martinet que maniait avec dextérité le maître de discipline ou à la main leste de mon tuteur.

Ne craignez pas les dieux,
Ne craignez pas les fantômes,
Ne craignez que vos tuteurs
Lorsqu'ils viennent se prosterner,

disait le proverbe pour signifier que, lorsque le maître de discipline effectue une telle pratique, c'est pour se préparer psychologiquement à administrer une correction à son élève, et la pratique de la prosternation lui permet de s'opposer à l'orgueil.

---

1. Le cinquième Dalaï-Lama, Ngaouang Lobsang Guiatso (1617-1682), établit la forme constitutionnelle qui régit le pays et que le gouvernement tibétain devait conserver jusqu'en 1959. Il organisa aussi les hiérarchies temporelles et spirituelles dans le pays. Telle fut une partie de l'œuvre de celui qui, dans l'histoire du Tibet, est resté comme le « Grand Cinquième ».

La journée commençait au lever du soleil. Les moines se réunissaient dans la grande salle du temple. Chaque jour, le programme était dense, souvent pénible : récitation de mantras, de soutras — les Ecritures rapportant les enseignements originels du Bouddha —, méditations tantriques se succédaient selon les jours et au fil des sessions. Vers huit heures du matin, on nous servait du thé, puis nous retrouvions nos professeurs respectifs. Il s'agissait avant tout d'éliminer en nous les tendances négatives, comme l'attachement, la colère, l'ignorance ou la paresse, qui pouvaient gagner parfois les novices et les moines. Mais ces exercices étaient aussi destinés à nous conduire à l'épanouissement, à nous apprendre l'amour, la compassion et l'autodiscipline. Rythmés par les heures du jour, les exercices se terminaient vers dix-huit heures. Les moines adultes dînaient puis retournaient à leurs travaux, alors que nous, novices, allions nous coucher après encore une heure d'un travail consistant à réciter tout ce que nous avions étudié dans la journée.

Le lendemain, après les psalmodies et la collation du matin, je retrouvais mon oncle. Je devais apprendre par cœur et mémoriser les textes : un véritable supplice. Au début de mon noviciat, on me considérait ici aussi comme l'«idiot», tant j'avais de difficultés à assimiler des enseignements qui me paraissaient si nébuleux. Selon les principes bouddhistes, le tuteur avait le devoir de critiquer, de tancer, mais aussi, si nécessaire, de frapper son élève ; et il ne s'en privait pas. Si, pendant les toutes premières semaines de ma vie monastique, mon oncle se montra plutôt compréhensif, il révéla très vite la rigoureuse exigence qu'il avait pour moi. A Tchoté, on finit même par le surnommer le « Chinois ».

A y bien réfléchir, l'attitude de mon oncle était finalement extrêmement habile. Plus le pédagogue établit une relation proche avec son élève, plus il le connaît, mieux il le comprend et plus, sans doute, éprouve-t-il le besoin de l'inciter à faire des progrès. Dès que quelque chose n'allait pas, et selon la gravité de mes manquements, il me corrigeait aussitôt, éventuellement avec ce qui lui tombait sous la main, un fouet, un martinet, un bâton. Je redoutais particulièrement les sessions d'alphabet. Le soir, lorsque, fatigué, j'avais du mal à trouver le sommeil, mes pensées s'envolaient vers *mola*, et l'envie de m'enfuir du monastère m'effleurait un instant. Mais en passant ainsi à l'acte, je savais que j'aurais jeté l'opprobre sur ma famille. Je finis donc, ici encore, par me résigner à mon sort.

J'étais devenu un enfant très craintif. Les journées, interminables, ne nous laissaient guère de répit. J'attendais pourtant l'heure de retrouver un de mes professeurs, un homme de grande bonté, qui ne s'autorisait jamais à lever la main sur quiconque. Ce sentiment était partagé par tous les autres novices.

L'après-midi, l'apprentissage de la calligraphie était une autre torture. La méthode traditionnelle pour apprendre à écrire le tibétain consistait à transcrire des lettres sur une planche en guise d'ardoise, par exemple du noyer ou du bouleau. Une des faces était peinte de noir et vernie. Suivant le modèle indiqué par le maître, l'élève, muni d'un stylet en bambou, passait des années à tracer ces lettres sur une surface qu'il saupoudrait d'abord d'une poussière blanche. Lorsque la tablette était couverte de signes, l'enfant la nettoyait lui-même, et l'opération recommençait, inlassablement. Cependant, ici, à Tchoté, le procédé n'était pas le même. On nous distribuait de simples feuilles de papier sur lesquelles étaient écrites des lettres, et nous devions les lire jusqu'à parfaite mémorisation.

Certains après-midi étaient consacrés à d'autres travaux. Les excréments des animaux — chevaux, yacks, brebis — servaient de combustible et d'engrais ; les novices devaient les ramasser et les épandre sur les terres cultivées. Et si d'autres tâches se présentaient, il fallait s'y employer aussitôt. Nous n'avions pour ainsi dire guère de moments de détente, sauf lorsque nos professeurs étaient appelés ailleurs, notamment à des cérémonies auxquelles nous, novices, n'avions pas le droit d'assister. Nous en profitions allègrement.

A l'époque, il arrivait souvent que les rations de *tsampa* fussent insuffisantes et nous avions presque toujours faim. Lorsque nous travaillions dans les champs, nous ramassions parfois quelques pommes de terre en cachette. Comme mon oncle-tuteur disposait d'une cheminée, nous guettions avec impatience le moment de son départ. Commençait alors pour nous un singulier cérémonial : la cuisson des pommes de terre dans la braise. Un festin ! Rassasiés, nous nous empressions de faire place nette : les cendres étaient discrètement jetées dans les fosses.

Parfois, nos tuteurs dormaient dans la cuisine du monastère. A minuit, quand le silence régnait sur Tchoté, si la nuit était claire, nous étions plusieurs novices à aimer particulièrement cet instant magique où, égrenant notre rosaire, nous marchions, à petits pas,

dos voûté, sur le *lingkor*, le chemin de circumambula-
tion autour du temple. Nous priions. A l'image de nos
aînés, nous devenions ces ombres furtives épousant lentement les contours du sol, ces ombres qui glissaient,
s'agenouillaient, se levaient et glissaient encore. C'était
l'heure où je sentais la douleur physique s'enfuir de
mon corps ; et je devenais léger, si léger. Murmures,
prières, prosternations. Je me sentais heureux.

Nos professeurs participaient souvent à des prières
dont nous étions dispensés. Nous n'attendions pas une
seconde pour courir jusqu'à en perdre haleine dans les
longues allées du monastère. Hors d'atteinte, nous
filions vers le parc traversé par un canal étroit. Là, il ne
nous fallait que quelques instants pour nous défaire de
nos habits monastiques. Entièrement nus, nous nous
baignions dans l'eau glacée. Nous bâtissions aussi des
petits canaux de dérivation et dessinions des chemins
qui menaient à un moulin imaginaire. Nos rires écla-
taient alors, terriblement joyeux.

J'avais douze ans lorsque je vécus un rêve étrange que
je me promis de réaliser au plus vite. Je confiai mon
secret à trois autres novices. Dès lors, il ne se passa pas
un jour sans que nous n'évoquions les récits de ceux de
nos anciens qui avaient effectué le pèlerinage autour du
mont Kaïlash, célèbre montagne, objet de vénération
pour les Tibétains, sans que nous n'échafaudions les
projets les plus fous.

— Et après le mont Kaïlash, pourquoi ne pas aller
en Inde, à Bodh-Gaya, là où le Bouddha Chakyamouni
obtint l'Eveil ?

Nous ne savions pas où se trouvait l'Inde, encore moins le mont Kaïlash, mais nous devinions des paysages sublimes où l'horizon sans fin se confondait à de vastes étendues désertiques. Emotions, sensations indicibles… Notre décision fut prise peu après le *Lossar*. Notre plan était simple, audacieux, complètement fou. Nous avions préparé un maigre balluchon, un peu de *tsampa*, quelques pommes de terre, et chacun un vêtement chaud. Nous interrogions de vieux moines pour tenter de déterminer avec soin quelle était la route à suivre. Pour ne pas éveiller le moindre soupçon, nous posions essentiellement des questions sur la région. Les moines nous prenaient pour des novices bien curieux, et ils riaient aux éclats de nous voir agir ainsi.

Vint le jour du départ, au printemps. Nous avions cherché à dissimuler notre nervosité. Après les prières du soir, nous avions regagné notre dortoir et attendu que le calme s'installât dans le monastère. J'avais le cœur lourd, je m'interrogeais sur le bon sens de notre aventure ; mais il n'était pas question de faire marche arrière. Pour puiser en nous un peu plus de courage, nous avions décidé de réciter quelques mantras avant de souffler la lampe à pétrole. Les instants nous parurent durer une éternité. Enfin, je me glissai silencieusement hors de ma couche, imité par mes trois compagnons. Nous prîmes nos habits roulés en boule, sortîmes avec d'infinies précautions.

Nous avions choisi ce jour pour une simple raison : la pleine lune nous permettrait de suivre notre chemin jusqu'au lever du jour. Dehors, la nuit était donc claire et il faisait très froid. Nous enfilâmes rapidement nos robes. Je constatai, d'après la position de la lune, qu'il devait être aux alentours de deux heures.

Le premier col franchi, nous aperçûmes des ombres noires sur la neige ; celles de yack. Nous progressions lentement. Au lever du jour, la fatigue nous gagna. Il fallait dénicher absolument un endroit où nous cacher. Sur le bord du chemin, de petites constructions abritaient des reliques, des statuettes de Bouddhas et des pierres *mani*. Normalement, nul ne pénétrait en ces lieux considérés comme sacrés. Mais nos jambes ne nous portaient plus, et nous avions besoin de sommeil. Protégés par les déités locales, nous nous endormîmes, blottis les uns contre les autres, en toute innocence.

Au lever du jour, nous fûmes réveillés par le hurlement des loups. Nous nous partageâmes la *tsampa* et les deux pommes de terre qui nous restaient. Au moment de reprendre la route, une discussion animée s'engagea entre nous. Refusant de poursuivre cette folle aventure, un de mes compagnons nous proposa de faire demi-tour et de rentrer à Tchoté ; ce qu'il fit, seul. Mais, arrivé au monastère, il informa notre tuteur qui n'eut aucun mal à nous rattraper. Le retour fut très mouvementé, et nous reçûmes réprimandes et punitions corporelles. Ce soir-là, pourtant, allongé sur ma couche, je me promis d'aller un jour au mont Kaïlash et à Bodh-Gaya.

Deux ans venaient à peine de s'écouler. En ce huitième mois de l'année chien-bois (1934), je retournai pour la première fois dans ma famille. Avant de quitter le monastère, j'assistai, avec les autres novices, à des festivités qui allaient durer huit jours. Les repas qu'on nous servit durant cette période étaient délicieux. Le dernier jour, après une ultime cérémonie collective, nos tuteurs nous libérèrent pour un mois.

En chemin, à l'aller comme au retour, je rendis visite à deux tantes du côté de mon père, Ani Dawa et Ani Pèldeun. Du côté de ma mère, je fréquentais la famille Youtèn Khangsar du village de Tchola et la famille Kunsang Tchokor qui vivait non loin de là. Mais dès que mon tuteur s'absentait, c'était chez Pessala que j'allais, au village de Tachi Noukpa, à proximité du monastère.

Cette année-là, j'appréciai particulièrement les retrouvailles. J'en oubliai même mon tuteur et la rudesse de la vie à Tchoté. A la maison, tout se passait comme autrefois. Je menais le troupeau dans la vallée de l'autre côté de la colline. Mais, dès que j'avais un peu de temps libre, je retrouvais *mola* et nous avions alors de longues conversations. Je repris pour quelques jours mes anciennes habitudes : assis au sommet de la colline, je construisais, chaque jour, un petit autel. Je m'activais avec beaucoup de soin et on m'entendait murmurer des prières par dizaines. La seule différence avec le passé : je connaissais le sens du mantra *Om Mani Pémé Houm*. Au-delà, toutes mes pensées demeuraient tournées vers *amala*.

4

Jeune moine à Tchoté

A partir de mes treize ans, l'étude des textes devint plus facile. J'avais le sentiment que leur lecture et le plaisir qui s'en dégageait se suffisaient à eux-mêmes. Certes, je n'en comprenais pas toute la signification et je n'établissais pas encore parfaitement le lien entre la lettre et l'esprit du texte. Comme bien d'autres novices, j'étais persuadé qu'il suffisait de posséder une ferme conviction pour mettre en pratique le Dharma *, ce qui constitue une erreur que je compris par la suite. Supposons que la durée maximale de la vie humaine soit de quatre-vingts ans, les dix premières années, la possibilité de l'appliquer n'est pas réalisable ; durant les vingt dernières années, nous en sommes de moins en moins capables en raison de notre grand âge ; et pendant toute la période intermédiaire de la vie, les nuits sont employées à dormir, les jours à œuvrer à notre labeur, à combattre nos ennemis, à veiller sur nos proches, si bien qu'au cours d'une vie, il est en fait difficile de disposer de suffisamment de temps pour étudier le Dharma. De surcroît, nous ne devrions jamais oublier que la vie est frappée d'incertitude et qu'il nous faut donc une grande détermination pour veiller à vivre en accord avec la Loi du Bouddha et les enseignements donnés par les maîtres spirituels. C'est pourquoi il est essentiel d'arriver à bien comprendre la « loi du karma », qui concerne la relation de cause à effet entre une action et le résultat qu'elle risque d'engendrer.

Cette conviction, je la sentais particulièrement présente au moment de mes face-à-face solitaires, dans le temple, avec les nombreuses représentations des déités. Si leur présence me troublait, elle me donnait aussi beaucoup de force. J'eus une tout autre approche des textes, lorsque, un peu plus tard, je suivis les enseignements de dialectique, sur le *Dudra*. Je pense d'ailleurs qu'on ne peut réellement comprendre les Ecritures tant que l'on n'a pas participé à de tels débats de logique. C'est vrai, la pratique du Dharma n'est pas chose aisée. Plus on l'étudie, plus on prend conscience de ses principes essentiels.

Comme nous tous, il m'arrive d'être irrité, mais la principale cause de nos souffrances procède de nos actions. J'ai passé de longues années dans les camps de travail. Je pourrais en vouloir aux Chinois, mais à quoi cela servirait-il ? Nos souffrances naissent d'un esprit indiscipliné et celui-ci provient avant tout de l'ignorance. Il faut donc maîtriser l'esprit en tarissant le courant des pensées négatives. A force de persévérance, en se concentrant sur la réalité physique de son propre corps — qui est impermanence — et sur la structure psychologique de son propre esprit, il est possible de parvenir à transformer ce flot et à calmer l'agitation de l'esprit. Chacun de nous pourrait s'appliquer à développer, voire à réaliser *djampa*, la bonté, *nyingdjé*, la compassion, et *chéràp*, la sagesse, dont un des aspects a pour objet la compréhension de la nature ultime, c'est-à-dire des phénomènes de la vacuité.

Un proverbe tibétain dit :

Lorsque le soleil prend raisonnablement soin des besoins
*   en nourriture et en vêtements d'un moine,*
celui-ci se met à pratiquer le Dharma.
Mais s'il tombe dans des circonstances adverses,
il devient un homme ordinaire.

Cela signifie que, lorsque les circonstances de la vie sont favorables, il est plus facile de se comporter honorablement, alors que sous la contrainte ou dans des conditions contraires, les réactions de l'individu sont plus aléatoires, plus imprévisibles. J'ai croisé beaucoup d'hommes et de femmes dans les prisons chinoises : des laïcs, des moines, des *guéshé**, des lamas*. Certains d'entre eux étaient de très bonnes personnes. Pourtant d'aucuns se mirent à égorger des porcs, à battre des prisonniers, à torturer. L'un d'entre eux s'appelait Djampèl, mais je pourrais citer tant de noms. Beaucoup de Tibétains ont succombé sous leurs coups, par leur faute, parce qu'ils étaient au service de nos geôliers. Le vénérable lama Bodong Tchoklé Namguièl répétait : « Aucun individu ne peut réellement apprécier le caractère d'un autre. » Je trouve cette remarque très pertinente. Des êtres d'apparence féroce peuvent s'avérer bons, généreux et courageux dans les souffrances ; d'autres, à l'origine avenants et gentils, peuvent s'avérer mauvais, par intérêt autant que par faiblesse. Il ne faut jamais se fier aux apparences et en tirer des conclu-

sions hâtives sur tel ou tel. Durant mes deux premières
années de vie monastique, mon oncle se montra tellement intransigeant avec moi que je faillis à plusieurs
reprises m'enfuir. J'appris pourtant à ne jamais le juger,
à ne jamais lui en vouloir. C'est avec lui que j'éprouvai
pour la première fois le sentiment de patience, en
essayant toujours de réprimer ma révolte et de ne jamais
m'emporter.

Ce n'était pas toujours aisé. La vie quotidienne était
particulièrement rude à Tchoté; les novices en
oubliaient parfois le Dharma, surtout lorsqu'il s'agissait
de jouer un vilain tour à un petit camarade. Si l'on me
considérait de moins en moins comme l'idiot du
monastère, j'en demeurais souvent la victime toute
désignée, surtout au printemps, période de l'année où
nombre de serpents se glissaient dans les jardins. Depuis
ma plus tendre enfance, j'en avais une peur viscérale.
Mes condisciples le savaient et en profitaient. Je me
souviens de ce jour en particulier, où un jeune moine
avait reçu la visite de sa famille.

— *Amala* a fait des feuilletés à base d'orge. Je sais
que tu en es friand. Prends, c'est pour toi, Tendzin…

Emporté par ma gourmandise, je plongeai ma main
dans le sac. Je sentis alors le contact de quelque chose
de visqueux entre mes doigts; puis cette chose commença à s'enrouler autour de mon poignet. Je compris
instantanément qu'il s'agissait d'un serpent et, terrorisé,
poussant des hurlements, je laissai tomber le sac, les
gâteaux, et m'enfuis à toutes jambes. Il me fallut longtemps pour me ressaisir, mais, une fois ma frayeur passée, j'étais bien décidé à en découdre, à coups de poing
et de pied. Il y eut une première bagarre; ensuite il

devint moins évident de se battre, car il y avait toujours un moine dans les parages. La sanction tombait alors immédiatement. Je travaillais intensément et, lorsque je me faisais punir ainsi, j'éprouvais un fort sentiment de frustration.

Jeune novice, je regardais avec envie les moines qui partaient dans les familles pour accomplir rituels et prières. Mon tour vint de les accompagner. C'était un moment important dans notre vie monastique ; nous recevions un peu d'argent, des repas bien meilleurs et plus copieux qu'au monastère, et échappions quelques heures à la surveillance de nos professeurs. Les familles des environs me réclamaient de plus en plus souvent pour réciter des *chaptèn*, les prières de longue vie, parce que j'exécutais les rituels plus vite que les autres moines. C'était là un très grand bonheur pour moi. Je me souvenais alors de cette autre histoire d'Akhou Tènpa, racontée par *pala*, un soir d'hiver :

« Akhou Tènpa était un brillant lecteur. Les gens l'invitaient souvent à lire pour assurer bonne fortune et prospérité à leur famille. Un jour, il fut convié dans une famille pour prier pendant plusieurs jours. Le père était un homme entièrement chauve. A cause de cette disgrâce, il refusait de participer à toute manifestation publique, préférant rester cloîtré chez lui. Lorsqu'il lui fallait malgré tout sortir, il portait un couvre-chef spécial qui dissimulait sa calvitie. Les jours passèrent. Akhou Tènpa disait les prières d'une voix posée. La tradition voulait que l'on servît des repas particulièrement soignés aux lecteurs. Seulement, on ne donnait à Akhou

Tènpa que des haricots et jamais de viande. Il en fut très chagriné.

Cette famille possédait pourtant un important troupeau de moutons noirs et blancs. Akhou Tènpa eut une idée. Le père ne savait ni lire ni écrire, ne connaissant des Ecritures que ce qu'on voulait bien lui en dire. Le lendemain, au lever du jour, il reprit donc sa lecture et aussitôt, élevant la voix, inventa une prière de son cru :

Si celui qui n'a pas un seul cheveu sur le crâne
Portait sur sa tête la peau d'un mouton noir encore
*   toute chaude,*
Il verrait ses cheveux repousser !

Entendant ces paroles, l'homme se redressa soudain :
— Est-ce vrai ce que vous dites ?…
— Bien sûr, répondit Akhou Tènpa, c'est ce que dit le Bouddha !

Le pauvre homme le crut et envoya un membre de sa famille tuer un mouton noir. Il s'empara de la peau encore chaude et sanguinolente, et s'en coiffa. Ce jour-là, on servit du mouton au lecteur pour le déjeuner et pour le dîner.

Quelques jours plus tard, le bougre portait toujours son étrange coiffure. La peau commençait à dégager une odeur très forte de pourriture. Akhou Tènpa dut inventer une nouvelle prière :

Celui qui porte la peau d'un mouton noir
plus d'un jour
ne verra rien pousser sur son crâne.

— Quoi ? Relisez-moi cela ! hurla l'homme.

Akhou Tènpa relut la prière et expliqua : "Le Seigneur dit que celui qui porte la peau plus d'un jour ne verra pas ses cheveux repousser. Comme vous l'avez mise plusieurs jours sur votre tête, c'est évident, vous n'aurez plus jamais de cheveux !"

L'homme, frappé d'un profond chagrin, jeta la peau. Et Akhou Tènpa poursuivit sa lecture des textes. »

Le temps passait. Un jour, pour me récompenser, mon tuteur m'offrit une image du treizième Dalaï-Lama, tout récemment décédé, en 1933, an oiseau-eau. Elle était très abîmée, mais elle devint un des trésors les plus précieux de ma vie. Il me fallut une bonne semaine pour fabriquer une amulette avec une pièce d'argent que *mola* m'avait donnée. Une fois achevée, je la mis fièrement en pendentif autour du cou. Je n'avais jusqu'alors jamais vu la moindre photo de Guièloua Rinpotché [1] — un autre nom que nous donnons au Dalaï-Lama. A la maison, nous possédions seulement des statuettes de Tchènrézik et d'Amitabha [2].

Porter cette image affermit encore ma conviction. A cette époque, j'avais pris conscience de l'importance de

---

1. Les Tibétains l'appellent aussi : Kiabgœun Rinpotché, « Précieux Protecteur » ; Kiabgœun Bouk, « Protecteur intérieur » ; Lama Peunpo, « Lama principal » ; ou tout simplement Kundun, « Présence ».

2. Amitabha jouissait d'une popularité considérable auprès du peuple en Chine, au Japon et au Tibet, et également dans l'Himalaya.

mon monastère, lieu de naissance de Lotchén Béro, un grand lettré du bouddhisme tibétain. J'y aimais particulièrement les moments, trop rares, de solitude dans le temple.

Dès mes treize ans, j'adorais écouter les anciens raconter l'histoire de notre monastère. Leurs récits nous transportaient parfois des siècles en arrière. Au IXe siècle, le roi Langdarma[1] mit en place une sévère politique antibouddhiste. Il persécuta férocement moines et laïcs : on tuait, massacrait, saccageait, détruisait tout ce qui concernait la religion bouddhiste : bâtiments, livres, reliques... De nombreuses statues furent mutilées : des clous plantés dans les pieds et les mains des Bouddhas et des autres déités ; des membres arrachés. Dans certains monastères, dont le nôtre, il y eut, me dit-on, des signes miraculeux : des statues se mirent à parler. C'est grâce à ces miracles que Tchoté fut sauvé de la destruction, alors que deux édifices religieux, Sangri, Tak-Chouk, et une forteresse, Dessi Rine-tchén Dzong, à quelques kilomètres d'ici, avaient été totalement rasés. Seuls quelques moines avaient réussi à fuir les massacres et à rejoindre Tchoté. Ils avaient emporté avec eux quantité d'œuvres sacrées. L'une des plus précieuses comportait trente volumes de quatre cent cinquante à cinq cents pages de textes, conservés chacun entre deux planches de bois gravé aux effigies de Bouddhas rehaussés d'or. Il y avait aussi une collection de seize thankas*, peinture sur soie fondée sur l'art sacré, et d'in-

----

1. Ce roi régna de 838 à 842. Une grande persécution avait lieu à la même époque en Chine (842-846). Langdarma fut assassiné par un moine, Pèlki Dordjé.

nombrables statuettes et reliques. Tchoté devint, de ce fait, un lieu des plus vénérés.

Lorsque je pénétrais dans les sanctuaires, je me laissais volontiers submerger par une émotion profonde, insondable. J'avais désormais pris conscience que les choses composées étaient par nature instables ; que la vie humaine était impermanente. J'aimais aussi ces instants de réflexion et de prières au lever du jour, au moment précis où, juste avant de disparaître, les étoiles devenaient presque imperceptibles. Le noir lavis du ciel s'estompait peu à peu, et je me sentais alors tout empli d'émerveillement. Parfois, l'orage fondait sur Tchoté. Alors, les étoiles, devenues invisibles, gagnaient le refuge de mon cœur. *Amala* me souriait. Souvent, l'impression de voir son image me venait ; en fait, elle ne m'avait jamais quitté. Le cours monotone de ma vie était suspendu, lorsque, au hasard de mes pas, je déambulais dans les différentes salles du monastère. En les parcourant, il me suffisait de fermer les yeux pour que surgissent des images qui, aujourd'hui encore, sont restées gravées en moi. Rares furent les moments où je fus heureux dans cette vie. Mais là, je l'étais particulièrement quand, autour de moi, tout devenait paisible et propice à la méditation.

Au rez-de-chaussée, une statue du Bouddha Chakyamouni[1], d'une hauteur d'un immeuble de deux étages, occupait le centre de la salle principale. A ses côtés, celles de Tchènrézik et de Tsépakmé, le Bouddha de

---

1. Le « Bouddha historique », qui est à l'origine du Dharma, tel qu'il est encore aujourd'hui pratiqué.

longue vie, toutes trois en bronze et plaquées du meilleur or, donnaient au cœur du sanctuaire un sentiment de force tranquille. Dans cette même salle, je m'arrêtais souvent, pensif et triste, devant celles des œuvres qui avaient souffert de mutilations ou de saccages. En sortant, je demeurais un instant dans une pièce un peu moins grande qui abritait une statue du grand érudit Bodong Tchoklé Namguièl. Ici, les murs étaient recouverts d'une peinture à base d'or. Au premier étage, il n'y avait que deux salles. Dans la première, réservée à la prière, on trouvait le *Kanguiour*, un peu plus de cent volumes manuscrits et une centaine d'autres gravés. Dans la suivante, on gardait trente volumes de soutras et un stoupa, l'édifice représentant de façon symbolique le Corps du Bouddha, contenant les reliques d'un saint lama, Guédune Lhundoup, dont le cadavre avait été conservé dans du sel. Plus tard, on me raconta qu'en 1950, lorsque les Chinois investirent les lieux et détruisirent ce stoupa, on put voir des cheveux pousser sur la tête de la momie. C'est également en cet endroit qu'avaient été réinstallées les statuettes des monastères voisins, alignées sur des étagères en escalier. Certaines atteignaient la taille d'un homme. Toutes d'une valeur inestimable, elles étaient entièrement faites d'alliages de métaux : or, argent, bronze… On y trouvait également des peintures et les thankas [1]. Enfin, le troisième étage comportait une seule pièce que

---

1. Lors de la fête de Kune Rik Dome Tcheu, qui commence généralement le vingt-deuxième jour du douzième mois de l'année pour se terminer le quinzième jour du premier mois de la nouvelle année, les moines sortaient toutes les thankas pour les exposer.

nous appelions *Kaptchi*. On pouvait y trouver la centaine de volumes du *Kanguiour*, gravés également sur
des blocs de bois, et trente volumes de commentaires
de Bodong Tchoklé Namguiël imprimés sur un épais
papier de riz, au moyen d'une encre composée de
poudre d'or et d'argent. On y conservait enfin de nombreuses écritures, des reliques et des statuettes de Bouddhas et bodhisattvas. Les textes, enveloppés dans des
carrés de toile ou de soie appelés *Ga*, étaient disposés
entre deux planches de bois, portant des gravures représentant des divinités. Celles-ci étaient ensuite nouées de
façon à maintenir le papier de riz bien à plat. A ce même
niveau, un dernier sanctuaire abritait le stoupa d'un
grand érudit tibétain, Pang Lotsawa ou Pang-Lo-
Tchénpo. Protégeant la relique, la statue d'une divinité
de la région, Tachi Ouanpak [1], et diverses effigies peu-
plaient cet endroit. Des coussins et des couvertures
pliées jonchaient le sol pour permettre aux moines de
s'asseoir et de se recueillir. Il y avait aussi des cymbales
et divers autres objets de culte utilisés lors des cérémonies. Le quatrième étage du monastère abritait des statues très anciennes qui appartenaient à Tchoté depuis
sa fondation. Tout le reste du bâtiment était utilisé
comme logements pour les moines et comme chambres
d'hôtes pour les voyageurs et les pèlerins de passage.
    La plupart des monastères du Tibet étaient bâtis au
sommet des collines ; ce n'était pas le cas de Tchoté,
situé au flanc d'une gorge profonde, traversée par une
rivière dont les eaux rugissantes m'attiraient particuliè-

---

1. On dit qu'elle représentait l'aspect terrifiant de Tchènrézik.

rement aux beaux jours. Un pont suspendu, fait de lattes de bois espacées et reliées par des câbles et des filins usés, permettait de la franchir. Les animaux de bât ne pouvaient passer. Si un côté du monastère donnait sur la rivière, les autres s'ouvraient sur des jardins. Là, se trouvait le dortoir de la plupart des moines. Un chemin étroit, que j'empruntais chaque jour, permettait de déambuler autour du bâtiment.

J'aimais particulièrement le deuxième étage de l'édifice principal, parce qu'il y avait de vastes espaces ouverts qui donnaient, au nord, sur le jardin. Je m'asseyais, seul, sur le muret, jambes pendantes dans le vide. Le vent s'engouffrait avec force dans les ouvertures et chantait dans les aigus. Je me sentais transporté et, lorsque mon ouïe s'était habituée à l'environnement, j'écoutais attentivement le long bruissement des arbres qui jetaient leurs ombres en contrebas. Ce jardin accueillait de nombreux coucous et des oiseaux musiciens, à bec rouge et plumes noires, que nous, Tibétains, appelons *djeumo*. J'affectionnais aussi ce lieu merveilleux pour son petit étang, où, dit-on, Lotchén Béro se baignait, et pour les peupliers qui s'embrasaient de couleurs vives à l'automne. Il m'arrivait d'ailleurs d'emporter des textes et d'y étudier. Des aigles venaient planer au-dessus de moi. Ils me voyaient sûrement de loin, et je me disais que *amala* et *mola* étaient présents, dans ce décor inscrit à jamais dans ma conscience.

En 1938, l'an tigre-terre commença, comme toutes les années du calendrier tibétain, avec les cérémonies célébrant le *Lossar*, le nouvel an. Cette année de mes

seize ans devait se révéler bien différente des autres.
J'avais décidé en effet de devenir médecin — en tibétain, *émtchi*. On y ajoute parfois la particule *la* comme
marque de respect : *émtchila*. Les circonstances allaient
m'aider à parvenir à mon but.

Ce souhait était désormais enfoui au plus profond de
moi. L'année précédente, j'avais rejoint ma famille pour
la période des vacances. Un jour, un homme étonnant
arriva à la maison. Il portait fièrement une belle chemise de brocart jaune. *Mola* l'avait reçu en brûlant de
l'encens, ce que l'on faisait généralement en présence
des lamas, des *trulkou* importants ou des grands lettrés.
Elle lui avait aussi servi le thé et un repas délicieux.
Intrigué par son savoir, je l'interrogeai. Il me raconta
qu'il avait suivi de longues études au Tchakpori [1], le collège de médecine de Lhassa. Oui, moi aussi, je serai un
émtchi, pensai-je alors. Aussitôt après son départ, je
grimpai au sommet de la colline pour le voir disparaître
à l'horizon. Sa silhouette emportait mes pensées et mes
rêves les plus fous. Le soir, après les prières, je pris une
aiguille et de l'encre et, à la lumière du foyer où crépi-

---

1. Première école de médecine instituée par le cinquième Dalaï-
Lama. Au départ, au monastère de Drépoung, elle fut ensuite transportée vers un complexe monastique d'hôpital-école nommé
Tchakpori, la « Montagne de Fer », sur une colline de Lhassa, la
capitale. Tchakpori devint le centre de la médecine au Tibet, connu
dans les pays voisins, notamment en Asie centrale, pour la science
dispensée par les lamas-médecins. Une fois établi, Sanguié Guiatso,
le régent du cinquième Dalaï-Lama et sans doute l'homme le plus
puissant du Tibet à cette époque, décida que chaque monastère
abriterait un lama-médecin formé au Tchakpori. Ce fut le début
de la « santé publique » au Tibet.

tait un feu joyeux, je tatouai le mot *ém* sur une main, comme une promesse indélébile. Cette marque, je la porte aujourd'hui encore. Seul le temps a pâli le tatouage ; et pour finir, je suis devenu *Lhamènpa* *. Cela se passa ainsi.

A Lhassa, un éminent lettré de Tchakpori, Khyènrap Norbou, était devenu le médecin personnel du treizième Dalaï-Lama. L'année bœuf-eau (1913) [1], le Premier ministre, Chédra, s'était rendu aux Indes britanniques. Khyènrap Norbou l'avait accompagné pour y analyser et soigner un certain nombre de maux considérés alors comme incurables. Lorsque des médecins étrangers, notamment britanniques, l'interrogèrent sur les relations entre les maladies cardiaques, le corps et l'esprit, Khyènrap Norbou donna énormément de détails tant sur les causes que sur les symptômes et les conséquences psychiques liés à ces pathologies. Sa visite fut un triomphe : félicité, photographié, il fut également couvert de cadeaux et, lorsqu'il rentra au Tibet, sa réputation nouvelle l'avait devancé.

Trois ans plus tard, en 1916, an dragon-feu, un

---

1. En octobre 1913, une délégation partit pour Simla. S'ensuivit une convention signée le 3 juin 1914 par le Tibet, la Grande-Bretagne et la Chine, délimitant les frontières, question sensible pour les Chinois qui entendaient affirmer leur pleine souveraineté territoriale, autant que pour le gouvernement du treizième Dalaï-Lama qui voulait absolument observer les intérêts des populations du Kham et de l'Amdo. Finalement, en refusant d'y apporter sa signature, la Chine ne reconnut pas ce document.

membre du *Kachag**, le Conseil des ministres, demanda au treizième Dalaï-Lama l'autorisation de construire, là où se trouvait autrefois le monastère de Tènguiéling, une école où l'on enseignerait l'anglais, ce qu'il refusa. Tékhang Djampa Thoupouang, le médecin personnel du Dalaï-Lama qui devint le maître de Khyènrap Norbou, adressa à son tour une requête à Sa Sainteté, lui proposant de construire un collège de médecine et d'astrologie en lieu et place du monastère détruit. Thouptèn Guiatso prit aussitôt la mesure des avantages que pourraient tirer d'une telle institution riches et pauvres, aristocrates et paysans, au point de vérifier lui-même tous les blocs à imprimer utilisés pour l'impression du *Guiu-chi*. Il convoqua ensuite Tékhang pour lui signifier son accord. Le Mèn-Tsi-Khang venait d'être fondé.

Sa construction achevée, Sa Sainteté nomma Tékhang directeur de l'institut, et Khyènrap Norbou administrateur principal. Dans ce nouvel établissement, les deux érudits systématisèrent le règlement et organisèrent l'enseignement : la durée des études, le cursus, l'application pratique, les examens, la différence de niveaux et de classes, la récolte des herbes médicinales et l'approvisionnement des autres ingrédients médicinaux, la pharmacologie et l'astrologie. En fait, toutes les disciplines y étaient enseignées à importance égale. Rien d'étonnant, dès lors, que l'institut acquît une notoriété considérable, attirant, telle une fleur de lotus, des étudiants choisis, avec soin, au Tibet, dans les monastères et dans l'armée. S'y inscrivaient également des adeptes du tantrisme originaires du Bhoutan, du Sikkim, du

Ladakh, de Lahaul et du Spiti, illustrant ainsi les paroles
de Padmasambhava * :

> *Si reculé que soit l'endroit où demeure un grand lettré,*
> *Sa connaissance fait office de messager.*
> *Telle la pierre précieuse du Ketakai,*
> *Il attire les gens comme des abeilles.*

Lorsque le Mèn-Tsi-Khang recrutait des étudiants,
le *Kachag* adressait une information à l'ensemble des
monastères. A cette époque, en ce qui concerne Tchoté,
trois novices, parmi les plus brillants — Yéché Tendzin, Dong-Tchok et Példèn Tséouang —, avaient ainsi
été choisis. Une seule condition pour être accepté à
l'institut médical de Lhassa : avoir moins de treize ans.
Mais avant de partir pour Lhassa, ils devaient d'abord
étudier au monastère sous la direction d'un médecin, le
docteur Chékar, qui avait été lui-même formé au Mèn-
Tsi-Khang.

Pas un de ces trois élèves n'acheva sa préparation.
Yéché Tendzin, premier étudiant auprès de Chékar,
s'enfuit de Tchoté. J'appris bien plus tard qu'il s'était
caché parmi les moines de Séra. Dong-Tchok, un lointain parent, disparut à son tour. On dit qu'il avait
trouvé refuge dans un monastère à Lhassa. Il revint à
Nyémo, après 1959, avec une femme et deux enfants.
Példèn Tséouang disparut et nul ne le revit jamais.
Quelles furent exactement les raisons de leur départ ? Je
l'appris plus tard à mes dépens. Toujours est-il que le
médecin adressa un rapport au Mèn-Tsi-Khang et choi-
sit trois autres moines. Je fis partie de ceux-là. Logi-
quement, mon âge — j'avais plus de seize ans — aurait

dû constituer un handicap. Comme je passais maintenant pour un élève intelligent, assidu au travail et sincère, on fit une exception pour moi.

L'accord du Mèn-Tsi-Khang parvint à Tchoté alors que j'étais parti réciter des prières dans une famille. A mon retour, les novices m'entourèrent pour m'annoncer que j'avais été choisi pour suivre les études médicales. Rempli d'allégresse, je pensais que, pour mériter cela, j'avais certainement accumulé quelque bon karma dans mes vies passées ; mais des moines me mirent en garde, affirmant avec force que devenir *émtchi* comportait de nombreux désavantages. Et puis, il y avait le docteur Chékar...

A partir de ce jour, je dus entièrement me consacrer à mes études ; plus question d'aller dans les familles pour réciter des *chaptèn* ; les jeux et les flâneries se firent aussi beaucoup plus rares. Le docteur Chékar devint donc mon maître de médecine à Tchoté. Dès le premier jour, je compris pourquoi ses précédents élèves s'étaient enfuis : en plus des textes sacrés qu'il fallait savoir par cœur, je devais accomplir toutes sortes de travaux qui n'avaient vraiment rien à voir avec l'objectif poursuivi qui était de préparer mon entrée au Mèn-Tsi-Khang.

Le docteur Chékar était un homme étonnant. Il s'occupait parfaitement bien de ses patients ; un peu moins de ses élèves. C'est ainsi que je passais le plus clair de mon temps à nettoyer son logement et les écuries attenantes, car le médecin de Tchoté avait une passion : les chevaux. Lorsqu'il consultait à l'extérieur, c'était bien sûr à cheval qu'il partait. Aussitôt rentré, je devais m'occuper de sa monture. Ensuite, je subissais une inspection en règle des locaux. Les reproches tombaient inévitablement. Envahi d'un immense chagrin, je me réfugiais parfois chez mon tuteur. Là, je subissais une seconde réprimande. Dès qu'il me voyait, il se mettait à me gronder car il ne supportait pas l'idée de me voir partir pour Lhassa. Ses mots me blessaient :

— Vraiment tu n'as pas de chance. Tu es devenu orphelin de ta mère, alors que tu étais à peine né. Maintenant, tu dois travailler très dur pour les autres, au lieu d'étudier les textes sacrés auprès de moi. Tu as un bien mauvais résultat de karma, Tendzin.

Peut-être mon tuteur avait-il raison ? Nous étions déjà en 1939, an lièvre-terre, et je venais d'avoir dix-sept ans. Chaque nuit, je devais me lever à deux reprises pour donner du fourrage aux chevaux. *Emtchila* savait avec précision l'heure à laquelle j'arrivais dans les écuries, car les chevaux portaient des clochettes et leur tintement le réveillait. Il savait alors que j'étais en train de les nourrir. J'étais tellement épuisé qu'il m'arrivait de ne pas pouvoir me réveiller ; au petit matin, mon professeur me battait fréquemment à coups de fouet ou de bâton, avant de m'envoyer ramasser le crottin et de le mettre à sécher pour en faire du fumier, que j'allais plusieurs fois par semaine épandre dans les champs voisins.

Un jour, des patients vinrent consulter *emtchila*. Ils avaient attaché leurs montures à l'entrée du monastère ; un des chevaux parvint à défaire la corde qui le retenait et s'enfuit au galop. A ce moment, je me trouvais dans l'écurie à soigner le cheval de mon maître. Lorsqu'il fut informé de l'incident, il m'accusa et me frappa sur la tête à plusieurs reprises avec un bâton.

— Tendzin, ne reviens pas ici sans avoir retrouvé ce cheval.

C'était en hiver. Je partis pieds nus dans la neige. Un moment, je crus avoir la chance de mon côté : les traces des sabots étaient encore visibles. Mais la neige se mit à tomber, plus forte, plus dense. Quelques centaines de mètres plus loin, toutes les marques avaient disparu. C'est alors que je sentis le froid me gagner ; mes pieds commençaient à geler. Chaque pas me faisait horriblement souffrir. Je pleurais en pensant à *amala* qui n'était pas là pour veiller sur moi. Depuis sa disparition, dix-sept ans plus tôt, j'eus à supporter tant de souffrances ; mais cette fois, je n'acceptais pas l'injustice dont je me sentais frappé. J'errai toute la journée et ne retrouvai pas le cheval. Le froid, la neige avaient brûlé mes pieds au point que je ne ressentais plus la moindre douleur. J'avais récité des centaines de fois le mantra *Om Mani Pémé Houm*.

On m'avait donné un tuteur pour recevoir une éducation, et un maître pour étudier la médecine ; et j'étais là, en plein hiver, pieds nus, à chercher un cheval que je ne retrouverais sans doute jamais. Je fis demi-tour et rentrai au monastère. Lorsque, la nuit venue, je rejoignis mon tuteur, il manifesta une grande fureur :

— Je ne parviens même plus à te faire étudier les Ecritures, alors que d'autres te font travailler comme un forcené, comme un simple serviteur.

Cette nuit-là, je ne pus trouver le sommeil. Je donnai du fourrage aux chevaux et m'assis devant l'autel. Le cheval, sa fuite, le froid, la neige, les pieds gelés, la faim… Les larmes roulaient abondamment sur mon visage. Je regrettais de n'être pas parti plus tôt pour Lhassa. Plus je priais, plus je me rendais à l'évidence : que j'y sois heureux ou non, je devais entrer au Mèn-Tsi-Khang ; c'était devenu une nécessité impérieuse.

Quelques jours plus tard se produisit un autre incident. Chékar rentra chez lui fort énervé. Il s'en prit aussitôt à moi, me reprochant de n'avoir pas assez bien nettoyé son logement.

— Tout est propre, maître, lui dis-je d'une voix sourde.

Il s'approcha du pot à eau et désigna la planche qui le recouvrait.

— Elle est sale. On voit là des traces de poussière.

Chékar saisit une grande louche en cuivre et me frappa violemment à la tête. J'avais mal et une énorme bosse déforma mon crâne. Ce fut la dernière fois qu'il eut l'occasion de me battre. A partir de ce jour, je mis de côté un peu de ma maigre portion de *tsampa*, afin de disposer de la nourriture nécessaire pour me rendre à Lhassa.

Ce soir-là, je m'endormis, l'esprit habité par une seule pensée : partir pour le Mèn-Tsi-Khang et devenir *émtchi*.

5

Je serai médecin

Partir. Je ne pensais plus qu'à cela. Chaque jour, je continuais à subtiliser de petites quantités de *tsampa* qui allaient rejoindre un sac dissimulé dans un buisson. Je me rendais ensuite dans le temple pour y effectuer mes pratiques. Là, un peu à l'écart, je méditais, longtemps. Des moines y disaient des prières ininterrompues, ignorant tout de mes intentions. L'attente paraissait interminable. Il était impossible de se lancer dans cette nouvelle aventure sans avoir préparé minutieusement le voyage. Il me restait le souvenir brûlant de cette escapade pour le mont Kaïlash, laquelle s'était conclue par les coups de fouet de mon tuteur. Cette fois, il n'était plus question de revenir sur mes pas. J'espérais simplement que *mola* comprendrait et qu'*amala* guiderait mes pas.

Enfin, vint ce fameux jour. Mon tuteur avait obtenu l'autorisation de Chékar de me laisser aller réciter le *Kanguiour* à Tcha-Go. Je devais revenir le soir, mais les récitations durèrent plus longtemps que prévu. Lorsque je rentrai à Tchoté, la nuit était très avancée ; une pareille possibilité ne se représenterait peut-être plus avant longtemps. Au lieu de rejoindre le logement de mon tuteur ou de mon professeur, je me dirigeai tout droit vers la cache où se trouvait le balluchon, le sac de nourriture et une *tchoupa*.

Il devait être autour de minuit. Muni de mon précieux butin, j'entrai une dernière fois dans le temple principal. J'en poussai la lourde porte qui émit une étrange plainte en pivotant sur ses gonds. Je restai quelques secondes sur le seuil afin de pénétrer mon esprit de la dernière image que j'aurais vraisemblablement du sanctuaire de Tchoté, puis je m'assis dans un coin sombre. Mon regard rencontra alors celui du Bouddha Chakyamouni, et s'y perdit. Une chaleur intense m'envahit et, en voyant les lampes à beurre alignées dans leurs coupelles d'or et d'argent, l'émotion me gagna. Devant l'autel, je déposai une *khata* et une modeste offrande de *tsampa*. Des moines priaient ; ils ne prêtèrent aucune attention à ma présence. Une bonne demi-heure s'écoula ainsi. Je demandai aux divinités de couronner mon entreprise de succès et de me permettre de rencontrer le célèbre Khyènrap Norbou, médecin personnel du Dalaï-Lama. Apaisé pour ne pas dire serein, je me levai, et sortis le plus discrètement possible. La porte du temple se referma sur moi, sans émettre la moindre plainte.

Empli de confiance et de courage, je me dirigeai vers la sortie principale du monastère, m'engageai sur le chemin qui encerclait le bâtiment. J'en fis une fois encore le tour pour m'imprégner totalement de l'atmosphère de ce lieu, traversai les jardins, puis franchis le pont de bois. Avec la nuit, la fureur des eaux qui cognaient les parois de la gorge, j'eus une brève hésitation encore ;

mais une force plus puissante me poussa à avancer néanmoins. Tchoté disparut bien vite dans la nuit sombre.

Une heure plus tard, j'arrivai à Tachi Noukpa, le village où demeuraient quelques parents de ma mère, notamment ma tante Pessala ; mais elle était partie à Lhassa pour les fêtes du *Meunlam**. J'y rencontrai malgré tout une autre tante qui m'aimait beaucoup et qui, régulièrement, s'inquiétait de mon sort.

— Te voilà dans de beaux draps. Depuis la mort de ta mère, tu as connu beaucoup de souffrances, Tendzin. Je souhaite vraiment que tu réussisses dans ton entreprise. Demain matin, un guide te mènera à Tchou où vit un de tes oncles. Séna Deundoup Khangsar est un riche fermier, il t'aidera certainement et, surtout, te sera de très bon conseil. A Lhassa, il te faudra impérativement retrouver Pessala. Maintenant, va dormir un peu, car le chemin sera long.

Mon repos fut de courte durée. Je fis pourtant un rêve merveilleux : beaucoup de gens entraient dans un monastère, alors que je soufflais dans une conque blanche. Je sus bien plus tard qu'un tel rêve était de bon augure et qu'il présageait de nombreux succès. On dit même que, fait à l'aube, il se réalisait. Pour l'heure, je dormais du sommeil du juste.

Ma tante me réveilla pour les prières du matin. J'abandonnai ma robe monastique pour une *tchoupa*, avalai un thé salé et un peu de *tsampa*. Le guide était déjà là. Après les dernières recommandations, je lui emboîtai fièrement le pas. Il était cinq heures du matin.

Nous traversâmes d'abord Nyémo, le village natal d'*amala*. Nous fîmes une courte halte vers midi. Le guide échangea très peu de mots avec moi, seulement pour me dire qu'il fallait marcher encore quatre heures pour atteindre Tchou. Il ne se passa pas grand-chose d'autre au cours de cette journée, sauf une rencontre avec des nonnes appartenant au monastère de Béro. Elles avaient empli leurs seaux à la rivière toute proche et regagnaient leur couvent en riant aux éclats. J'en conclus que cette vision d'un bonheur simple était un nouveau signe favorable.

A Tchou, le guide me conduisit directement chez mon oncle. Il nous offrit le thé; je lui présentai une *khata.* Je découvris un homme fort gentil, et surtout très attentionné à mon égard.

— Lorsque j'ai appris la mort de ta mère, j'ai beaucoup pensé aux deux enfants qu'elle laissait : ton frère et toi. A l'époque, il ne m'était pas possible de vous être d'un quelconque secours. Aujourd'hui, je me réjouis de ton intention de devenir *émtchi.* Mais tu dois cependant apprendre la prudence. La route qui conduit à Lhassa est peu sûre; il n'est pas question que tu entreprennes ce voyage seul.

Je passai deux nuits chez mon oncle, Séna Deundoup Khangsar. Il vérifia minutieusement mon nouveau balluchon : la nourriture, des vêtements chauds et des chaussures. Tchou était une bourgade où les habitations s'étageaient à flanc de montagne. La famille Khangsar occupait la plus élevée. L'endroit, splendide, donnait sur un immense panorama. Un joli cours d'eau, longé par un chemin tortueux menant à Yang-Tchèn, traversait la vallée. Point de rencontre pour les marchands,

Tchou était régulièrement fréquentée par les caravaniers. Les collines alentour étaient recouvertes de verts pâturages où de magnifiques chevaux s'ébattaient en toute liberté. La région ressemblait fort à la Suisse que je connus bien des années après.

Le premier jour à Tchou, j'éprouvai le besoin de marcher dans les collines. Je prévins mon oncle qui me mit en garde contre les risques d'y faire la rencontre d'animaux sauvages. Un sentier serpentait vers le sommet, coupant à travers les herbages. Le soleil était chaud et pesait lourdement sur mes épaules. La brise, légère et tiède, jouait sur mon visage. J'étais heureux, ivre d'une liberté jamais ressentie jusqu'ici. Je fermai les yeux et retins mon souffle le plus longtemps possible. Ah! si *amala* avait été auprès de moi, ici avec nous, j'aurais eu tant de choses à lui dire, tant à partager! Mais j'étais orphelin de mère, et cette absence m'était douloureuse. *Om Mani Pémé Houm.*

J'avais presque atteint le sommet lorsque je fus soudain encerclé par une horde de chevaux menée par un étalon à la robe de couleur cuivre. Je m'immobilisai pour ne pas les effrayer. Mon cœur battait à tout rompre. Le meneur s'approcha dans ma direction, mais restait à distance. Il me scrutait, observait chacun de mes gestes. Ses sabots cognaient nerveusement le sol. Il hennit, et son hennissement couvrit le chant des oiseaux. Il renifla, dressa la tête et hennit encore. Il s'avança alors fièrement vers moi, suivi par les autres chevaux. Comme hypnotisé, je ne pouvais en détacher mon regard. Ses yeux étaient des charbons ardents dans lesquels étincelaient les rayons du soleil. Ses oreilles pointaient vers l'avant. Sa crinière, dressée, flottait dans

le vent. Sa queue fouettait l'air d'un rythme sauvage.
La horde, une dizaine de chevaux, était là, proche à me
toucher. La peur m'envahit, mais je réussis à la dominer. L'étalon me renifla, hennit une ultime fois. Soudain, il pirouetta et prit le galop, suivi par les autres
chevaux. Leurs sabots martelaient le sol pierreux si fort
que mon corps fut parcouru par de sourdes vibrations.

Je décidai de me reposer un peu sur les hauteurs et
trouvai une grosse pierre pour m'asseoir. Je contemplai
la vallée. En ce lieu, la terre touchait le ciel à plus de
trois mille mètres d'altitude. Des corbeaux traçaient
d'immenses cercles et finissaient par se percher, en
bande, sur le faîte des arbres. J'aperçus une petite grotte,
m'y rendis. Je rassemblai quelques pierres et entrepris
la construction d'un autel. Lorsque, une bonne heure
plus tard, j'eus fini, j'y déposai une offrande et brûlai
quelques brindilles de genévrier. Je me mis alors à réciter des prières.

Le soleil était encore haut dans le ciel. Je poussai plus
loin mon exploration. Ici, la montagne devenait plus
aride. Je rencontrai des nomades et leurs troupeaux de
yacks, de *dri* et de moutons. Plus loin derrière les
herbes, j'aperçus des daims musqués, des chamois et,
dans les airs, surtout des aigles. J'adressai à ces derniers
quelques paroles d'amitié. Comme pour me signifier
qu'il avait compris, un énorme mâle souleva lentement
ses ailes et quitta le sol. Il s'éleva très haut jusqu'à ce
qu'il fût comme happé par le soleil et disparût de ma
vue. Une sorte de mélancolie me submergea. Je pensais
à *mola*, à la colline près de ma maison natale et me mis
à tournoyer, bras ouverts, sur moi-même. J'étais un

aigle et j'étais libre. Milarépa, un saint, ermite et poète, disait, il y a quelque neuf siècles :

> *Les bêtes de proie rugissent à mes côtés,*
> *Le vautour royal à l'écart plane.*
> *L'hémione et le daim jouent et gambadent*
> *   avec leurs petits,*
> *Alouettes et grues blanches chantent sur tous les tons.*

Un arc-en-ciel apparut soudain. Je repensais à *amala*. Je pleurais, mon visage ruisselait.

Le second jour à Tchou, je descendis jusqu'au bord de la rivière. Il n'y avait pas de sentier et la végétation y était dense. L'eau s'écoulait, lentement, au point d'être imperceptible. Le chien de mon oncle m'avait suivi. Je lui parlais de temps en temps, mais il ne se souciait guère de moi. Il flânait, je flânais, au rythme tranquille de nos pas. L'eau était fraîche. Des enfants inventaient des jeux ; des femmes travaillaient dans les champs, en contrebas ; elles parlaient et riaient. En cet instant, j'avais le sentiment que plus aucune souffrance ne pourrait m'atteindre, ni dans cette vie ni dans aucune autre.

Le matin du troisième jour à Tchou fut celui de mon départ. Mon oncle avait trouvé des caravaniers qui partaient en direction de Lhassa et il avait demandé à des hommes de la famille Dja-Dong de veiller sur moi. Echanges de *khata*, nouvelles recommandations.

— J'éprouve beaucoup de reconnaissance envers votre famille, dis-je à Séna Deundoup Khangsar. Vous m'avez traité avec tant de compassion et de bonté que je ne l'oublierai jamais. Lorsque je serai à Lhassa, j'irai prier pour votre longue vie.

Nous nous mîmes en route tôt le matin. Le convoi contourna la montagne que j'avais gravie en partie l'avant-veille, franchit une passe et redescendit en direction d'un endroit appelé Kar-Khang où ne vivaient que des nomades. Ils avaient dressé leurs tentes autour d'un immense feu. C'est ici que nous passâmes la nuit. Le ciel s'était assombri, profondément. Pourtant, les montagnes sondaient encore l'immensité. Si les journées étaient relativement chaudes, les soirées étaient plutôt fraîches et les nuits glaciales. Je n'étais pas vêtu pour affronter de telles différences de température. L'aîné des Dja-Dong expliqua au chef du village qu'il serait préférable de me laisser dormir à l'intérieur d'une des tentes. L'homme me proposa celle de sa famille. On m'y installa dans la partie la plus abritée car, ce soir-là, un fort vent balayait le versant. Mon escorte dormait à l'extérieur, dans ce que nous, Tibétains, appelons un *kiok-kiok*, sorte de clôture confectionnée en empilant du crottin et de la bouse. Les Dja-Dong, eux, avaient trouvé refuge dans l'enclos, avec les animaux.

Ce fut vers *mola* que mes pensées s'envolèrent cette nuit-là. Je rêvai même que nous allions quelque part ensemble, dans un endroit qui me parut très sombre. *Mola* m'avait élevé en l'absence de ma mère, m'avait apporté son soutien au moment de partir pour Tchoté, puis pour le Mèn-Tsi-Khang. Je lui devais tant. Que dire de *pala* ? Il préférait les enfants que lui avait donnés sa seconde femme, notamment ses filles à qui il offrait volontiers des bijoux de turquoise et de corail.

Je ne pouvais lui en vouloir, mais il aurait pu, à mon frère et à moi, nous donner simplement un peu plus d'amour et d'attention qu'il ne le fit. Malgré mes souffrances, je me rassurais de la présence de signes auspicieux : ce rêve d'abord, au cours duquel je soufflais dans une conque, puis la rencontre avec les nonnes, et, sur la route de Tchou à Kar-Khang, celle des ânes portant un nombre incalculable de pots vides. En prison sous l'occupation chinoise, j'eus l'occasion de beaucoup réfléchir à tout cela. Je décidai alors d'économiser autant que possible sur le peu que je possédais pour acheter une grande vasque en argent qui servirait à allumer les lampes à beurre qui sont un support de réflexion sur l'épuisement de la vie. Lorsqu'en 1980 je proposai à Djétsune Péma, sœur cadette de Sa Sainteté, en mission au Tibet, de la lui donner, elle me répondit qu'on ne l'autoriserait pas à emporter un objet aussi encombrant. Je la plaçai donc sur un autel du Djokhang*, un des principaux temples de Lhassa avec celui de Ramotché, où elle doit être encore aujourd'hui, à moins que les Chinois ne l'aient volée.

Lorsque je me réveillai, il faisait encore nuit ; le camp s'animait. On entendait le crépitement des flammes et le bourdonnement des nomades récitant leurs prières du matin. Aujourd'hui, une fois encore, la journée serait longue.

La caravane avançait lentement. Au départ de Kar-Khang, nous eûmes à franchir une passe et à gravir le flanc d'une montagne. A main droite, le paysage était féerique : les eaux vertes d'un lac scintillaient, la vallée était douce et paisible. Nous progressions avec difficulté sur un étroit sentier caillouteux. Les ânes glissaient

régulièrement, et il fallait les tenir pour les empêcher
de chuter dans le vide. Le bruit des sabots sonnait creux.
Des pierres se décrochaient et roulaient comme le tonnerre jusqu'au fond de la gorge ; des pans entiers de
neige se détachaient de la paroi. Ce passage délicat fut
en définitive franchi sans encombre. Nous retrouvâmes
une vallée où, pendant plusieurs heures, nous ne rencontrâmes pas âme qui vive. Et ce fut Tsourpou, un
monastère de *karmapa*. Nous venions à peine de nous
installer dans les chambres de passage qu'arrivèrent des
âniers. Ils venaient de Lhassa et se dirigeaient vers
Nyémo.

J'écrivis quelques mots sur un parchemin et le confiai
au chef du convoi. Le message était destiné à mon oncle
tuteur et à Chékar, mon professeur de médecine. Je leur
indiquai les raisons de mon départ de Tchoté et le but
de mon voyage. Je leur dis aussi que je leur enverrai des
nouvelles dès mon arrivée dans Lhassa, la « cité des
dieux ». Ce soir-là, je priai longuement devant l'autel et
la statue du Bouddha Chakyamouni. J'offris une *khata*
et un peu de *tsampa*.

Le lendemain fut un jour sans histoires. Nous nous
arrêtâmes vers huit heures pour boire le thé. Le soleil
perçait au-dessus des montagnes. Il faisait extrêmement
froid. La caravane se remit en route. Nous franchîmes
un nouveau col, approchant les neiges éternelles. La respiration se faisait de plus en plus saccadée. Enfin, nous
retrouvâmes une vallée qui nous mena à Nang-Tsé, où
nous fîmes halte pour la nuit. Demain, nous attein-
drions Lhassa. Mon excitation était à son comble. Le
dernier jour nous conduisit à Cha-Ta, dans ses proches
faubourgs, où vivait la famille Dja-Dong. Là, je pus me

reposer une petite heure, puis on me mena à Lou-Bouk
où demeurait ma tante Pessala. Il régnait dans la ville
une très forte animation.

Nous étions en plein cœur des fêtes du *Meunlam*.
Jamais je n'avais vu autant de monde. Partout, il y avait
des moines, des hommes et des femmes de toutes les
régions du Tibet. Dja-Dong m'expliqua que les deux
premiers jours étaient fêtés par le gouvernement et les
laïcs. Le *Meunlam Tchénmo** commençait au matin du
troisième. Moines et pèlerins investissaient la capitale,
dont la population quadruplait alors. Il n'était pratiquement pas possible d'approcher du Djokhang ni des
autres temples.

Pessala m'accueillit à bras ouverts. Nous partageâmes
le thé, fîmes des offrandes. A présent que j'étais à
Lhassa, il me fallait trouver l'occasion d'une introduction au Mèn-Tsi-Khang et, si possible, d'une rencontre
avec le grand maître Khyènrap Norbou. Pas question
d'y aller lors de la période de *Meunlam*.

— La ville aura recouvré son calme dans les tout
prochains jours, me dit ma tante. Il te sera alors temps.
Le Mèn-Tsi-Khang est une importante institution. T'y
faire admettre sera difficile, Tendzin, car tu ne pos-
sèdes rien. D'ici là, je te conseille d'invoquer les déités.

Pessala avait sans doute raison. C'est ainsi que je me
lançai à la découverte de Lhassa. Les cérémonies se
succédaient. En cette année dragon-fer (1940) du
calendrier tibétain — date essentielle dans l'histoire de
notre pays —, la population était exceptionnellement
euphorique. Elle venait en effet de participer à l'installation de Lhamo Theundroup — nom donné au Dalaï-

Lama à sa naissance[1] — sur le « trône du Lion ». Des
moines me racontèrent l'arrivée de l'« enfant élu » à
Lhassa, monté sur un *trèl-lam*, sorte de siège attaché à
deux perches et relié à deux mules. Une foule immense
était venue accueillir son nouveau Dalaï-Lama. Depuis
ce jour, Lhassa était en fête. On avait entonné des
chants de bienvenue, dansé et surtout prié. Les Tibétains, hommes, femmes et enfants, s'étaient parés de
leurs plus beaux atours. On entendait les gens crier :
« Le jour de notre bonheur est arrivé. » Les riches aristocrates organisaient des soirées raffinées. Les spectacles
d'opéra, de danse étaient nombreux. Je pensais que
j'avais beaucoup de chance : au Tibet, la majorité de la
population n'était jamais venue dans la « cité des
dieux ». Nomades ou cultivateurs, ils travaillaient la
terre et faisaient paître leurs troupeaux, moines, ils
vivaient une vie monastique stricte, sans parfois jamais
voir ni entendre parler de ce qui se passait ailleurs.
Autant dire que tout ce que l'on avait pu me raconter
aiguisait ma curiosité. De plus, arriver à Lhassa
quelques jours après Kundun ne pouvait que m'être
favorable.

     La journée commençait à quatre heures, avec une
courte pause au lever du soleil. Les habitants de Lhassa
apportaient aux moines leur contribution, s'ils le dési-

---

1. Le nom donné jusqu'alors à l'enfant, né à Taktsèr dans
l'Amdo, le 6 juillet 1935, et reconnu comme la réincarnation du
treizième Dalaï-Lama. A la suite des cérémonies d'intronisation, il
prendra le nom de Tendzin Guiatso, quatorzième Dalaï-Lama. Les
cérémonies d'intronisation furent fixées au 22 février 1940 à la
suite de très savants calculs astrologiques.

raient, en leur servant du thé mélangé de *tsampa* et une soupe à base de riz enrichi de viande, de beurre, de fruits secs et de fromage. Un moment important de *Meunlam* était le *Soung Tcheura*. Les moines ayant achevé leurs études tentaient alors d'obtenir le titre de *lharampa*, docteur en philosophie. Ces joutes philosophiques attiraient toujours les foules. Les supérieurs des monastères étaient présents et un jury évaluait la note à accorder à chaque impétrant. Mais déjà s'achevait *Tsok-Tcheu Meunlam*. Cette seconde manifestation, douze jours après la précédente, donnait lieu à de nouveaux débats de logique, durant lesquels les moines tentaient d'obtenir le titre de *tsokrampa* *, docteur de deuxième degré. Entre-temps, les Tibétains ne cessèrent jamais un seul instant de manifester leur joie devant le Potala, tandis que les moines exhibaient les drapeaux et les bannières des monastères. Puis, un matin, Lhassa se vida. Avant de partir, la tradition voulait que chaque moine jetât une pierre dans la rivière pour consolider les digues. Les habitants rangèrent leurs vêtements d'apparat, et la cité recouvra son visage habituel. J'étais très impressionné, et, le soir, avant de m'endormir, je me demandais s'il existait ailleurs, dans ce monde, des villes plus grandes et plus belles encore que Lhassa.

J'en profitai pour visiter le Djokhang et y pratiquer des dévotions. Pour la première fois, je vis *Djoo* *, la représentation du Bouddha Chakyamouni, la plus vénérée du Tibet. Sur l'autel, je déposai des offrandes, implorant avec force mon admission au Mèn-Tsi-Khang. J'éprouvais en fait des sentiments assez contrastés, allant d'une joie profonde à une forte angoisse. Je

craignais surtout qu'on ne me fît des remarques sur ma
manière de pratiquer. Mais rien ne se produisit.

Chaque soir, je retrouvais Pessala. Nous parlions
beaucoup de notre famille et évoquions, non sans peur,
mon avenir. Elle me conseilla d'aller visiter un lama,
lointain parent du côté maternel.

— C'est un homme très bon qui, un jour, a laissé
l'empreinte de son doigt sur un rocher. Il connaît parfaitement bien le Mèn-Tsi-Khang ; peut-être pourrait-
il être de bon conseil ?

Le lendemain, Pessala me conduisit auprès de lui.
Dans un coin de la pièce où nous pénétrâmes, de l'encens brûlait sur l'autel. Nous trouvâmes le rinpotché
assis sur un petit trône et lui présentâmes une *khata*.
Pessala lui parla longuement de moi, de ma naissance,
de la mort d'*amala*, de mon souhait de devenir *émtchi*.
Elle lui expliqua également que je n'avais pas eu l'heur
d'apprendre beaucoup, mes professeurs m'employant
surtout à des corvées. Elle implora finalement son aide.

— Pour devenir *émtchi*, il te faudra faire des efforts
importants et développer une solide énergie afin de sur-
monter les difficultés. Souviens-toi, Tendzin, de cette
histoire : « Il était une fois un méditant qui pratiquait
en un endroit isolé. A l'entrée de la grotte où il avait
entrepris sa retraite, il y avait un buisson d'épines qui
accrochait ses vêtements chaque fois qu'il entrait ou
qu'il sortait. "Il faudrait couper ce buisson", se disait-
il, mais il n'en faisait rien. Parce qu'il réfléchissait alors
sur l'impermanence et la mort, si bien que cette pensée
s'envolait bien vite et il retournait à sa pratique. Lorsqu'il eut fini sa retraite, le buisson était toujours à la
même place, mais le méditant était devenu un maître,

sage et accompli, parvenu à la réalisation. » Vois-tu, Tendzin, même si je connais le directeur du Mèn-Tsi-Khang, tu n'as absolument pas besoin de mon aide.

En entendant ces paroles, la colère me submergea. Je pense avoir été particulièrement insolent, mais j'avais placé tant d'espoirs en cette rencontre. Je partis sans même me retourner, alors que Pessala continuait à implorer le rinpotché. Plus tard, rentrant à la maison, elle me réprimanda à juste titre, car mon comportement n'avait pas été digne d'un moine.

— Tu n'as aucune manière, Tendzin.

— Je n'ai pas besoin du rinpotché pour devenir *émtchi*, lui rétorquai-je d'un ton ferme. Je ne veux plus attendre. Demain, j'irai au Mèn-Tsi-Khang, et rien ne pourra changer ma décision.

Ce soir-là, je passai beaucoup de temps devant l'autel, espérant qu'un rêve de bon augure se produirait pendant mon sommeil. Et ce rêve vint… Je me trouvais dans une pièce où étaient assis deux professeurs de médecine ; l'un était âgé, l'autre plutôt jeune. Ce dernier me parlait, affirmant notamment que j'étais la personne idéale pour ce travail. A mon réveil, je crus que ce rêve n'était pas vraiment de bon augure et que mon proche avenir se passerait à faire encore des corvées. Il n'en fut rien, j'allais le découvrir bientôt.

Pessala me mit une dernière fois en garde : j'aurais à payer mon intrépidité et, surtout, je ne trouverais personne pour accueillir ma requête. Je fis semblant de ne pas l'entendre. Comme je n'avais rien d'autre à offrir, j'emportai une *khata*. Le Mèn-Tsi-Khang n'était guère

éloigné de Lou-Bouk. Un chemin y menait directement. Je marchais vite, mon esprit était en ébullition,
partagé entre le doute et l'espoir.

Pour la première fois, je pénétrais au Mèn-Tsi-
Khang. Il était neuf heures, des patients étaient déjà là.
Je laissai croire que j'étais malade. J'attendis près de
deux heures. Puis vint mon tour. Deux hommes se
tenaient dans la pièce. L'un était beaucoup plus âgé que
l'autre. Il me fit signe de m'asseoir. A l'instant où il
allait prendre mon pouls, je lui dis :

— Je ne suis pas malade, *émtchila*. Mon nom est
Tendzin Tcheudrak. J'arrive du monastère de Tchoté
et je veux devenir *émtchi*, comme vous. Si je ne m'étais
pas inscrit comme malade, on ne m'aurait pas laissé
vous rencontrer…

— Pourquoi avez-vous quitté Tchoté ? demanda-
t-il.

— Mon professeur partait souvent soigner des
patients. Ses absences prolongées ne me permettaient
pas d'apprendre convenablement.

Craignant de me faire immédiatement éconduire,
j'omis volontairement de lui parler des multiples corvées auxquelles le docteur Chékar m'astreignait. Les
deux hommes me dévisageaient maintenant avec un
regard perplexe.

— Permettez-moi d'étudier au Mèn-Tsi-Khang
auprès du maître Khyènrap Norbou, suppliai-je. *Lhamènpa* a toujours été un exemple pour moi et c'est la
seule raison de ma fuite de Tchoté.

— Mais tu sais que partir ainsi représente un affront
à l'égard de ton professeur. Tu as mal agi et, par ton

comportement, tu l'as renié, Tendzin Tcheudrak, me dit l'homme le plus âgé d'un ton sévère.

C'est alors que je me rendis compte que les deux hommes se tenaient l'un près de l'autre, exactement comme dans mon rêve. Celui qui s'adressait à moi ressemblait à un bodhisattva. Son parler était direct et, même s'ils me blessaient terriblement, ses mots sonnaient juste.

— Avant toi, trois novices se sont déjà enfuis de Tchoté, remarqua le plus jeune.

Jusqu'ici il ne m'avait pas adressé la moindre parole, mais il ne m'avait jamais quitté des yeux, scrutant chacun de mes gestes, analysant chacun de mes mots, chacune de mes phrases.

— Nous ne pouvons prendre de décision aujourd'hui, me dit-il enfin. Reviens demain, Tendzin Tcheudrak, et nous aviserons.

L'homme, celui qui était le plus jeune, et qui venait de me parler ainsi, n'était autre que le médecin personnel[1] de Kundun, qui avait alors cinq ans et venait d'arriver à Lhassa. Lui aussi portait le titre de *Lhamènpa*.

De retour à Lou-Bouk, je racontai mon aventure à Pessala et partageai avec elle mes fols espoirs.

— Aie confiance, Tendzin. Souviens-toi de l'histoire du rinpotché…

Le lendemain, je me précipitai au Mèn-Tsi-Khang. Les deux hommes étaient là. Cette fois, c'est *Lhamènpa* qui s'adressa à moi.

---

1. Il mourut l'année mouton-bois du calendrier tibétain (1955).

— Nous avons décidé, Tendzin Tcheudrak, de t'accueillir dans notre institut. Comme l'exige la coutume, il te faut offrir la cérémonie du thé. As-tu quelque famille à Lhassa ?

Je ressentis aussitôt une joie intense. J'expliquai que Pessala habitait momentanément la cité.

— Mais tu nous as raconté hier que tu ne possédais rien. Comment feras-tu, Tendzin ?

— J'emprunterai de l'argent à Pessala.

— A-t-elle un peu de fortune ?

— Je ne sais pas, *Lhamènpa*. Si elle n'en a pas, Pessala pourra peut-être en emprunter ? Ne refusez pas…

Les deux hommes se consultèrent un instant du regard.

— Soit, fit *Lhamènpa*. Voici la liste des dépenses approximatives pour ton admission au Mèn-Tsi-Khang.

La somme était conséquente pour l'époque. Il fallait trouver cinq *dotsé*[1], équivalant à trois mille roupies indiennes actuelles. Pessala emprunta l'argent à une de ses connaissances, avec un intérêt de dix pour cent. Je m'engageai à tout lui rembourser. Pour ce faire, j'adressai une lettre à mon oncle tuteur, lui annonçant mon admission et lui expliquant que j'allais régler moi-même l'offrande du thé. Quelques mois plus tard, je

---

1. Cela représentait alors en monnaie tibétaine cinq billets de cinquante *sang**. Le Tibet a émis ses propres billets et timbres dès 1912. Ils étaient imprimés à partir de blocs de bois (xylographes) — à la main et un à un pour les billets, par séries de douze pour les timbres —, sur du papier de fabrication locale. De nombreuses variétés de couleurs et de qualités d'impression existent.

reçus un message de sa part, et la somme qu'il avait réussi à réunir à Tchoté. Je lui en fus extrêmement reconnaissant, car je savais qu'il possédait juste de quoi subvenir à ses besoins. Je pus ainsi rembourser Pessala.

Finalement, la cérémonie de *Tong-Go* eut lieu. Je l'appréhendais, mais tout se déroula convenablement. J'avais acheté deux briques de thé en feuilles, une dizaine de kilos de beurre de *dri* et une importante quantité de riz, pour lesquels cinq *dotsé* suffirent. J'offris le thé et du *dré-sil*, un plat de riz sucré, à une bonne soixantaine d'étudiants, et des enveloppes contenant un peu d'argent à quatre ou cinq professeurs.

Comme je n'étais pas riche, j'avais acheté un thé bon marché. Il en existait un autre, de bien meilleure qualité, qui coûtait à l'époque l'équivalent de cinquante roupies. Infusé, ce thé prenait une couleur rouge vif. Il se passa alors une chose étrange. Lorsque je servis le mien, il prit immédiatement l'apparence du thé le meilleur. Tous les étudiants commentèrent l'événement. Pour moi, il s'agissait encore d'un signe de bon augure qui, à la lumière d'aujourd'hui, signifiait que je deviendrais un *émtchi*.

A présent, j'étais élève au Mèn-Tsi-Khang. Je me promis d'étudier avec acharnement. Ce soir-là, le sommeil me vint tardivement. Je fis une offrande à Tara et lui adressai sa louange :

Hommage à Vous, Tara, la Libératrice, prompte
   et intrépide,
Votre regard est vif comme l'éclair,
Vous êtes apparue, dans une corolle épanouie,
D'une larme sur le visage du Seigneur des trois mondes

Hommage à Vous, dont le visage resplendit
D'un éclat comparable à celui de cent pleines lunes
   d'automne,
Vous irradiez une lumière claire et splendide
Plus intense que celle de mille étoiles.

6

Je m'incline devant vous et tous les Bouddhas...

C'était le début des années 1940. Je consacrais mes jours à étudier. A l'époque, je ne m'intéressais guère à la vie politique. La société tibétaine, disait-on, cherchait à s'ouvrir au monde extérieur. Lhassa bruissait de rumeurs ; il y avait de vives tensions entre les aristocrates et les religieux. Mais, j'étais à cent lieues de pouvoir imaginer les événements qui se produisaient dans notre capitale, au Tibet, et encore moins à l'étranger[1]. J'étais venu ici pour apprendre la médecine, et rien d'autre ne comptait pour moi.

---

1. Depuis le décès du treizième Dalaï-Lama et jusqu'à ce que son successeur ait pris le pouvoir temporel, le Tibet fut dirigé par deux régents, Réting Rinpotché et Tagdra Rinpotché. Ce dernier poursuivait une politique conservatrice qui semblait être en contradiction totale avec les événements qui secouaient les pays voisins du Tibet. La Chine nationaliste s'était alliée avec les Etats-Unis contre le Japon. Cela ne l'empêchait pas de maintenir des vues annexionnistes sur le Toit du Monde. Tchang Kaï-chek avait d'ailleurs envoyé un de ses conseillers à Lhassa. Il s'agissait de Shen Tsung-lien, tandis que les Britanniques avaient demandé à sir Basil Gould de les représenter. Les contacts en étaient restés là.

Après mon admission, je quittai la maison de Pessala pour une chambre au Mèn-Tsi-Khang que je partageais avec quatre autres étudiants. Les conditions d'hébergement y étaient misérables. On nous avait alloué des matelas très fins ; mais comme le sol était en permanence humide, il fallait les faire sécher afin de pouvoir les réutiliser le soir. Par manque d'argent, je dus vendre deux des trois bols de porcelaine que je possédais alors, n'en conservant qu'un seul, ébréché. J'en retirai une petite somme qui me permit d'acheter les livres nécessaires à mes études. Ni les obstacles rencontrés ni le manque de confort ne me détournèrent de mon objectif. Et puis j'éprouvais une réelle fierté d'avoir été admis dans l'institution dirigée par le Vénérable Khyènrap Norbou.

La journée des soixante à soixante-dix étudiants était très réglementée. Le son d'une trompe nous réveillait à quatre heures du matin. Nous avions quelques minutes pour rejoindre la salle des prières. Nous invoquions alors Manjoushri, la manifestation de la sagesse de tous les Bouddhas [1], puis Tara :

Hommage à Vous qui avez le corps bleu or,
Les mains parfaitement ornées du lotus,
Qui êtes générosité, énergie, ascèse, paix,
Patience, concentration et sagesse…

Hommage à Vous qui, comme l'ouchincha, couronne de
tous les Bouddhas,

---

1. Les grands maîtres Padmasambhava et Djé Tsongkhapa* sont considérés comme des incarnations de Manjoushri.

> Jouissez de la victoire complète sur les obstacles sans
>   nombre.
> Les bodhisattvas qui ont sublimé toutes les perfections
> Vous manifestent une grande vénération.

Ensuite, jusqu'à six heures, nous devions mémoriser des textes de médecine. C'était un exercice particulièrement délicat pour nous tous. Lorsque cette séance de travail s'achevait, nous passions, à tour de rôle, devant le professeur pour lui réciter ce que nous avions appris. Elève moyen, c'est au prix d'efforts considérables que je parvenais à retenir trois, parfois quatre pages, alors que les plus brillants d'entre nous apprenaient jusqu'à cinq-six pages. Il n'était pas rare de se faire punir : nous étions alors privés de la collation du matin. Et les autres se moquaient, en nous lançant toutes sortes de plaisanteries, comme par exemple :

— Tiens, vous ne mangez pas ! Vous n'avez donc pas faim aujourd'hui ?

Suivait une cérémonie au cours de laquelle nous faisions brûler de l'encens. Puis, chacun passait une heure à étudier avec son professeur, qui présentait une explication sur la partie des textes appris le matin même afin que nous puissions en avoir l'approche la plus claire possible. Les tâches d'intendance étaient effectuées à tour de rôle. Le déjeuner était préparé par les étudiants eux-mêmes, qui étaient alors dispensés de classe. Les repas se composaient la plupart du temps de radis, de pommes de terre coupées en morceaux et cuites avec une maigre quantité de viande, le tout mélangé à du thé, du beurre et de la *tsampa*.

Venaient ensuite deux heures de calligraphie. Nous

devions recopier les fragments de textes étudiés avec le professeur. Au total, nous devions écrire douze lignes par jour, qui devaient naturellement être satisfaisantes aux yeux du professeur qui se montrait d'une extrême sévérité. Il y avait une pause vers seize heures. Aussitôt après ce court répit, il nous fallait à nouveau mémoriser les textes sur lesquels nous serions interrogés le lendemain matin. Ce travail se terminait parfois vers dix-huit heures, souvent plus tard. Ensuite seulement nous pouvions songer au dîner qui durait une petite demi-heure. La journée ne s'achevait pas encore : nous montions sur la terrasse jusqu'à vingt et une heures, et même parfois vingt-trois heures. Assis par groupes de trois ou quatre élèves, en fonction de nos connaissances, nous nous appliquions à la récitation des textes. Cela ressemblait un peu à un temps de prières. En fait, cette lecture aiguisait notre mémoire. Nous avions un jour de congé par semaine, le dimanche. Ce jour-là, nous devions, le matin, satisfaire à une interrogation orale sur l'ensemble de ce que nous avions étudié au cours de la semaine. Ceux qui ne pouvaient répondre correctement n'étaient pas autorisés à quitter le Mèn-Tsi-Khang. Là encore, les professeurs n'hésitaient pas à manier le fouet. Les autres étaient libres de sortir un peu ou de laver leurs vêtements. Mais le soir, systématiquement, une séance de débats nous attendait.

Le moment est venu pour moi d'évoquer celui qui fut mon maître au Mèn-Tsi-Khang, Khyènrap Norbou. Ce qui suit est la retranscription la plus fidèle possible de ses paroles, prononcées lors des moments inestimables que j'ai passés en sa compagnie. J'aurais pu appeler cette période de mon récit « Nuée d'offrandes au Maître de la médecine éternellement prospère ». C'est à lui que j'adresse cette prière qui se veut un hommage simple à sa mémoire :

Sur la Voie céleste de la compassion et de la
* connaissance de tous les Bouddhas,*
Bienfaiteur qui guérissait les êtres de l'ignorance
* et de la maladie,*
Puisse le Bouddha de la médecine triompher de tout.
Dans le pays détenteur de l'Enseignement du Bouddha
Qui a fleuri ici comme nulle part ailleurs,
De la Roue de l'existence, vous êtes apparu tel un être
* capable d'éclairer*
Les êtres vivants sur leurs bonnes et leurs mauvaises actions.
Vous avez étudié l'astrologie et la médecine de manière
* approfondie pendant des années,*
Puis accompli une œuvre aussi vaste que le ciel.
Vous en avez répandu la pratique,
Et aidé les ignorants et ceux qui craignent la mort.
Vous avez été un excellent professeur de médecine
* et d'astrologie,*
A vous, l'excellent Khyènrap Norbou, je rends hommage.
Je m'incline devant vous et tous les autres Bouddhas.

Cette prière n'a pas été composée dans le but de satisfaire mon orgueil, mais pour répondre à la demande de mes élèves. Les enseignements de mon maître restent gravés dans les profondeurs de ma conscience. Sa vie fut exemplaire.

Un célèbre astrologue, Trang Golèp, et sa femme,

Yangtchèn, vivaient dans la cité de Tséthang, située au cœur de la vallée des Rois. Ils eurent deux enfants : l'aîné, Khyènrap Ouangtchouk, rejoignit, encore enfant, le monastère de Drépoung ; Khyènrap Norbou fut le cadet.

Le jour de la naissance de ce dernier, la pleine lune resplendissait de toute sa lumière sur la tête de l'enfant, ce qui pouvait signifier qu'un jour le petit Khyènrap Norbou serait un être qui aurait la capacité de prodiguer le bien autour de lui. Son père lui vouait une attention toute particulière, l'emmenant partout avec lui. Le jeune Khyènrap adorait ces instants de partage, notamment lorsque son père se rendait dans les familles pour établir des thèmes astrologiques, dont il faut souligner l'influence dans la vie quotidienne des Tibétains, y compris en médecine.

Selon le vœu émis par sa famille, l'enfant rejoignit le monastère de Ngatcheu à Tséthang. Il s'y fit rapidement remarquer par son intelligence et sa bonté. Lorsqu'il allait chercher de l'eau à la rivière, Khyènrap Norbou aimait à regarder, avec envie, les fruits qui, au soleil de l'été, mûrissaient sur les arbres, notamment les abricots dont la seule vue le réjouissait. Bien des années plus tard, devenu médecin du treizième Dalaï-Lama, Khyènrap Norbou fit planter de nombreux abricotiers dans le jardin de sa résidence du Mèn-Tsi-Khang et de Bar Lougoug.

— Un souvenir d'enfance, disait-il en riant aux éclats.

A peine âgé de treize ans, Khyènrap Norbou rejoignit le Tchakpori. Sa mère se faisait beaucoup de souci à son sujet. Elle décida donc de l'accompagner jusqu'à

Lhassa. Mais l'enfant ne fut pas seul à se lancer dans une telle entreprise. Un novice devait, lui aussi, aller à Gandèn, un des trois principaux monastères *guélougpa* du pays avec Drépoung et Séra, pour y poursuivre sa formation. C'est assis tous deux sur le dos d'une jument qu'ils firent le voyage. Une amitié sincère naquit entre les deux garçons, et, à l'heure de se séparer, ils se firent la promesse d'étudier avec acharnement.

— Un jour, je serai *Lhamènpa*, plaisanta Khyènrap en riant très fort.

— Et moi, je deviendrai *Gandèn Tripa**, répondit le novice sur le même ton.

Les années passèrent. Et leurs plaisanteries se réalisèrent.

Souvenir, peut-être, d'une de ses précédentes vies, le Tchakpori ne lui semblait pas inconnu. L'intérieur des bâtiments lui était familier et il croyait reconnaître les proches environs. Khyènrap commença à étudier sous la direction de Ngaouang Séra, le médecin du monastère de Séra. Pour parfaire son apprentissage et appliquant à la lettre les indications contenues dans le texte des *Quatre Tantras*, c'est-à-dire le *Guiu-chi*, il allait même recueillir les excréments de son vieux professeur, Kélsang, pour s'exercer à leur analyse.

Levé tôt, couché tard, Khyènrap mémorisait les textes bien plus vite que tous les autres étudiants. Matin et soir, il allait aussi chercher l'eau à la rivière et allumait le feu. Lorsque des festivités se déroulaient à Lhassa, il ne traînait guère dans la cité. De plus, il montrait bien peu d'intérêt pour ses vêtements. Il ne prenait guère le temps de rapiécer sa robe monastique. A l'aide d'une ficelle, il se contentait de faire d'innombrables nœuds pour rattacher ses haillons. A cause de cela, on l'avait surnommé «Cent nœuds de Ngatcheu».

Khyènrap Norbou maîtrisa rapidement les textes fondamentaux de la médecine tibétaine et réussit sans difficulté tous ses examens. A la recherche d'un professeur suffisamment qualifié pour l'aider à avancer encore plus loin dans ses études, il souhaitait aussi ardemment travailler sous la direction du médecin personnel de Sa Sainteté le treizième Dalaï-Lama.

C'est ainsi que Khyènrap Norbou sollicita à plusieurs reprises un des médecins les plus renommés, Tékhang Djampa Thoupouang. A chacune de ses visites, il lui parlait de sa passion pour la médecine et de son souhait de rencontrer les meilleurs professeurs. Tékhang ne montra pas immédiatement l'intérêt qu'il portait à ce moine qui n'hésitait pas à le harceler à tout moment. Un jour pourtant, il reçut le jeune Khyènrap, lui offrit une *khata* et du beurre et lui demanda de revenir dès le lendemain, lui promettant de lui donner tous les enseignements qu'il réclamait avec tant d'insistance.

L'élève se montrait de plus en plus assidu et interrogeait Tékhang non seulement sur les *Quatre Tantras*, mais également sur la culture, la civilisation. Ainsi, par cette rare averse de bénédictions et de signes de bon augure, l'océan des connaissances de Tékhang Djampa Thoupouang se déversa peu à peu en Khyènrap Norbou.

Il était de tradition que le Tchakpori demandât aux étudiants d'aller travailler pendant six mois comme assistants au Djokhang. Lorsque vint le tour du jeune Khyènrap, il n'en poursuivit pas moins, tôt le matin, ses rencontres avec le maître. Un jour, il fit la connaissance d'un lama qui vivait dans la grotte de Tamdine et qui venait régulièrement au Djokhang. Ils parlèrent médecine et l'homme lui dit :

— Je vois, Khyènrap Norbou, que vous travaillez avec énergie. Cependant lire les tantras* n'est pas suffisant pour devenir un maître de médecine. Il faut apprendre aussi la grammaire et la poésie, de manière à pouvoir mieux en comprendre les nuances.

Khyènrap observa le lama avec insistance.

— Accepteriez-vous d'être mon professeur ? lui demanda-t-il.

Le lama accéda à sa requête et le convoqua quelques jours plus tard. Khyènrap Norbou se rendit à la grotte de Tamdine. Le moine l'attendait, assis en lotus sur un coussin. Sur une table basse étaient posés deux bols. Lorsque l'étudiant arriva, il lui dit :

— Asseyez-vous en face de moi, là sur ce coussin. Comme il n'est pas bon de dispenser un enseignement à quelqu'un qui a le ventre vide, nous boirons chacun un bol de lait caillé.

En agissant ainsi, le lama respectait, d'une part, la tradition et réunissait, d'autre part, de bons auspices. Les deux hommes avalèrent tout le breuvage car, là encore, la coutume exigeait qu'on ne laissât pas la moindre goutte. Le lama commença ensuite son enseignement sur les bases du *Soumtchoupa* et du *Takdjoukpa*, les traités de grammaire. Plus tard, devenu à son tour un grand maître de la médecine tibétaine, Khyènrap Norbou conseillait à ses élèves de ne jamais négliger aucune discipline, et il leur contait volontiers cet incident :

— Alors que le lama me dispensait ses enseignements, il me demanda si je savais écrire. « Pas très bien, maître, lui répondis-je, mais je pense pouvoir calligraphier n'importe quel texte, un peu comme pour une peinture de thanka. — Comment pouvez-vous affirmer une telle chose, Khyènrap Norbou ? Vous venez d'irriter la déesse Yangtchèn Lhamo et vous allez probablement vous attirer ses foudres. »

Khyènrap Norbou se souvint toute sa vie de la remarque du lama, car, malgré tous ses efforts, sa calligraphie ne s'améliora jamais.

Lorsque Tékhang apprit la démarche de son élève auprès du lama, il s'en réjouit et lui conseilla même de pousser encore plus loin son savoir, en étudiant l'astrologie que Khyènrap Norbou aborda sous les conseils de trois grands maîtres. Lorsqu'il ne parvenait pas à saisir le sens profond et les nuances d'un enseignement, il se punissait, en achetant du pain et en restant assis, réfléchissant des heures durant, près d'un pilier du temple. Par contre, lorsqu'il passait avec succès une épreuve de contrôle, il s'offrait volontiers un succulent repas dans une taverne. Il lui arrivait même d'oublier de boire le thé servi par l'aubergiste. Celui-ci le lui apportait alors tout spécialement dans sa chambre. Bref, Khyènrap Norbou était si déterminé qu'il connut bientôt sur le bout des doigts la médecine, l'astrologie, la grammaire et la poésie [1].

---

1. Il étudia notamment le *Guiu-chi* (les *Quatre Tantras*) et le *Baidurya Ngonpo*, sous la direction de Tékhang Djampa Thoupouang, du *trulkou* Djamyang Norbou, de Drépoung Khangsar Rinpotché et de Djamyang Khyentsé, tous appartenant à des

En 1908, an singe-terre, il venait d'avoir vingt-cinq ans, quand, lors des fêtes du *Meunlam*, une grave épidémie toucha la population de Lhassa. Khyènrap Norbou apporta aussitôt son aide et ses connaissances à la lutte contre la propagation du virus. Averti des qualités exceptionnelles de ce jeune médecin, le treizième Dalaï-Lama se réjouit aussi de la ténacité de Khyènrap Norbou à vouloir faire le bien à autrui. Quatre ans plus tard, en l'année souris-eau (1912), il fut affecté comme médecin au monastère de Drépoung, où il put développer différentes activités, dont la rédaction d'ouvrages d'astrologie et de médecine. Lorsqu'il montra ses travaux à l'un de ses professeurs, Dordjé Guièltsèn, celui-ci lui fit quelques suggestions afin de les affiner davantage encore.

Un jour, alors qu'il venait de terminer la calligraphie de textes essentiels sur ses recherches, Khyènrap posa le lourd manuscrit sur le rebord d'une fenêtre. Un brusque coup de vent dispersa son précieux travail. Sans le moindre affolement, il appela à la rescousse tous les moines qui se trouvaient alentour. La catastrophe évitée de justesse, il leur fallut cependant plus d'une semaine

---

lignées différentes du bouddhisme tibétain. Il reçut de Rongtsa Tchachoung Lobsang Damtcheu Guiatso des explications sur les fondements du texte *Le Lapis-lazuli blanc*, les horoscopes, les calculs astrologiques. Il utilisa le dessin pour comprendre mieux la lexicographie *Rinchen-byung-gnas*. Il apprit aussi le sanskrit avec le *guéshé* mongol Gadenpa, en se basant sur le texte *Brda-sprod-dbyangs-can-sgra-mdo*. Enfin, Khyènrap Norbou reçut un enseignement oral et des explications sur la pratique de la philosophie du lama Golok Djampèl Reulpé Lodreu.

pour rassembler à nouveau les pages. Plus tard, à peine achevées ses études sur les plantes médicinales, trente-sept espèces parmi les plus rares [1], que l'on ne pouvait généralement cueillir que dans les endroits les moins accessibles de nos montagnes, se mirent soudain à pousser près de sa résidence. Des signes aussi favorables amenèrent Khyènrap Norbou, toujours soucieux d'apporter sa contribution à l'évolution de la médecine et à l'amélioration de la santé des êtres, à ouvrir une école, le Mèn-Tsi-Khang, où jusqu'à trois cents pensionnaires et externes pourraient suivre ses enseignements.

Durant son séjour à Drépoung, le Dalaï-Lama lui demanda de se rendre au Sikkim pour soigner le roi qui souffrait à l'époque d'un mal inconnu. Avant son départ, Khyènrap Norbou fit de nombreux calculs astrologiques pour savoir s'il devait ou non rencontrer le souverain malade. Ce qu'il découvrit dans ses lectures était d'une gravité extrême : il ne verrait jamais le visage du souverain. Le maître s'empressa d'en informer Sa Sainteté Thouptèn Guiatso qui refusa de tenir compte de la mise en garde de son médecin et l'enjoignit de se hâter. Mais lorsque Khyènrap Norbou arriva à Nakartsé, il apprit la mort du roi ; il ne s'était pas trompé.

Devenu *Lhamènpa*, médecin personnel du treizième Dalaï-Lama, en 1918, l'année cheval-terre du calen-

---

1. Entre autres : *Pegaeophyton scapiflorum, Astragalus pastorius, Lagoti yumnanesis, Meconopsis horridula, Oxytropis subpoduoba, Saxifraga umbellulata.*

drier tibétain, Khyènrap Norbou succéda à Djaboug
Damtcheu Pèldjor, alors trop âgé pour continuer à
occuper une aussi délicate fonction.

Chaque jour, il se levait à trois heures du matin,
arrangeait sa pièce, préparait son autel et s'adonnait à
de longues pratiques[1]. C'est après seulement qu'il commençait ses enseignements. Il se rendait ensuite, accompagné de deux étudiants, à la salle de consultation où,
avec équanimité, il soignait tous les patients. Pour ceux
qui souffraient de problèmes oculaires, il intervenait
lui-même sur cette zone extrêmement sensible, ou
demandait à des élèves de le faire, à condition qu'ils se
fussent au préalable longuement entraînés sur une tête
de mouton. Après le déjeuner, il lisait des textes chez
lui, puis rendait visite à des hauts fonctionnaires du
gouvernement et à des aristocrates pour préparer leurs
thèmes astrologiques. Le soir, après le dîner, il faisait
des circumambulations. Le maître avait aussi pris l'habitude de soigner les mendiants malades près du temple
de Ramotché*; il leur donnait de la *tsampa*, parfois un
peu d'argent. Il offrait même une partie de ses revenus
aux monastères les plus démunis. Le soir, avant de dormir, Khyènrap Norbou trouvait encore la force d'adresser des requêtes aux déités protectrices de la médecine
et de l'astrologie et d'enseigner à des étudiants la place
des étoiles et le mouvement des planètes.

Ce fut l'époque où le *Kachag* se montra plus souple
sur les conditions d'abattage des animaux. Les nomades
venaient désormais en nombre dans la capitale pour

---

1. Il récitait le *La mé nèl djor* et le *Guiu tok nying tik.*

vendre leur cheptel. Le Vénérable supportait mal l'idée
de tuer des bêtes, fût-ce pour pourvoir à la nourriture.
Aussi achetait-il régulièrement des yacks et des moutons qu'il sauvait de la mort et qui pouvaient ainsi
continuer à paître en toute liberté dans l'enceinte du
Mèn-Tsi-Khang. Un dicton tibétain dit :

> *Un être d'une telle valeur et d'une telle connaissance*
> *Ne perd pas son savoir en dépit de rares revers.*
> *Le soleil aux rayons brûlants*
> *Ne peut changer le froid de la neige.*

Et puis vint le huitième mois de l'année singe-eau
(1932). Sur instructions du Dalaï-Lama, Khyènrap
Norbou fut muté à Tsékhang, où il fut, dès son arrivée, démis de ses fonctions de *Lhamènpa*. On lui signifia cependant qu'il conservait l'administration du Mèn-
Tsi-Khang. Dans un premier temps, il ne comprit pas
le sens de cette soudaine démarche. Certes, Khyènrap
Norbou avait pris conscience qu'un mal incurable,
mélange d'un chagrin profond et d'une lassitude de
chaque instant, rongeait Sa Sainteté Thouptèn Guiatso
et que son souci des Tibétains en était la cause.
	Kundun écrivait à cette époque dans son testament
politique : « Il est certain que nous entrons dans une
époque d'oppression et de terreur, où les jours et les
nuits s'éterniseront au milieu des souffrances. » Le souverain souffrait d'un léger refroidissement, mais il
accepta malgré tout de participer à certaines cérémonies
de fin d'année. Au cours de l'une d'elles, son état
empira, et il fut alors dans l'incapacité de présider le
Gandèn Ngamtcheu, jour anniversaire de la mort de Djé

Tsongkhapa, fondateur de l'école *guélougpa*. C'était le vingt-cinquième jour du dixième mois de l'an oiseau-eau (12 décembre 1933). La veille encore, Kundun avait reçu en audience les moines du collège tantrique de Guiumé. Mais, ce matin-là, alors que le jour se levait à peine sur Lhassa, les moines du collège de Guiuteu furent informés que le souverain ne participerait pas à l'audience publique à laquelle, selon la tradition, ils avaient été conviés. A la place eut lieu une audience du trône ou ce que nous, Tibétains, appelons plus communément « invitation de l'habit » : prières et incantations se déroulaient alors devant la robe de cérémonie du Dalaï-Lama, déployée sur son trône.

Le soir du trentième jour de l'année oiseau-eau (17 décembre 1933), Thouptèn Guiatso quitta son enveloppe corporelle. Il était alors âgé de cinquante-neuf ans et réalisait à la lettre la prédiction livrée un an plus tôt dans son testament politique. Les Tibétains entamèrent une longue période de deuil de quarante-neuf jours. Les nuits et les jours furent consacrés au recueillement. Le Potala flamboyait de mille feux. Selon la coutume, lors des cérémonies funèbres ou de la célébration de l'anniversaire d'un décès, des lampes à beurre avaient été placées à l'extérieur et sur les toits. Mais une rumeur enflait. On parlait volontiers de magie noire, d'empoisonnements.

C'est alors seulement que Khyènrap Norbou comprit véritablement l'ultime attention du souverain tibétain à son égard. Ayant décidé de rejoindre les « domaines célestes », Kundun avait voulu préserver son médecin de tout soupçon, en l'éloignant des intrigues de palais qui ne manqueraient pas d'accompagner sa

mort, et en le renvoyant dans son monastère de Ngatcheu à Tsékhang.

Lorsqu'il eut soixante ans, en l'an dragon-fer (1940),
Khyènrap Norbou voulut savoir combien il lui restait
à vivre. Il établit des calculs astrologiques, les répéta
maintes fois. Assuré qu'il n'avait commis aucune erreur,
il savait désormais qu'il quitterait ce monde dans l'année. Il consacra alors tout son temps à ses élèves, dont
je faisais à l'époque partie, évoquant l'avenir, le leur, le
mien. Il fit encore de nombreux dons aux monastères
les plus démunis. Enfin, il se refusa de participer aux
cérémonies, même les plus importantes. Pour tenter de
prolonger la durée de sa vie en éloignant les mauvais
obstacles, Khyènrap Norbou avait fait aménager à Bar
Lougoug une nouvelle grotte pour la divinité tutélaire
Tagdongchen. Les sculpteurs représentaient toujours
Tamdine Yansang avec un visage féminin. Mais, un
matin, en présence du maître, on souleva la peau de
tigre qui la recouvrait, et que vit-on ? Un énorme pénis.
Et c'est à partir de ce jour qu'on lui sculpta un visage
masculin.

Khyènrap fit aussi construire un Chambhala miniature, dans lequel il figurait, entouré de ses étudiants et
de nombreuses autres créatures célestes.

— Cela vous portera chance, nous dit-il. Moi-
même, je renaîtrai ici, à Chambhala, ou au sein d'une
communauté médicale enchanteresse.

Un an à peine s'était écoulé. Un matin, au lever du
soleil, sortant d'une retraite qui avait duré plusieurs
semaines, Khyènrap Norbou invoqua encore, par

quelques prières, les divinités protectrices de la médecine et de l'astrologie, puis il but une tasse de thé et
décida de quitter sa résidence de Bar Lougoug pour se
rendre au Mèn-Tsi-Khang. En chemin, il fit une brève
visite de courtoisie à l'oracle de *Nétchoung**, et c'est
juste après cette rencontre que se produisit un fait
étrange. Khyènrap Norbou eut en effet la vision d'une
magnifique cité de médecine qui resplendissait de mille
feux au centre d'un double arc-en-ciel. Un papier,
tombé du ciel, tournoya à trois reprises au-dessus de sa
tête, avant de se poser à ses pieds. Il le ramassa et le
déplia. Et là, il put lire le message suivant : « Vous vivrez
jusqu'à l'âge de quatre-vingt-un ans. » Le maître n'en
crut pas ses yeux. Arrivé au Mèn-Tsi-Khang, il voulut
relire l'étonnant message qui lui avait été adressé, mais
le papier avait disparu. Soudain, il réalisa que le Bouddha lui-même avait vécu jusqu'à cet âge avancé. Puis-
qu'il en était ainsi, il devait poursuivre l'œuvre qu'il
avait commencée. Il se dit même qu'il pourrait voir ses
étudiants mettre en pratique ses enseignements. Un
sourire ravi se dessina sur ses lèvres. C'était inespéré.
C'est dire combien le Vénérable n'était pas un être ordinaire. Il était venu en ce monde pour soulager les êtres
de leurs souffrances et de leur ignorance.

Près de dix ans s'écoulèrent encore. Nous étions en
l'année dragon-eau ou serpent-eau (1952-1953). Tendzin Guiatso, quatorzième Dalaï-Lama, régnait sur le
pays. En l'an lièvre-fer (1951), des circonstances exceptionnelles avaient obligé le gouvernement à lui confier
le pouvoir temporel, car la Chine communiste avait

envahi les provinces orientales du Tibet et le Pays des Neiges souffrait depuis deux ans des pires atrocités.

A cette époque, le *Kachag* reçut une lettre de Chigatsé, l'informant qu'un garçon exceptionnel était né de Gokyid et d'Azom. Le bébé portait sur la tête le dessin d'une couronne de lotus, et tenait dans sa main un *vajra*; une conque blanche était posée près de lui sur un coussin. Le *Kachag* demanda à Khyènrap Norbou d'établir son thème astrologique. Malgré tout le soin qu'il apporta à ses calculs, il ne trouva rien de particulier. Quelques mois plus tard, on apprit que les parents avaient réalisé toute une mise en scène autour de leur enfant pour faire croire qu'il était une réincarnation *. Dès sa naissance, ils avaient placé de petits *vajra* dans les mains du bébé et avaient disposé eux-mêmes cette conque auprès de lui. Grâce à Khyènrap Norbou, personne ne fut dupé par ce stratagème honteux.

En 1954, an cheval-bois, juste avant le départ pour la Chine du Dalaï-Lama, alors âgé de dix-neuf ans, Khyènrap Norbou fut amené à prendre le pouls de Thouptèn Lhundoup, le médecin qui devait accompagner Sa Sainteté. Peu de temps après, il rencontra des amis et leur confia :

— *Lhamènpa* ne survivra pas à ce voyage.

La prédiction s'avéra si juste que, dès le retour du souverain tibétain au Potala, Khyènrap Norbou fut appelé au chevet du médecin qui mourut quelques jours plus tard, épuisé par ce long périple en Chine. Par contre, Khyènrap Norbou éprouvait beaucoup de bons sentiments pour Tendzin Guiatso. Le jeune Kundun dégageait une telle sérénité qu'on ne pouvait qu'en être profondément touché. Malgré la présence chinoise, malgré les drames qui se déroulaient alors au Tibet, et surtout malgré son très jeune âge, le Dalaï-Lama faisait preuve de beaucoup d'habileté face aux occupants communistes. Khyènrap Norbou se souciait beaucoup de l'état de santé de Kundun. Il avait d'ailleurs commencé à suivre l'évolution de Sa Sainteté dès ses six ans. Le maître rédigeait chaque jour son thème astrologique, le recoupait avec d'autres informations, plus médicales, et reprenait plusieurs fois ses calculs pour les vérifier, tant et si bien que tous les détails de la vie de Tendzin Guiatso s'accumulaient maintenant au fil de pages rédigées d'une écriture toujours aussi malhabile par l'astrologue-médecin. Rien ne lui échappait. C'est ainsi que Khyènrap Norbou sut avant tout le monde que le quatorzième Dalaï-Lama deviendrait un grand maître spirituel qui guiderait le monde vers la bonne voie. Mais plutôt que d'ébruiter une telle information qui eût pu provoquer de folles tentations, le Vénérable fit encore preuve d'une incommensurable sagesse : il se tut.

Khyènrap Norbou rejoignit les « domaines célestes » le vingt-huitième jour du dixième mois de l'année tigre-eau (octobre 1962). Je lui dédie aujourd'hui cette prière :

Tous les actes accomplis par un être tel que vous
Ne peuvent être compris par des gens comme nous.
Qui ne souhaiterait emprunter votre voie,
Déployer une activité semblable à la vôtre ?
Que les vertus et les mérites rassemblés ici
Vous soient dédiés.

7

Étudiant en médecine tibétaine

Je poursuivais désormais mes études auprès du Vénérable Khyènrap Norbou. Je n'avais pas ses capacités et ne pouvais sur-le-champ assimiler tout ce qu'il me disait, mais chacun de ses enseignements était pour moi d'une grande richesse. La médecine tibétaine fait partie d'une des traditions les plus anciennes du monde et son système thérapeutique est unique car, dans sa pratique, elle a une approche holistique. Malheureusement ignorée des spécialistes occidentaux, par négligence, par préjugé, et surtout par indifférence, sa survie dépend essentiellement du travail effectué actuellement à Dharamsala.

Le *Guiu-chi*[1] aborde tous les aspects de la maladie,

---

1. Les *Quatre Tantras*. Son titre complet : *Le Tantra essence d'ambroisie : l'enseignement oral secret des huit branches de médecine.* Plan succinct des *Quatre Tantras* : le *Tantra Racine* aborde toutes les maladies et leur examen ; le *Tantra des Explications* décrit les doctrines de la thérapie ; le *Tantra des Instructions essentielles,* le plus imposant des quatre, donne tous les détails des maladies spécifiques, et le *Tantra final.* Ils comprennent cent cinquante-six chapitres au total, dans lesquels sont répertoriés quelque mille six cents

du traitement et du diagnostic, et contient toutes les informations nécessaires au médecin pour reconnaître ou soigner la maladie[1]. Il regroupe toutes les informations originelles venues de l'Inde, que nos érudits augmentèrent de techniques et de connaissances qu'ils puisèrent dans les contrées voisines.

Il n'est pas question de rédiger ici un ouvrage de médecine. Cependant, je souhaiterais en présenter succinctement quelques-uns dans les pages qui suivent. En tant qu'un des médecins personnels du Dalaï-Lama, lorsque je l'ausculte, je lui prends obligatoirement le pouls pour suivre l'évolution quotidienne de son état de santé. Il s'agit d'un acte de diagnostic, essentiel dans notre tradition médicale et de grande précision. Avec la main droite, je vais examiner son pouls gauche ; ensuite avec la main gauche, son pouls droit. Ces opérations me conduisent à faire douze analyses différentes. Dans la paume droite de Sa Sainteté, je lis : avec le bord supérieur de mon index droit, tout ce qui concerne son cœur ; avec le bord inférieur, j'analyse son intestin grêle. Avec le bord supérieur de mon majeur, sa rate ; avec le bord inférieur, son estomac. Avec le bord supérieur de mon annulaire, son rein gauche ; avec le bord inférieur, sa vésicule séminale[2]. J'examine ensuite sa main gauche. Et là, la prise de pouls m'indique d'autres éléments.

états pathologiques, et où sont décrites pas moins de deux mille neuf cent quatre-vingt-treize substances médicinales.

1. On peut classer les maladies de différentes façons, dont la plus générale est de considérer celles qui sont consécutives aux déséquilibres de chacune des trois humeurs.

2. L'utérus chez la femme.

Avec le bord supérieur de mon index, je lis ses poumons ; avec le bord inférieur, son côlon. Avec le bord supérieur de mon majeur, son foie ; avec le bord inférieur, sa vésicule biliaire. Avec le bord supérieur de mon annulaire, son rein droit ; avec le bord inférieur, sa vessie.

Pour nous, Tibétains, l'analyse d'urine est un autre moyen d'affiner le diagnostic. Il faut la prélever à la première émission du matin. Fouettée, agitée, remuée, nous la laissons ensuite reposer, parfois la goûtons afin de tester son degré de sucré, notamment pour chercher les traces de diabète. L'examen consiste à observer son écume, ses sédiments, sa couleur, sa vapeur, ses bulles, son odeur, sa mousse. Il s'agit ensuite d'analyser tous ces éléments en fonction des humeurs, des troubles dus au chaud ou au froid, et des organes vitaux. Ainsi, lorsque le patient est en parfaite santé, et que l'on se réfère au *Guiu-chi*, son urine est alors

d'un blanc légèrement teinté de jaune, comme la couleur du beurre fraîchement fondu ; elle est légère ; sa vapeur est normale et subsiste pendant une durée modérée après l'émission de l'urine ; les bulles de l'urine sont en quantité modérée ; après dissipation de l'odeur, le sédiment est bleu légèrement teinté de jaune, ni fin ni épais ; la mousse est fine et se stabilise au pourtour du récipient une fois que la vapeur de l'urine a disparu.

Dans la médecine tibétaine, l'ignorance est perçue comme la cause primordiale de toute maladie physique et de toute perturbation mentale. Cette perspective holistique de l'interprétation se retrouvera dans le dia-

gnostic et le traitement des patients. Qu'une humeur
soit en déséquilibre, et la maladie peut se manifester.
Le médecin va donc chercher à la définir par un interrogatoire du patient portant sur son mode de vie, son
environnement, ses habitudes, son alimentation. Le
médecin tibétain prend en considération les différents
aspects, afin de mieux en apprécier la pathologie. L'analyse du corps est menée en considérant que les phénomènes physiques existent sur la base des cinq éléments :
la terre, le feu, l'air, l'eau et l'espace. L'individu est
constitué de cinq agrégats : forme, sensations, identifi-
cation, formations mentales et consciences. Le corps de
l'individu est régi par trois humeurs (*nyépa soum*) : le
loung (vent) représente le courant vital ; le *tripa* (bile),
la chaleur et le *pékèn* (phlegme), les constituants
acqueux. A ces trois humeurs sont associées trois passions perturbatrices : l'ignorance, la colère et le
désir/attachement.

Autre technique importante, l'astrologie. En effet,
l'astrologue joue un rôle actif et important dans notre
société. On peut le consulter lors d'une naissance, d'un
mariage, quand le traitement médical ne vient pas à
bout de la maladie, face à la mort. A même de fournir
toutes sortes d'informations, il est omniprésent. Ainsi,
l'astrologie tibétaine comporte trois spécialités. *Kartsi*
ou les calculs blancs, comparable à l'astronomie occidentale, est l'étude des planètes et des étoiles, et est
dérivé de deux sources indiennes, le *Tantra kalachakra*
et l'éclosion du *Tantra sarodhaya*. Elle se propose d'étudier les relations humaines, fils-mère, ami-ennemi.

Cette spécialité est fondée essentiellement sur l'interprétation des astres. *Nagtsi* présente, pour sa part, bien des points communs avec le système classique chinois, mettant en relation les cinq éléments et nécessitant de nombreuses opérations. Et enfin *yang char*, éclosion des voyelles, est la partie tantrique et secrète du *kartsi*.

Il est vrai que, si après avoir suivi pendant une longue période un traitement médical, la guérison ne vient pas, le patient peut chercher une autre thérapie auprès de l'astrologue. Il est mentionné dans les textes médicaux tibétains que le médecin, outre les causes physiques et les symptômes de la maladie, peut être amené à traiter les maladies causées par les esprits ou un mauvais karma. Ces maladies ne peuvent être soignées que par le soutien d'un antidote spécifique, soit par un astrologue laïc, soit par un lama. Les esprits sont classés en huit catégories, auxquelles sont attribuées des prières spécifiques. C'est à ce niveau-là que le *yang char* intervient. L'astrologue va alors déterminer la thérapie la plus appropriée aux causes des maux dont souffre le patient. Or, le *Tantra Racine* indique avec une extrême précision la constitution humaine, saine ou malade, qu'il représente sous la forme d'un figuier indien. Cet *Arbre de la Santé et de la Maladie* a trois racines, neuf troncs, quarante-sept branches, deux cent vingt-quatre feuilles, deux fleurs et trois fruits. Les deux fleurs représentent la santé et la longue vie. Les trois fruits indiquent le développement spirituel, la richesse et le bonheur.

Nombreux sont aussi les textes qui traitent de la pharmacologie. On en parle notamment, avec précision, dans

le second *Tantra* du *Guiu-chi*. Il se trouve également
dans le mandala* de médecine, dont les quatre montagnes médicinales indiquent les traitements des maladies de nature chaude, des maladies de nature froide, de
toutes les maladies, et le maintien en bonne santé des six
fonctions vitales et des organes. Le *Guiu-chi*, que j'étu-
diais à l'époque au Mèn-Tsi-Khang, souligne que l'on
peut extraire des médicaments de toutes les substances
de la terre. Autant dire que Khyènrap Norbou et tous
les autres professeurs de médecine nous enseignaient les
vertus curatives des substances ayant des propriétés
médicinales, en exigeant de nous qu'on les traitât avec
respect et dévotion, comme une offrande aux déités de
la médecine et de l'astrologie. A ce sujet, le *Guiu-chi* dit :

*Terre : lourde, forte, ferme, âcre. Ces propriétés ont
la particularité de combattre les maladies de l'air.*

*Eau : fraîche, transparente, douce. Elles graissent,
humidifient, adoucissent le système et combattent les
maladies de la bile.*

*Feu : vif, chaud, léger, rude. Elles produisent de la
chaleur dans le corps, renforcent les sept éléments constitutifs, embellissent le teint et combattent les maladies du
phlegme.*

*Air : léger, instable, froid, rude. Elles fortifient le
corps, facilitent les mouvements physiques et la réparti-
tion des éléments nutritifs, et combattent les maladies
du phlegme conjointes à un désordre de la bile.*

*Espace : creux. Elles combattent les maladies de la
bile, du phlegme et de l'air. Toutes les plantes et substances ont la nature de l'espace.*

De l'an dragon-fer à l'an singe-bois (de 1940 à 1944), je poursuivis mes études avec application. L'âge m'avait apporté plus de maturité. Et comme la plupart des étudiants étaient plus jeunes que moi, les professeurs se montraient à mon égard d'une extrême sévérité. Le dimanche, nous sortions par petits groupes. Nous adorions flâner dans les ruelles étroites de la cité, au milieu des échoppes. J'aimais personnellement ces instants très particuliers, où je pouvais observer les pèlerins qui, d'une main, faisaient tourner interminablement leurs moulins à prières et, de l'autre, égrenaient leur *mala, Om Mani Pémé Houm.* Je me sentais si bien parmi les gens ordinaires. Immanquablement, une vieille femme s'approchait de moi. Elle ressemblait à *mola.* L'émotion me gagnait, toujours. Souriante, elle me tendait un bol de thé. S'engageaient alors parfois de joyeux bavardages.

Et puis, un jour, une bagarre opposa notre groupe à des jeunes gens de la cité. L'affaire s'envenima, car, du fait de cette altercation, le feu prit dans une boutique. Une explosion soudaine — apparemment des pétards —, des cris, du sang, des blessés… De retour au Mèn-Tsi-Khang, la sanction fut immédiate. Les coups de fouet claquèrent sur nos corps. A partir de ce dimanche-là, on nous interdit les flâneries au marché de Lhassa. Je me sentais très malheureux, un peu responsable aussi de n'avoir pu séparer les fauteurs de trouble. Une telle futilité aurait pu coûter très cher, et je n'osais imaginer mon éviction du Mèn-Tsi-Khang. Ce soir-là, après les débats de logique, je m'isolai un peu des autres et grimpai sur la terrasse. Il faisait frais.

Un vent léger piquait ma peau. Je songeai à *amala*, mon regard se perdit dans les étoiles, et je me mis à murmurer :

> *Hommage à Touré, la terrifiante,*
> *Qui triomphe des démons les plus tenaces.*
> *Son visage de lotus marqué par la colère*
> *Anéantit tous les ennemis.*

Je connaissais maintenant suffisamment les textes du *Guiu-chi* pour pouvoir aborder avec une certaine sérénité les différents aspects de la médecine tibétaine. Comme j'étais assez robuste, j'étais régulièrement sollicité pour aider, en certaines périodes de l'année, au broyage des plantes médicinales. Réservée aux plus âgés d'entre nous, la tâche s'avérait dure et il fallait souvent se mettre à deux par mortier. Ereinté, je m'endormais pourtant le soir avec des rêves plein la tête. Je m'imaginais partir dans la montagne, cueillir des plantes, des racines et des fleurs.

Et puis mon tour vint. La cueillette des plantes médicinales avait lieu quatre fois par an, chaque saison offrant ses particularités et ses produits spécifiques : la première récolte, en février et mars, au sortir de l'hiver ; la seconde, en mai et juin, quand les fleurs et les feuilles s'épanouissaient ; la troisième, en août et septembre, pour les fruits ; et enfin la dernière, en septembre et octobre, pour le ramassage des racines, dont les propriétés étaient alors au maximum.

Tout cela mériterait beaucoup d'explications. Disons simplement qu'une plante évolue en permanence. Elle partage les propriétés et la nature des cinq éléments qui la produisent : la terre est sa base ; l'eau lui apporte l'humidité nécessaire à son évolution ; la chaleur soutient son développement ; l'air insuffle la croissance ; et l'espace lui offre le champ de son épanouissement. Lorsqu'une plante croît, au moment de la montée de la sève, toute son énergie se concentre dans ses extrémités supérieures, et c'est là, bien entendu, que sont contenues les substances qui nous intéressent. Quand elle parvient à maturité, son énergie s'est déplacée pour se concentrer dans les graines et dans les feuilles, puis, quelques mois plus tard, ce sont ses fruits qui vont fournir les ingrédients nécessaires à certains médicaments. Enfin, lorsqu'elle meurt, ce sont ses racines que nous devons utiliser. Cela signifie qu'une même espèce peut avoir des propriétés très différentes selon le stade de son développement, et des saveurs très spécifiques selon la période de cueillette. Elle est sucrée lorsque prédominent la terre et l'eau, comme le safran, le beurre, le miel, la viande ; acide lorsque prédominent la terre et le feu, comme le yaourt ou la levure ; âcre lorsque prédominent le feu et l'air, tels l'ail, le gingembre, le poivre long. Elle peut aussi être salée lorsque prédominent l'eau et le feu ; amère lorsque prédominent l'eau et l'air, ainsi que le musc, la gentiane ; et, enfin, astringente lorsque prédominent la terre et l'air, à l'exemple du myrobolan[1], un arbre dont la tige et le fruit ont la faculté de servir à la guérison d'un grand nombre de maladies.

----

1. Dans le mandala de médecine, c'est ce que le Bouddha tient dans ses mains.

Dans les régions tempérées du Tibet, nombreuses sont les forêts denses. Les plantes médicinales y sont rares, car la plupart du temps mangées par les animaux sauvages. Leurs propriétés sont aussi plus faibles. Par contre, en haute montagne, là où les sommets sont enneigés, où un vent vif, glacial fouette les versants, les plantes contiennent des substances fort riches et très différentes de toutes les autres. Les zones rocheuses procurent l'or, l'argent, le cuivre, le fer, le plomb. La chaleur joue un rôle essentiel dans les régions de basse altitude, conférant aux plantes médicinales des substances très particulières. Sur ces versants, on se procure les pierres, comme la turquoise. Les plantes diffèrent aussi selon la direction dans laquelle elles poussent : tournées vers le nord, elles ont un effet rafraîchissant ; vers le sud, un effet plutôt échauffant. Dans la médecine tibétaine, un seul ingrédient ne suffit pas à apporter l'effet thérapeutique souhaité ; la combinaison de plusieurs ingrédients s'avère, ainsi, absolument nécessaire.

Nous étions au mois de mai. Le jour était levé et le soleil commençait à s'élever dans un ciel limpide. Khyènrap Norbou avait rassemblé dans le temple un groupe de sept étudiants, dont je faisais partie, placé sous le contrôle d'un *mènnièn*, un médecin responsable des médicaments. Le maître nous expliqua notre première mission sur les sommets enneigés. Nous invoquâmes avec lui les déités, pour qu'elles nous protègent durant l'ascension et qu'elles nous assistent afin de trouver une fleur rare, dont le Mèn-Tsi-Khang avait le plus urgent besoin. Elle ne poussait que durant les deuxième, troisième et quatrième mois de l'année et il en fallait une importante quantité pour peu de médicaments. Les prières durèrent à peine une vingtaine de minutes. Nous quittâmes notre robe monastique pour une *tchoupa* et nous nous mîmes en route. Pour tout nécessaire, nous n'emportions qu'un peu de *tsampa* et une couverture.

Nous progressions très lentement. Pendant trois heures, nous nous frayâmes un chemin dans une forêt épaisse et tentâmes de suivre la piste d'un ours qui semblait être passé là, peu de temps avant nous. Zigzaguant entre des branches arrachées par la tempête, nous franchîmes de nombreux taillis. Enfin, nous sortîmes de la forêt, marchâmes encore deux heures. A près de quatre mille mètres d'altitude nous fîmes halte dans un vallon que l'on aurait cru suspendu entre deux cimes. Près d'un site sacré, nous effectuâmes des rites ancestraux en brûlant quelques brindilles de genévrier [1] et de l'encens. Des mâts étaient plantés à proximité, et les drapeaux de prières flottaient au vent. Nous y rajoutâmes les nôtres, puis partageâmes notre maigre repas. J'éprouvais une profonde fierté. Puis, nous reprîmes la route. La végétation avait laissé place à une épaisse couche de neige, ce qui ralentissait encore notre cadence. Le soleil jouait avec les sommets, alors que le jour déclinait lentement. Il faisait de plus en plus glacial, et le froid pénétrait nos os. Deux heures de marche encore. Dans l'espace infini,

---

1. Le genévrier himalayen est un arbre dont la propriété de ses baies, brûlées comme encens, est d'avoir un effet curatif pour le délire causé par la fièvre.

l'épreuve physique aiguisait nos sens. Le sang battait nos tempes, la respiration se faisait de plus en plus difficile. J'avais très mal à la tête et je craignais à tout instant d'être victime du terrible mal des montagnes.

Soudain, sur un sommet éblouissant de lumière, un couvent se détacha dans la masse rocheuse. C'était Gargompa, un monastère habité par des nonnes. L'accueil fut chaleureux. Dès notre arrivée, elles nous servirent du thé et une soupe. Nous en ressentions d'ailleurs le plus grand besoin. Le soir tombait maintenant sur la montagne, et il faisait très froid. La plus âgée des religieuses fit distribuer, à chacun de nous, un fin matelas et une couverture que nous enroulâmes aussitôt sur notre *tchoupa*. Recueillements, brèves paroles échangées, regards fatigués, jambes lourdes, nous pûmes, tous les huit alignés en rang d'oignon, enfin nous allonger. C'est alors qu'un de nos compagnons, Yéché Dakpa, eut la formidable idée de s'enrouler dans le matelas. C'était tellement drôle à voir. Nous rîmes très fort, et nous l'imitâmes aussitôt, à grands éclats de voix. Le lendemain, Yéché Dakpa portait un nouveau surnom : le « porte-matelas des nonnes ». Au retour, nous ramassâmes des orties, qui, reconnaissons-le, étaient de bien meilleure qualité que celles que l'on trouve aujourd'hui en Inde.

Au mois de septembre, je participai à une autre mission, dans un lieu appelé Djoung-mi-ri-teu, situé à très haute altitude. L'expérience fut assez pénible, car il nous fallait rester une semaine complète sur place. Pour lutter contre le mal des montagnes, nous mangions des navets secs et des feuilles d'ortie. Cette fois, nous étions une vingtaine d'étudiants, répartis en groupes de six.

Tôt le matin, chaque équipe partait dans une direction, et nous ne rentrions qu'à la nuit tombée. Notre objectif était de cueillir une autre plante rare, excellente pour les maladies de cœur. La difficulté consistait surtout à trouver l'endroit précis où cette plante poussait. Il arrivait souvent que des étudiants revinssent bredouilles. Et, lorsque c'était mon cas, je rentrais au monastère, gêné et un peu honteux. Le *mènnièn* qui nous accompagnait faisait seulement cette réflexion :

— On dirait que tu as dormi là-haut !

Un peu plus tard dans la saison, Khyènrap Norbou me demanda d'aller avec sept autres étudiants à Ei-tso. Cette expédition était particulièrement dangereuse et nécessitait une condition physique à toute épreuve. C'est la raison pour laquelle le maître choisissait les plus robustes d'entre nous et jamais les plus jeunes. Pour atteindre cet endroit, il fallait franchir plusieurs cols et monter très haut dans la montagne, aux sommets éternellement enneigés. Nous rejoignions des nomades qui nous hébergeaient le temps de la cueillette. A Ei-tso, on trouvait une plante médicinale, nommée *upél*, qui poussait dans la neige. Bravant le froid glacial, l'humidité, nous endurions aussi de grandes douleurs oculaires, un peu comme si l'on nous avait jeté du sable fin dans les yeux. Il m'arrivait, comme à mes compagnons, de rester presque aveugle toute une journée, et néanmoins de devoir accomplir cette précieuse mission. Parfois, lorsque le mal se prolongeait, une sourde angoisse, partagée de tous, m'étreignait. J'avais si peur de perdre la vue ! Le soir, à l'abri du vent qui soufflait en lourdes rafales, je faisais malgré tout l'effort d'apprendre des extraits du *Guiu-chi*. La lecture, à la faible lueur des lampes, me causait de pénibles douleurs, et je voyais surgir des mirages changeants, aux différentes couleurs de l'arc-en-ciel. Plus tard, j'appris, par les traités médicaux, que l'on pouvait éviter ce genre de troubles en montagne. Il suffisait d'appliquer sur les yeux de la bile de *kia-ka*[1], un oiseau très connu dans nos régions. Malheureusement, nous n'en avions pas à l'époque. Il était aussi particulièrement difficile d'allumer le feu. Nous avions beau ne pas manquer de feuilles et de branchages d'arbustes qui servaient également à la préparation de l'encens, tout se révélait ici très humide. Les chutes de neige étaient abondantes et rares les soirs où nous pouvions nous faire un peu de thé chaud. Malgré tous les obstacles qui se dressaient devant chacun, je poursuivais néanmoins mon travail avec beaucoup d'entrain. J'aimais particulièrement l'étude de la pharmacologie et reconnaissais que la cueillette des plantes faisait partie intégrante de ma formation d'*émtchi*.

Lorsque nous en avions suffisamment cueilli, et que le temps nous le permettait, nous choisissions une place légèrement à l'écart du camp des nomades et jouions aux dés. Mais je passais le plus clair de mes loisirs à étudier, toujours et encore. Lorsqu'il était impossible d'allumer le feu, je m'éclairais à l'aide de bâtonnets d'encens que j'approchais au plus près de la page afin de pouvoir y déchiffrer quelques mots.

De retour à Lhassa, je passai un peu plus d'un mois

---

1. De même que le calcul biliaire des éléphants soigne la fièvre ; la bile des ours guérit les troubles hépatiques ; le musc neutralise l'infection septicémique et les maladies vermineuses.

au Mèn-Tsi-Khang, le temps de suivre de nouveaux enseignements auprès de mon maître, le Vénérable Khyènrap Norbou, et de revoir le lama qui m'initiait à la grammaire et à la poésie, puis je repartis une nouvelle fois. Nous étions déjà à la fin du mois d'octobre. L'endroit que rejoignit notre expédition se nommait Ma-ri-koung. Là, nous devions ramasser des *tchou-tak*[1], dont les racines s'enchevêtraient dans l'eau et la boue. Leurs fleurs, qui exhalaient une odeur forte et sucrée, étaient bleues ou blanches et, sur les feuilles, de fines lignes couraient, formant des diagrammes. Certaines plantes — les plus recherchées — avaient neuf nœuds ; d'autres seulement cinq, six ou sept. Leur cueillette, très délicate, se faisait au moment où l'eau commençait à geler. Passé le col, nous approchions d'un cours d'eau. Plus loin, un lac, un véritable joyau de turquoise, semblait posé à même le sol. Lorsque le temps nous le permettait, nous arrivions assez tôt sur le site, pour chercher une plante qui ressemblait à une pomme de terre[2]. De la cuvette étroite se dégageait une atmosphère pesante. Il existe ainsi des endroits qui souffrent difficilement la présence humaine.

---

1. Cette plante est une *tse-kam-nue-pa-ting-doe*. On la cueille une fois sèche, quand ses racines sont encore vivaces. C'est là que sont concentrées toutes les substances médicinales. Les *tchou-tak* soignent les gastrites, les troubles intestinaux, les infections rénales et servent de remontant. On les utilise pour préparer des pilules antiseptiques.

2. *Rang-nyi*, aussi connue sous le nom de *tse-kam-nue-pa-ting-doe*. On en utilise les tubercules et les feuilles. Sert à soigner les troubles rénaux et à accroître la température du corps.

Les étudiants chargés des repas nous servaient une soupe avec des boulettes de pâte et un peu de viande, *toukpa-baktouk*. Chaque midi, j'avalais la mienne en silence, quittais mes compagnons pour gravir une petite cascade et mieux observer les blocs de glace qui tombaient dans le lac avec un bruit sourd, en une profusion de petites vagues. Ce lieu m'impressionnait beaucoup. Je tremblais de tout mon corps. Etait-ce le froid, l'atmosphère ? Les deux sans doute. Lorsque je rejoignais les autres étudiants, le moment était venu de commencer la cueillette. Nous restions parfois plusieurs heures dans l'eau. A la fin, les jambes nous brûlaient, les mains bleuissaient et nous avions un mal fou à déraciner les plants. A Dharamsala, je ne sais comment font les Indiens, mais ils nous en apportent d'excellente qualité, qu'ils vont chercher du côté de Manali ou de Rewalsar.

En 1943, an mouton-eau de notre calendrier, j'eus vingt et un ans. J'étais enfin sur le point de réaliser ce qui avait constitué mon vœu le plus cher : je passai brillamment les tests sous les yeux de mon maître, le Vénérable Khyènrap Norbou, et de mes professeurs. Il est de coutume que les étudiants du Mèn-Tsi-Khang offrent le thé à deux reprises : au moment de leur admission et après leur réussite aux examens sur les trois premiers volumes du *Guiu-chi*. Les dépenses en ce domaine étaient généralement prises en charge par notre monastère d'origine. Pour ma part, j'avais assumé mes tout premiers frais en empruntant à Pessala ; mais j'étais incapable de faire face à de nouvelles dépenses, et il n'était pas question d'emprunter encore. J'avais écrit à l'abbé de Tchoté et à mon tuteur, néanmoins je n'avais obtenu aucune réponse. Je fis donc part à Khyènrap Norbou de mon embarras. Dès le lendemain matin, mon maître se rendit au *Kachag*, où il expliqua ma situation. Une lettre fut ensuite préparée par le Mèn-Tsi-Khang et approuvée par les membres du gouvernement au cours d'une réunion. Quelques semaines plus tard, un émissaire arriva de Tchoté, porteur d'une enveloppe et du montant nécessaire à la cérémonie. Tous mes souhaits avaient été accomplis. Mais, à l'exception du message confié à des âniers rencontrés sur le chemin de Lhassa, je n'avais jamais plus donné de nouvelles à mon tuteur. Je reconnais avoir fait preuve d'un peu de négligence à l'égard de l'abbé de Tchoté et de mon oncle tuteur, mais j'étais absorbé par mes études.

8

La purification du mercure
et autres plantes médicinales

Tous les deux ans, en été, professeurs et étudiants se rendaient au pied d'une montagne située à proximité de Lhassa. Cette expédition se préparait une dizaine de jours au préalable. On rassemblait des tentes, des vêtements, des couvertures, du matériel de cuisine, de la nourriture... Nous étions une quarantaine du Mèn-Tsi-Khang à y participer. Une soixantaine de personnes, des *wou-lak* (les travailleurs), se joignaient à nous pour l'occasion. La moitié venait d'un endroit appelé Do-dé-Pou et l'autre de Dak-yépa. Le premier groupe était confié à notre *mènnièn*; le second à un *mèndzine*. Ces vastes campagnes de cueillette de plantes médicinales occasionnaient des dépenses élevées, prises généralement en charge par les étudiants. Des nomades prêtaient quarante à cinquante yacks pour transporter les nombreux bagages — les étudiants se partageaient un bagage pour deux. Deux personnes étaient chargées du montage des tentes; deux autres prenaient soin du matériel.

Le matin du départ, au lever du soleil, Khyènrap Norbou rassemblait les étudiants dans la grande salle pour réciter des prières et nous concilier les faveurs des déités. Cette cérémonie durait une vingtaine de minutes. Puis, nous nous mettions en marche, dans un brouhaha indescriptible. Les professeurs, à cheval, faisaient le trajet en tête ; les autres suivaient à pied. Les yacks nous ralentissaient beaucoup et il nous fallait plusieurs heures pour atteindre Do-dé. Aussitôt arrivés, on nous réunissait dans le temple. Khyènrap Norbou était assis en tailleur sur un trône en pierre. Un de nos tuteurs était alors chargé de lire la charte de Dessi Rinpotché, le régent qui avait eu en charge les affaires du pays pendant la minorité du cinquième Dalaï-Lama, et de nous rappeler les règles élémentaires à observer pour la cueillette et la conservation des plantes, et, notamment, celles prescrivant de cueillir certaines plantes sur les versants orientés au nord, considérés comme plus froids ; de choisir des lieux de cueillette les plus sains possibles ; de prélever les plantes médicinales au moment le plus propice, fraîches et non fanées — quoique certaines doivent être cueillies lorsqu'elles sont très vieilles ; de les laver soigneusement, puis de les faire sécher en des lieux convenables ; enfin, de ne pas les conserver plus de trois ans[1] car, au-delà, elles perdent toutes leurs qualités.

Travaillant par petits groupes, nous passions trois ou quatre jours en chacune des zones indiquées par nos professeurs, étapes contraignantes rythmées par les appels des trompes qui sonnaient les repas, les pauses

---

1. Cette indication n'est valable que pour le Tibet. Du fait du climat, on ne les conserve qu'une seule année en Inde.

et la fin du travail à la tombée de la nuit. Lorsque nous avions terminé une zone, nous gravissions la montagne sur une centaine de mètres, en transportant plus loin notre lourd chargement.

Durant mon séjour au Mèn-Tsi-Khang, je participai à de nombreuses expéditions de cueillette de plantes, dont deux au cours desquelles je passai des examens comme étudiant puis comme *mèndzine*. Au bout d'une semaine, nous arrivions toujours en un endroit appelé Yak-go-la, une passe qui avait la forme d'une tête de yack. Jusque-là, les anciens apprenaient aux plus jeunes comment trouver les plantes, comment les sélectionner, en précisant aussi leurs spécificités. Une fois sur le site, chacun devait se débrouiller. A Yak-go-la, nous étions rejoints par les groupes qui travaillaient sur un autre versant. Ils procédaient de la même manière.

Le soir, nous brûlions de l'encens, et les plus jeunes d'entre nous interprétaient un opéra tiré de notre folklore. Je n'aimais guère y participer, car je chantais faux. Les autres se prenaient volontiers au jeu. Dès que nous étions en vue de la passe, ils poussaient d'étranges cris d'animaux. Pendant la fête, à tour de rôle, deux étudiants sortaient du groupe et proposaient du thé et des *khapsé* à chacun. Nous avions aussi en charge la collation matinale et le déjeuner des *wou-lak*, la tradition voulant que le dîner leur fût offert par les professeurs et les tuteurs.

Une fois les tentes démontées et tout le chargement rassemblé, nous franchissions la passe très tôt le matin, pour rejoindre un autre endroit fort pittoresque, cou-

vert d'herbages et de prés, que les anciens appelaient
Lo-nak-tsé-ka. Pendant que les *wou-lak* montaient le
campement, nous allions ramasser des plantes. Au coucher du soleil, chacun retrouvait sa place selon son rang
et ses affinités. Mais, que ce fût pendant le travail ou le
repos, nous devions veiller à séparer les *wou-lak* de Do-
dé de ceux de Dak-yépa, car ils ne s'entendaient absolument pas. Il en était ainsi à chaque expédition, à tel
point qu'on plaçait leurs tentes à distance respectueuse
les unes des autres. On raconte même qu'au cours des
années précédentes, des rixes avaient éclaté et que des
hommes s'étaient entre-tués.

Les *wou-lak* dormaient très peu et passaient leurs
nuits à chanter et à danser autour d'un immense feu.
De longues volutes de fumée s'élevaient, d'où se dégageait une forte odeur de genévrier. Les voix des chan-
teurs portaient loin. Je les écoutais avec un plaisir
immense, assis seul sur un rocher. Parfois des animaux
sauvages s'approchaient, attirés par le bruit et l'odeur
de la soupe. La veille encore, dans la montagne, j'avais
aperçu des loups, qui nous suivaient. Des aigles
nichaient sur les pitons rocheux, et des vautours
rôdaient. Des léopards des neiges attendaient leur
heure, celle où les chamois, les cerfs ou les antilopes
s'approchaient des lacs, innombrables en cette région,
pour boire.

Il était fréquent qu'un orage éclatât. Cette interruption soudaine me subjuguait. J'aimais écouter le bruissement de la pluie et le roulement du tonnerre, puis le
craquement terrible des éclairs sur les sommets enneigés, soudainement illuminés. Selon la force de l'orage,
il pouvait arriver que des trombes d'eau s'engouffrent

dans le campement, noyant les feux, trempant les hommes et affolant les chevaux et les yacks. La nervosité gagnait chacun, alors que dans les ténèbres suspendues, les grondements de l'orage redoublaient. Le vent violent emportait de lourds nuages gonflés de pluie. Le lac voisin était secoué de remous et vibrait en écho. Le froid s'intensifiait. Silencieux, nous nous blottissions les uns contre les autres. Je fermais les yeux, et lorsque s'apaisait la tempête, je continuais à écouter chanter la pluie. Un léger sourire éclairait mon visage et emportait mes souvenirs : une colline, des glissades dans l'eau glaciale, *mola* qui me regardait.

Au lever du jour, si le mauvais temps persistait, nous invoquions les déités pour solliciter leur protection. Mais aussitôt le calme revenu, nous repartions, joyeux, cueillir les plantes que nous glissions dans des *ga*, sorte de sacs de cuir généralement utilisés par les nomades. A Lo-nak-tsé-ka, il y avait une bonne visibilité car le terrain s'enfuyait à perte de vue et nos professeurs pouvaient surveiller la manière dont nous travaillions. Une fois seulement, il m'arriva de ne pas avoir cueilli suffisamment de plantes. Au camp, devant tout le monde, l'un d'eux m'en fit la remarque. J'en fus terriblement vexé et cela ne se reproduisit jamais plus.

Chaque jour, les plantes étaient triées, lavées, nettoyées et envoyées aussitôt, à dos de yacks, au Mèn-Tsi-Khang. Ces expéditions se terminaient immanquablement à Dak-yépa. Pour éviter tout risque de bagarre, les *wou-lak* de Do-dé repartaient avec les dernières cueillettes vers Lhassa. Nous installions le campement

près du monastère. Le moment était important, car
c'était ici que Khyènrap Norbou, entouré de nos professeurs et nos tuteurs, nous faisait passer les tests sur
notre connaissance des plantes médicinales.

Une immense tente, soutenue en son centre par un
mât de bois, avait soigneusement été montée avant
notre arrivée. Une vaste clôture rectangulaire, percée de
trois entrées — une à gauche, une à droite et l'autre au
centre —, la ceinturait.

L'événement était très attendu par les étudiants, mais
également par l'aristocratie de la capitale et les monastères des environs. Les gens arrivaient nombreux à Dak-
yépa pour assister à cette mémorable journée. Dès le
lever du soleil, ils se pressaient autour de la clôture.
Après les prières du matin, Khyènrap Norbou s'instal-
lait au centre des trois trônes dressés sur le devant de la
tente. A sa gauche, le professeur le plus âgé ; à sa droite,
le plus jeune. Un mètre devant eux, des échantillons de
plantes. Selon la variété et l'abondance des récoltes, il
pouvait y en avoir plusieurs dizaines.

Les tests commençaient vers six heures du matin.
D'une voix forte, un *mèndzine* appelait un par un les
étudiants. Pénétrant dans la clôture par la droite, le premier s'avançait, hésitant, se prosternait devant les
maîtres et se plaçait à droite des plantes. Sur un signe
de Khyènrap Norbou, il devait identifier les plantes qui
lui étaient présentées, leur donner un nom et expliquer
quelles étaient leurs caractéristiques. Lorsqu'il avait terminé, un autre étudiant se présentait, et ainsi de suite.
Parfois, l'un d'entre nous inventait de nouveaux noms.
Je me souviens par exemple d'une plante qui avait la
forme d'un rat. N'arrivant pas à lui attribuer un nom,

quelqu'un l'avait tout simplement appelée : « cadavre de rat ». L'assistance avait ri aux éclats, sauf nos professeurs, qui n'appréciaient pas toujours la désinvolture de certains et l'ignorance des autres.

Un correcteur notait toutes les réponses. Lorsqu'un élève parlait d'une voix trop faible ou montrait un peu moins d'assurance, il se faisait automatiquement rappeler à l'ordre. A la fin du test, nous sortions par la gauche et devions nous tenir à l'écart des autres étudiants, y compris le soir dans le campement. Un *mènnièn* veillait avec vigilance sur nous. Avant de passer la clôture, on annonçait notre résultat. Lorsque mon tour vint, le secrétaire cria d'une voix tonitruante :

— Tendzin Tcheudrak, *tik-tchik tang kour-guié*, une mauvaise réponse et huit réponses à moitié fausses.

Ce mode de calcul, utilisé pour apprécier les réponses non satisfaisantes, s'appelait en tibétain : « *tik tsi-kour tsi* », c'est-à-dire le « calcul de ce qui est mauvais et à moitié faux ». En effet, je m'explique : *tik* signifie mauvaise réponse ; le correcteur représente ce signe par le symbole *0*. *Kour* veut dire : réponse à moitié fausse, et est symbolisé par un *X*. *Tchik*, c'est un, et *guié* huit. Quand nous donnions le nom d'une plante, mais que nous nous trompions dans nos explications ou qu'elles n'étaient pas satisfaisantes, on nous donnait *kour*. Ainsi, on nous annonçait uniquement le nombre de *tik* et de *kour*, sans nous donner le moindre détail sur nos erreurs.

Il se passait ainsi trois jours. Le dernier, une ultime réunion rassemblait à nouveau tout le monde. L'heure était venue d'expliquer les mauvaises réponses, les bonnes n'étant jamais commentées. Nous repassions à tour de rôle devant Khyènrap Norbou et ses assistants. A ce moment-là, on voyait tous les étudiants jouer nerveusement avec leur *mala*; en fait, ils utilisaient leur rosaire pour faire le décompte final de leur test.

Les étudiants craignaient particulièrement cette période. En effet, parfois les plus jeunes réussissaient mieux que les anciens. Ceux-ci étaient alors obligés de se prosterner devant eux et de leur laisser la place dans les premiers rangs, car, à la fin de la cérémonie, nous étions tous alignés par ordre de réussite. Nous lisions alors la charte de Dessi Rinpotché. Le premier d'entre nous était ensuite honoré d'un prix : un bloc de thé en feuilles, un exemplaire du *Guiu-chi* (les *Quatre Tantras* de base), cinq pièces de brocart pour envelopper les textes sacrés et une *khata*, l'écharpe de soie en signe de respect. Les quatre suivants étaient également récompensés. Quant aux cinq derniers, ils devaient interpréter une pièce devant une assistance qui s'amusait follement de leurs déboires. Le cinquième avant-dernier jouait le rôle du porteur de plantes médicinales pour le compte du gouvernement; le quatrième interprétait une sorte de concierge; le troisième, un ânier; l'avant-dernier figurait l'« âne blanc » et le dernier l'« âne noir ». L'un portait une *tchoupa* blanche, l'autre, noire; mais tous deux avaient des clochettes autour du cou. Une fois vêtus ainsi, ils devaient se mettre à quatre pattes, comme de vrais ânes, et sortaient sous les cris et les moqueries des spectateurs. Je me souviens de ma première année au Mèn-Tsi-Khang. Avant-dernier de la session, je dus jouer l'« âne blanc ». Le rôle de l'« âne noir » était considéré par tous comme funeste et portant malheur. On disait alors que rien de bon ne naissait jamais des amours des étudiants qui s'étaient trouvés dans cette situation.

Au retour de Dak-yépa, la vie reprenait son cours. Par la suite, j'emmenais plusieurs fois par an des étudiants cueillir des plantes sur une colline voisine de Lhassa, non loin du Mèn-Tsi-Khang. Nous travaillions avec ardeur, mais, au retour, au lieu de rentrer directement, nous empruntions un chemin passant par un terrain situé près du Norbou Lingka.

Là, nous creusions une fosse étroite, longue d'un étage. Le jeu consistait à sauter par-dessus. Bien sûr, nous délimitions une piste qu'il ne fallait pas franchir pour prendre son élan. Nous nous divisions alors en deux groupes. Le premier était formé des plus âgés d'entre nous ; le second des plus jeunes. Et nous faisions des paris en misant généralement deux *khél*, environ vingt-huit kilos de céréales, que les perdants devaient remettre à leur vainqueur.

Les sacs d'orge étaient ensuite apportés au camp militaire tout proche, où vivait un de nos compagnons. Il conservait précieusement le butin jusqu'au nouvel an. C'est ainsi que, pour les cérémonies qui accompagnaient traditionnellement les festivités du *Lossar*, nous pouvions accommoder nos repas de cette *tsampa* gagnée par nos exploits, et de *tchang*, lequel coulait à flots. Durant cette période, nous étions autorisés à quitter le Mèn-Tsi-Khang depuis le matin jusqu'à trois heures de l'après-midi. Comme je ne touchais guère à la bière, je rentrais souvent plus tôt. Mais il en était d'autres qui ne revenaient que vers dix-sept ou dix-huit heures. Leur ivresse se remarquait aussitôt, et les scènes étaient parfois très cocasses. Ils racontaient toutes sortes de bêtises et, bien sûr, dévoilaient nos escapades et nos paris fous.

Toujours sur ce terrain près du Norbou Lingka, nous n'hésitions jamais à lancer des défis aux autres écoles de Lhassa, pour savoir laquelle était la plus intrépide. Il y en avait bien une vingtaine, et parmi elles : Takhang, Niarong, Kounguiour, Gokhangsar et l'école de Tsé, sans aucun doute la plus célèbre et la plus prestigieuse de toutes. Celles-ci comptaient en moyenne une vingtaine d'élèves, parfois moins. Seul le Mèn-Tsi-Khang avait une soixantaine d'étudiants, robustes et courageux. L'air de la montagne et la cueillette des plantes nous donnaient des muscles et élargissaient nos épaules, et puis, il y avait parmi nous quelques étudiants qui venaient de l'armée. Autant dire que les batailles à coups de pierre étaient fort inégales. Seulement, dès qu'un de nos professeurs avait vent d'une de ces bagarres, nous n'en menions plus large. La correction pouvait être sévère et parfois même c'est à coups de fouet qu'il faisait passer ces soudaines envies de violence.

En 1944, an singe-bois, je devins *mèndzine*. J'allais le rester jusqu'en l'an dragon-eau (1952). Lorsqu'un étudiant travaillait consciencieusement, on lui confiait bientôt des responsabilités. Le rôle des *mèndzine* et des *mènnièn* — le premier, qui n'est pas médecin, est responsable des médicaments et l'autre, qui est médecin, les contrôle — consistait à déterminer le moment des cueillettes, à les superviser, à préparer les pilules et à gérer les stocks de médicaments. Nous étions trois, avec une charge de travail très lourde. Nous avions élaboré ensemble un programme sur une année. Si nous participions le matin aux cérémonies et à la lecture des textes, nous étions dispensés ensuite de cours. Nous retrouvions nos compagnons pour le dîner et les prières du soir.

Lorsque à tour de rôle nous montions dans la montagne, le *Kachag* nous fournissait un cheval et une lettre de recommandation pour recruter des *wou-lak*. Une fois les plantes cueillies et transportées au Mèn-Tsi-Khang, nous les présentions à un professeur qui les inspectait et donnait son approbation pour le broyage et la fabrication des médicaments. La clé qui ouvrait la porte du lieu de stockage était confiée à l'un de nous trois, en fonction de notre emploi du temps.

De la cueillette jusqu'à la préparation des substances médicinales, nous devions travailler dans un état de conscience le plus proche possible de l'esprit d'éveil, et nous efforcer d'agir comme si nous étions le Bouddha de médecine. En effet, l'état d'esprit avec lequel nous accomplissions ces activités peut influer favorablement ou défavorablement sur l'efficacité d'un remède. Lors du ramassage des plantes, nous devions bien sûr tenir compte de l'ensoleillement, du relief, de l'état du sol, car, comme je l'ai dit, tous ces éléments intervenaient sur la qualité de la fleur, de la racine ou du fruit ; mais ce n'était pas suffisant. La clarté de notre esprit et la pureté de nos intentions étaient plus importantes, et nous rendaient plus ou moins aptes à préparer correctement les médicaments. Il fallait essayer d'atteindre les qualités des Bouddhas, qui sont aussi vastes que l'espace : quel bonheur alors de pouvoir en pratiquer ne fût-ce même qu'une once infime! Il est vrai, et nous ne l'oubliions pas, que c'est notre motivation, bonne ou mauvaise, qui détermine toujours la qualité de nos actions.

Ainsi, si notre pratique spirituelle est contaminée par l'amour de soi, notre capacité à accomplir le bien en souffrira. Pour notre part, nous ne pourrons donc jamais être considérés comme de bons *émtchis*. Si je suis devenu *Lhamènpa*, si je ne suis pas mort en prison, et si j'ai pu endurer calmement, avec sérénité parfois, toutes les souffrances qui m'ont été infligées, c'est, je pense, parce que, tout au long de mon existence, j'ai toujours essayé de mettre en pratique, autant que je le pouvais, les enseignements du Bouddha.

Mèndzine, c'est ce que je m'efforçai de faire aussi. En effet, la préparation des médicaments met en connexion nos connaissances médicales et notre disposition spiri-tuelle. Aussi toutes les opérations de broyage et de mixage des substances commençaient-elles également par des prières. L'esprit purifié, nous pouvions ensuite agir. Une fois le processus de transformation, d'élabo-ration des médicaments engagé, il n'était pas possible de l'interrompre, quelle que fût sa durée, et cela pre-nait parfois plusieurs jours. Certaines plantes devaient être préparées sur place, dans la montagne. Nous agis-sions en conformité avec les indications du *Guiu-chi* : cueillir les herbes et les débarrasser de leurs minuscules grains de sable ; les faire bouillir à feu vif ; filtrer la pré-paration avec la queue d'un animal — souvent utilisée comme passoire ; recueillir le jus résiduel filtré dans un pot. Le faire chauffer à nouveau, en le remuant constamment, jusqu'à ce que se forme une pâte sombre et épaisse. C'était un peu comme si l'on fabriquait des bonbons ou de la mélasse. D'une énorme quantité de plantes, on n'obtenait qu'une faible proportion de médicaments.

Au Mèn-Tsi-Khang, la fabrication des substances médicinales prenait plus de temps encore. Les plus robustes parmi les jeunes étudiants passaient des heures à broyer les plantes en poudre ; poudre qui, dans la nuit, était modelée sous forme de pilules rondes. Nous arrivions à fabriquer deux sortes de pilules par jour, rarement davantage, à raison d'une dizaine de kilos de chaque sorte. Façonnées à la main, la taille des pilules variait. Il serait trop long d'expliquer en détail la transformation des plantes en médicaments, car nous utilisons la plupart du temps de très nombreux ingrédients. Pour illustrer mon propos, prenons l'exemple d'un médicament qui en comporte seulement six — *routa, kiourou, sindou, bachaka, soungmi* et *pipiling. Routa* possède une nature froide. *Kiourou* est plus froid encore, et *bachaka* est le plus froid des trois. On appelle ces trois ingrédients *sil-soum*, littéralement les « trois fraîcheurs ». Ils ont un effet rafraîchissant sur le corps. Les trois autres ingrédients — *sindou, soungmi* et *pipiling* — ont une nature chaude et provoquent généralement une certaine chaleur corporelle. Ainsi, lorsque quelqu'un souffre de gastrite, la partie supérieure de son corps s'échauffe, tandis que la partie inférieure se refroidit. La conjonction de ces deux extrêmes fait que des gaz s'accumulent dans l'estomac. Le malade est alors pris de vomissements et sa température s'élève. Pour ce type de troubles, le médicament conseillé — celui que nous venons de décrire — est le *routa doukpa*, « celui qui a six *routa*», lequel va équilibrer les températures extrêmes et ainsi améliorer l'état du patient.

Pourquoi cet exemple ? Lors d'un colloque scientifique en Corée du Sud, d'éminents spécialistes avaient abordé le problème des gastrites. Je n'avais pas été convié à intervenir lors des débats. J'inscrivis donc sur une brochure toutes les caractéristiques de ce médicament, sa composition et ses vertus thérapeutiques, et je l'affichai sur un tableau, placé juste à l'entrée de la salle. Plus tard, j'offris même ce document à Sa Sainteté le Dalaï-Lama. Voici ce que j'y avais indiqué : *routa* élimine les troubles liés à l'élément « vent », l'empoisonnement du sang et les autres problèmes sanguins, ainsi que les gaz dans l'estomac ; *kiourou* fait tomber la fièvre dans le sang et dans la bile ; *sindou* traite toutes les maladies (troubles ou infections) de l'estomac ; *bachaka* fait descendre la température du sang ; *soungmi* contribue à guérir les maladies des reins et celles produites par le froid (température basse) ; *pipiling* soigne les infections de l'estomac et du foie, ainsi que les maladies produites par le froid.

Soutenu par des spécialistes australiens et coréens, j'eus alors à développer devant une nombreuse assistance mon approche du problème. Je dis :

— On peut expliquer séparément les spécificités de chaque ingrédient ou considérer la pilule dans son ensemble. Toujours est-il qu'en prenant le pouls du patient, si l'on détecte une forte poussée de fièvre, on doit prescrire un médicament comportant une proportion élevée des trois ingédients *routa*, *kiourou* et *bachaka*, afin de faire descendre la température. Mais, si le patient a une température basse, on lui prescrira, en proportion élevée, les ingrédients qui produisent de la chaleur, c'est-à-dire *soungmi*, *sindou* et *pipiling*. Si cent patients souffrent de gastrite, nous aurons à traiter autant de cas différents, et il faudra administrer autant de traitements différents...

Mon exposé fut publié. C'était là un de mes souhaits les plus ardents, car cela permettait une meilleure compréhension de notre savoir médical.

Mais revenons au Mèn-Tsi-Khang. En 1950, an tigre-fer, je fus désigné pour aller à P'ari étudier un texte très particulier, un commentaire sur la manière d'utiliser le mercure. Un *trulkou*, Docha, possédait ce texte et avait engagé des recherches en ce domaine. L'intérêt de Docha avait été éveillé lors d'un de ses séjours en Inde, à Darjeeling, où il avait rencontré un scientifique allemand qui lui avait parlé de l'utilisation médicinale du mercure. De retour à P'ari, le *trulkou* avait entendu dire que la médecine tibétaine utilisait également ce procédé, et c'est alors qu'il s'était mis en quête de ce document.

Durant les deux dernières années où je fus *mèndzine*, je participai à la fabrication de nos fameuses «pilules précieuses», comme le *rine-tchén ratna sampèl*, le «joyau précieux qui comble les souhaits». Cette pilule est un antidote qui agit contre toutes sortes d'empoisonnements causés par la nourriture, les plantes, les piqûres d'insectes, les animaux ou les produits chimiques. Elle soulage également les effets nocifs d'une exposition prolongée au soleil. Elle a un effet bénéfique dans le traitement de l'hémiplégie, de la paralysie, de la rigidité ou des contractures des membres et des muscles, des paralysies ou luxations des articulations, de nombreux troubles nerveux comportant des symptômes tels que le tremblement et l'engourdissement, l'incontinence urinaire, les difficultés à ouvrir et à fermer les paupières, et les douleurs névralgiques. Cette pilule peut également être utilisée en cas de déficience sensorielle — surdité, perte de l'odorat et des sensations proprioceptives — ou de perte du contrôle de la salivation. Elle exerce un effet régulateur en cas de tension élevée, d'affections cardiaques, de caillots sanguins, d'ulcères et de cancers à leur début. Un individu en bonne santé peut la prendre comme tonique général.

Cette pilule précieuse contient l'inestimable *ngult-chou tsotèl*, préparation à base de mercure purifié, de soufre et de seize métaux et minéraux différents. Elle comporte encore soixante-dix autres ingrédients, dont de l'or purifié, de l'argent, du cuivre, du fer et des gemmes comme le corail, la turquoise, les perles, le lapis-lazuli et une autre gemme extrêmement rare au Tibet, le *si*. S'y ajoutent encore des substances extraites des clous de girofle, de la manne de bambou, de la noix de muscade, du myrobolan chébule, du myrobolan beleric et des fruits du myrobolan emblic.

Le processus de purification du mercure, lequel entre dans la composition des pilules précieuses, est extrêmement délicat. Après une phase de préparation de trois jours, sa fabrication requiert environ soixante à soixante-dix ingrédients différents pour trente kilos de mercure et le travail de seize personnes pendant six mois. La première étape consiste à extraire le poison et prend deux mois. Sans entrer dans les détails et parce que, par précaution, cette opération ne doit être pratiquée que par ceux qui la connaissent parfaitement, il faut savoir que l'on mélange, notamment, le mercure brut, importé de l'Inde, avec de la racine de fougère et du gingembre sauvage, en les plaçant ensemble dans un morceau de cuir doux de daim musqué. Celui-ci est alors noué serré avec une cordelette. Durant des jours entiers, cette pochette est frottée dans la paume de la main, assez longtemps pour que le mélange végétal dégage toute sa substance qui a pour fonction d'absorber les poisons du mercure. Le cuir aussi les absorbe. Lorsque les ingrédients sont retirés, le mélange végétal apparaît en noir, alors que le mercure a une couleur plus brillante et semble plus propre. Interviennent encore bien d'autres stades intermédiaires, puis le mercure est bouilli dans de l'urine de vache. Durant cette opération, on ajoute encore certaines plantes médicinales, des sels et des métaux. A un stade plus avancé, le mercure est cuit dans de l'huile et combiné à de la poudre de soufre qui a lui-même subi un processus de purification. En les mélangeant, les effets toxiques de ces deux combinaisons diminuent encore davantage. Celles-ci produisent alors une poudre jaune, qui est moulue sans interruption pendant un jour et demi, jusqu'à ce qu'elle devienne très noire et extrêmement fine. A cette phase, sur les trente kilos de mercure, il ne reste plus que vingt-cinq kilos.

Une autre étape consiste à extraire le poison des autres métaux, bronze, argent, or, fer, plomb, cuivre. Le poison extrait, les métaux sont fondus en fines plaques de l'épaisseur d'une aile d'abeille, que l'on sèche au soleil, après avoir appliqué dessus une mixture à base de plantes. L'or doit être chauffé pendant près de cinquante-huit heures à feu modéré, sinon, à la fin de l'opération, il ne pèsera guère plus qu'une feuille de papier réduite en cendres. Il en va de même pour tous les autres métaux qui nécessitent cependant moins de chauffage. Ainsi, pour l'argent, il faudra dix à douze heures.

L'utilisation d'un mercure mal détoxifié s'avérerait fatale : elle pourrait en effet tuer un patient. En cela, la purification du mercure est analogue à celle de l'esprit. Prenons, à titre de comparaison, le cas d'un être dont l'esprit serait en proie à la haine, au désir, à l'ignorance ou même à la volonté de nuire aux autres. Or, s'il faut un esprit empli de compassion, d'amour, de bonté — c'est-à-dire purifié —, pour aider parfaitement les autres, il en va exactement de même pour le mercure. Une fois purifié, le mercure devient un précieux remède qui guérit bon nombre de troubles. Impur, mal détoxifié, il reste un poison mortel. D'ailleurs, avant de les donner à nos patients, nous les essayons sur nous-mêmes. Le mercure mal préparé provoquerait alors un affaiblissement du corps, des douleurs intenses et une perte de la chaleur digestive ; pourraient apparaître également des tumeurs. La peau prendrait une couleur bleuâtre. Ce sont là quelques symptômes indiquant la présence de mercure toxique dans le corps. Si l'on en absorbe trop, la peau se desquame et les dents tombent ; on perd la vue ou celle-ci se brouille. Le stade final de l'empoisonnement par le mercure étant, bien sûr, la mort.

En Occident, chacun connaît les dangers du mercure et certains scientifiques n'hésitent pas à dire que les médecins tibétains font preuve de beaucoup de légèreté à l'employer. Mais nous nous basons sur les textes du *Guiu-chi* : le mercure purifié, détoxifié, clarifie l'esprit et la vue ; l'odorat est exacerbé et l'on entend avec beaucoup d'acuité. Les cinq sens sont extrêmement aiguisés. Nous, médecins tibétains, le considérons comme la plus éminente des substances médicinales. Il confère au corps des forces considérables, améliore le fonctionnement des organes vitaux, permet d'accroître la longévité et fortifie les éléments constitutifs du corps — le sang, les graisses, les muscles, les os, la moelle osseuse. Le mercure joue également un rôle préventif contre les esprits, les sorts ou les malédictions qui pourraient nous être jetés. Il agit aussi très favorablement dans le traitement des radiations, une question que j'aborderai plus loin dans ce récit. Nous l'utilisons dans les pilules précieuses comme *rine-tchén drangdjor rilnak tchènmo*, la « grande pilule précieuse composite noire froide », *rine-tchén tsotru dachèl*, le « précieux cristal de lune purifié », et *rine-tchén ratna sampèl*, le « joyau précieux qui comble les souhaits ».

Il faut aussi savoir que les médicaments à base de mercure se dégradent difficilement. A l'école de Tsé, il y avait du *tsotru* de l'époque du cinquième Dalaï-Lama. C'est vrai que beaucoup de médicaments ont une échéance au-delà de laquelle ils deviennent inopérants, voire nocifs, mais ces pilules-là ne perdent pas leurs vertus.

Lorsque l'on prend un traitement à base de pilules précieuses[1], il est important de respecter un certain

---

1. Pendant deux jours au moins après la prise du médicament, éviter la viande, les œufs, les légumes et les fruits crus, les céréales crues, l'ail, les aliments frits, piquants et acides. S'abstenir également de consommer de l'alcool. Eviter l'effort, la sieste pendant la journée, les relations sexuelles et les bains froids. Ne prendre aucun autre médicament le même jour. Hormis en cas d'urgence, cette pilule précieuse doit être absorbée un jour favorable, comme la pleine lune ou la nouvelle lune.

nombre d'indications : au coucher, sortir la pilule de sa capsule et l'écraser ; mettre la poudre dans une tasse d'eau chaude bouillie ; recouvrir la tasse d'un linge propre et laisser reposer une nuit ; le lendemain, au lever du soleil, mélanger la mixture, et la boire en récitant éventuellement le mantra du Bouddha de médecine ; si le mélange est trop froid du fait du climat, ajouter un peu d'eau chaude ; boire ensuite une tasse d'eau chaude et rester au lit, au chaud et bien couvert, avoir peu d'activités, rester tranquille.

Voici peu encore, j'ai participé à un colloque aux Etats-Unis. Pour prouver aux médecins que le mercure purifié que nous utilisons dans la médecine tibétaine est non toxique, j'ai avalé devant eux trois grammes de *ngultchou tsotru* et leur ai demandé ensuite d'effectuer des analyses sur moi, ce qu'ils firent. Plus tard, des spécialistes me firent savoir que j'avais effectivement une forte concentration de mercure dans le corps. Je leur répondis que, malgré cela, je n'éprouvais aucun effet secondaire, tel un affaiblissement des organes des sens ou aucun autre trouble provenant d'une absorption de mercure non purifié. Je distribuai ensuite des pilules à tous ceux qui étaient là. Je pense que certains les ont conservées comme quelque objet exotique, un souvenir venant d'un médecin un peu original.

9

Devenir leur médecin,
leur remède et leur serviteur

J'étais *mèndzine*, et j'avais trouvé en mon maître, Khyènrap Norbou, le support de confiance indispensable pour poursuivre la voie médicale et spirituelle. Il était bon, empli de compassion, infatigable dans sa volonté de partager ses connaissances et sa sagesse avec ses élèves. Jamais, il ne cherchait à nous abuser. Cette confiance que j'avais désormais en lui était devenue, au fil des ans, le fondement de ma vie. A l'instar des instructions du Bouddha, il nous invitait ainsi à nous situer par rapport au maître et à l'enseignement :

Ne vous fiez pas à la personne, mais à son enseignement.
Ne vous fiez pas aux mots, mais au sens.
Ne vous fiez pas au sens relatif, mais au sens ultime.
Ne vous fiez pas à la conscience ordinaire, mais à la
*   sagesse supérieure.*

Je continuais donc à suivre ses enseignements. J'avais également pris conscience de l'importance du Dharma dans mon existence. Lorsque j'eus à endurer plus tard de nombreuses souffrances en prison, il m'arriva souvent de réfléchir à ses conseils.

J'avais réussi tous mes examens sur les trois premiers tantras. Mais les études n'en étaient pas pour autant achevées. Je n'étais pas encore reconnu en tant que *émtchi*. Selon le *Guiu-chi*, le médecin idéal doit posséder six qualités : « être intelligent », c'est-à-dire connaître les textes médicaux, la santé, la maladie, la mort ; avoir un « esprit blanc », c'est-à-dire être empli du désir de venir en aide à autrui ; « être muni d'engagements », c'est-à-dire avoir pris les « vœux de médecin » : s'engager à respecter les six préceptes de l'éthique médicale ; « avoir l'habileté » du corps, de la parole et de la pensée ; « être enthousiaste » dans l'activité : aimer l'activité de secourir, soigner les malades, être aussi constant et persévérant ; enfin, « avoir la connaissance » de la façon de vivre, des activités laïques et religieuses. Et voici les six engagements du médecin ou les six préceptes à observer : considérer les maîtres comme le Bouddha ; respecter les paroles du maître qui enseigne comme si elles étaient celles du Bouddha de médecine ; éprouver du respect pour les écrits ; aimer les étudiants et développer affection et bienveillance pour les élèves ; considérer les patients avec compassion, comme ses propres fils ; agir « comme un cochon ou comme un chien », ce qui signifie qu'il ne faut pas éprouver de dégoût pour les substances nauséeuses telles que les excrétions, le pus, l'urine, les défécations, le sang.

Entre-temps, j'avais commencé de consulter au Mèn-Tsi-Khang. Après examen du pouls ou des urines, je devais établir mon diagnostic et le présenter au professeur. Si je me trompais, il me donnait un grand coup sur la tête, devant le patient qui généralement éclatait de rire.

Avant de consulter, je ne manquais jamais de me rappeler les engagements et de me concilier les faveurs des divinités pour me prémunir contre les négativités et les obstacles qui pourraient surgir. Comme, par exemple *Appel aux déités* :

> *Déités, rishi*[1]
> *Agissez conformément à vos paroles*
> *Préservez-nous des interférences...*

Cela signifie qu'elles doivent nous protéger lors de nos activités. Ainsi, si une personne tombe malade sans raison apparente, et sans avoir fait le mal, on peut demander aux divinités de nous venir en aide, et, dans ce cas, l'aide sera plus efficace. Autrement, ce serait plus difficile pour une personne aux comportements trop négatifs.

Pour moi, être médecin, c'est avant tout aider les êtres vivants. Si l'on se réfère au *Guiu-chi*, le mot *mèn* veut dire « bénéfique, remède ». En y ajoutant la syllabe *pa*, on obtient *mènpa*, c'est-à-dire celui qui soigne et donc qui aide les autres. On peut qualifier aussi de *mènpa* toute personne qui accomplit quelque chose pour le bien des autres, mais pas forcément sur le plan médical. On peut aussi utiliser ce mot pour désigner

---

1. Sages.

celui qui soigne les troubles. Le mot *so* veut dire « restaurer » ou « guérir ». *Mènpa* représente donc quelqu'un qui peut soigner ou traiter une maladie par l'application de différentes thérapies. Autrefois, on respectait ces traitements thérapeutiques comme on le faisait pour une figure paternelle. Le terme de traitement thérapeutique fait généralement référence à de nombreuses techniques comme la saignée, la moxibustion*, la chirurgie, les massages, la suée… Par exemple, on fait transpirer quelqu'un qui a de la fièvre en le couvrant d'épaisses serviettes. On prodigue des soins à l'eau froide aux patients qui souffrent de douleurs dans la partie supérieure du dos.

On qualifie aussi le *mènpa* de « *Lha-Djé* », un titre conféré, il y a fort longtemps, par un des rois du Tibet. Selon le tantra qui explique cela, le roi doit aussi respecter le médecin, et c'est la raison pour laquelle il lui a décerné ce titre. Quant au mot *émtchi*, communément utilisé par les Tibétains, il est d'origine mongole.

Les textes indiquent que celui qui désire aider les autres et étudier la médecine doit développer de son mieux les six qualités d'un médecin.

La première — l'intelligence et la clarté d'esprit — est très importante. Je prendrai l'exemple de cet homme de Hor, au nord-est du Tibet, que j'ai rencontré en prison. Nos geôliers voulaient absolument que nous accusions le Dalaï-Lama de tous les maux, ce que je ne fis jamais, et ce que cet homme refusa également. Celui-ci venait d'une région très pauvre et, contrairement à moi, n'avait jamais rencontré Sa Sainteté. Les Chinois considéraient son attitude complètement folle, suicidaire même. Mais cet homme me dit qu'il ne pouvait mal agir envers notre souverain, car celui-ci ne l'avait jamais trahi.

— Si je dois mourir, ce sera l'esprit pur et sans avoir commis la moindre faute.

Je ne le revis pas. Sans doute fut-il exécuté. Mais son attitude relève du simple respect de la morale universelle. Tandis qu'ils accomplissaient leurs travaux de menuiserie, les gens de Hor avaient coutume de chanter :

Accepter, c'est se coiffer
d'un chapeau de cuir mouillé.
Plus le temps passe,
plus le chapeau serre la tête.

Le médecin doit être intelligent, car il est destiné à de grandes responsabilités. L'intelligence permet de faire la différence entre ce qui convient et ce qui ne convient pas. Les sages, les maîtres et bien d'autres êtres sont calmes et humbles. La parabole du lapin et du lion nous enseigne qu'un lapin chétif, fragile, peut venir à bout du puissant lion par la ruse. De même le médecin intelligent va-t-il triompher de la maladie par son habileté.

Un *émtchi* doit être capable de soigner des troubles extrêmement graves. C'est d'ailleurs une des raisons pour lesquelles il ne doit jamais se laisser décourager par les difficultés rencontrées lors de l'étude des textes. S'il est intelligent, il parviendra à identifier la maladie sans avoir à se poser trop de questions sur ce que l'on peut faire pour le patient. C'est un peu comme les gens de Belpo, au Népal, qui peuvent se prononcer sur la qualité d'un fruit rien qu'à sa couleur. Ils n'ont pas besoin de le manger pour savoir si le fruit est sucré ou aigre. Rouge, il possède les qualités des éléments feu et air, il sera donc aigre. Blanc, il possède les qualités des éléments terre et eau, et son goût sera sucré. Sakya Pandita était un grand érudit tibétain (XIIIᵉ siècle). Dans un de ses dictons il affirme que si des gens sans instruction se rassemblent pour discuter d'un sujet, cela ne peut pas être aussi profitable qu'une discussion entre personnes instruites : des baguettes ne peuvent suffire à édifier un pilier.

L'engagement moral, *dam-tsik*, du médecin exige une discipline très stricte. Il se doit de considérer le patient comme s'il s'agissait de parents. Aller à l'encontre de ce vœu, c'est créer immédiatement un obstacle entre le médecin et le patient, et donc la maladie sera beaucoup plus difficile à traiter. En outre, s'il ne respecte pas ce vœu, il encourt le risque de devoir renaître ultérieurement dans un royaume inférieur — que ce soit en enfer ou sous la forme d'un esprit affamé ou d'un animal. D'où la nécessité pour le médecin de toujours éprouver une grande compassion pour les êtres qu'il doit soigner.

La créativité est une autre qualité. Le médecin doit, en effet, dans sa recherche du traitement, se montrer très ingénieux pour soigner un patient tout en respectant à la lettre les lois relatives au corps, à la parole et à l'esprit. Il faut aussi considérer en quoi chaque geste ou parole peut influencer autrui. Quel que soit le sujet, il faudrait s'efforcer d'être utile aux autres. Il en va de même pour les pensées qui doivent aussi être dirigées vers le bien d'autrui. Ainsi, l'esprit doit être pur et propre, et le médecin doit toujours agir d'une manière aimante.

Le vœu suivant consiste à être enthousiaste. Le médecin doit aimer son travail, que celui-ci soit pour son propre bénéfice ou pour celui des autres. Une autre qualité est la prudence quant au diagnostic et les égards envers ses patients. S'il doit se montrer aimable, il doit aussi être d'une extrême fermeté. Si les patients sont rustres, agressifs, le médecin doit leur opposer une attitude sereine, sinon la maladie risque de s'aggraver. Il doit donc savoir s'adapter à chaque situation. Personnellement, je crois que c'est par la gentillesse, par la bonté qu'un médecin aura une meilleure influence sur son malade. Cela n'empêche pas, à l'occasion, d'être sévère et même dur, car l'objectif final est de guérir le patient. Enfin, il est essentiel que le médecin tibétain applique les enseignements du Bouddha.

Quand on possède ces six qualités, on peut devenir un bon médecin. C'est seulement à ce moment qu'on peut réellement recevoir le titre de *émtchi*. Pour ceux qui ne les possèdent pas toutes, l'essentiel est qu'ils ressentent sincèrement le désir d'aider les êtres vivants et qu'ils s'y efforcent de leur mieux. On pourrait qualifier de «petit» médecin celui qui ne possède pas cette dernière qualité. A connaissances égales, celui dont le cœur est empli de bonté aura de meilleurs résultats que celui qui en est dépourvu.

Pour ma part, à cette époque et aujourd'hui encore, je fais de mon mieux pour cultiver ces six qualités, ce qui s'avère, je l'avoue, fort difficile.

Un être avide et agressif qui s'entête à ne pas changer d'habitude ou d'attitude ne changera pas de comportement, même si on le lui demande. Il est comme recouvert par la poussière de l'ignorance. Il n'éprouve aucune compassion. Dans cette vie, il lutte pour obtenir des bénéfices personnels, et il fait fi des autres. Un tel être ne peut étudier correctement la médecine. Il ne peut devenir très utile, ni se révéler plein de ressources. C'est pourquoi il est préférable de ne pas lui donner cette forme de connaissance, car il ne respecterait ni ses vœux de médecin ni les enseignements de ses professeurs. Et il gagnerait le royaume des enfers dans les vies suivantes. L'étudiant qui reçoit des enseignements de médecine, tels que ceux des *Quatre Tantras*, doit toujours tenir ses professeurs en haute estime, et les respecter profondément. Celui qui est capable d'appliquer à la perfection ces engagements et a parachevé ces qualités pourrait, s'il le fallait, abandonner sa fortune et, si nécessaire, sacrifier sa vie. Savoir expliquer les textes d'une manière claire et compréhensible à tous, ne pas être paresseux et agir avec un esprit empli de compassion, à l'image d'un bodhisattva, c'est aussi cela être *émtchi*. Cela me rappelle ce que disait Chantideva, sage indien bouddhiste du VIIe ou VIIIe siècle :

> *Aussi longtemps que durera l'espace,*
> *Aussi longtemps qu'il y aura des êtres,*
> *Puissé-je moi aussi demeurer,*
> *Afin de soulager la souffrance et les misères du monde.*
>
> *Aussi longtemps qu'il y aura des êtres souffrants,*
> *Et jusqu'à ce que leurs maladies soient guéries,*
> *Puissé-je être, pour les aider,*
> *Leur médecin, leur remède et leur serviteur.*

Je ne sais si je disposais de toutes les qualités requises pour devenir médecin au sens plein du terme. Je fis en tout cas de mon mieux et essayai d'appliquer ce que mon maître m'avait enseigné. Au Tibet, lors de mes premières consultations, je ne rencontrai guère de patients difficiles à traiter. Néanmoins ceux qui souffraient de dépression posaient parfois quelques problèmes. Je me souviens d'un moine du monastère de Samding, que j'eus à visiter à plusieurs reprises. Il souffrait énormément et se querellait avec tout le monde. Personne n'était parvenu à vaincre son terrible mal et Khyènrap Norbou m'avait demandé de m'en charger. La première fois, je le trouvai assis sur le toit du monastère. Il ne répondit pas à mes premières paroles. Je lui demandai de faire avec moi quelques prières, ce qu'il accepta. Mis en confiance, il me confia son intention de se suicider. En dépit de mes nombreuses exhortations, il restait déterminé. De retour au Mèn-Tsi-Khang, je relatai tout cela à mon maître. Khyènrap Norbou me conseilla les médicaments à lui prescrire et je retournai le voir le lendemain, ainsi que les jours qui suivirent.

Le pauvre homme continuait de me causer énormément de problèmes et de soucis : refusant d'absorber les médicaments que je lui avais apportés… il persistait à vouloir se noyer dans les eaux du lac voisin. Finalement, je le persuadai de m'accompagner au Mèn-Tsi-Khang, où il rencontra mon maître qui lui prit le pouls. Sur un signe, des étudiants l'empoignèrent et le maintinrent immobile le temps de procéder à des moxibustions sur sa sixième vertèbre[1], considérée comme le «point secret de la force de vie », mais également sur sa septième vertèbre et sur sa poitrine. Dans le cas de perturbations mentales, mon maître utilisait des aiguilles en or, en argent et autres métaux, chauffées, et dont la pointe était enduite d'une substance particulière, puis qu'il insérait sur des points comme ceux-ci. Le moine quitta le Mèn-Tsi-Khang encore sous l'émotion et dans un état de fureur relatif. Je le visitai encore pendant trois jours. Bien que son état fût stationnaire, il ne cessait de répéter :

— Je suis encore plus malade qu'avant. Je vais aller me noyer...

Pourtant, après une semaine, je notai une amélioration. Il souriait, avait perdu de son agressivité. Il avait même retrouvé une certaine confiance en la vie. Preuve en fut, lorsqu'il m'avoua s'être rendu sur les bords de la rivière Kyitchou, qui contournait la capitale, dans l'intention de mettre fin à ses jours, mais qu'il n'eut pas le courage de s'y jeter.

«Agis toujours de manière à faire le bien. » Je fis tout mon possible afin d'appliquer continûment cette maxime. Bien des années plus tard, lorsque je retrouvai mes fonctions auprès de Sa Sainteté le quatorzième Dalaï-Lama, je dus me rendre dans la région de Bylakouppé — un des cinquante-six villages tibétains, dans le sud de l'Inde. J'y fis la connaissance d'une famille qui

---

1. Le système tibétain compte les vertèbres à partir de la plus proéminente à la base du cou, qui correspond à la septième cervicale du système occidental.

possédait une vache d'une valeur de quatre à cinq mille roupies, qui toussait. Malgré plusieurs visites à la clinique vétérinaire et les traitements énergiques qu'on lui appliqua, les vétérinaires finirent par déclarer son état incurable. Les textes sacrés disent qu'il faut tâcher d'aider tous les êtres vivants. La vache en est un, parmi tant d'autres. Je demandai à la voir et lui administrai finalement la pilule précieuse *rine-tchén ratna sampèl*. Elle guérit en quelques jours.

La propriétaire de la vache, une vieille Tibétaine, s'en alla clamer, partout dans le village, qu'il existait une pilule bleue qui soignait les vaches. Elle ne savait bien entendu pas qu'il s'agissait d'une pilule précieuse. Et je vis arriver, à tout instant de mon séjour à Bylakouppé, de pauvres gens qui venaient me demander, non pas des médicaments pour eux, mais des « pilules bleues pour les vaches ».

— Mais qui vous a raconté tout cela ? leur demandai-je.

Un homme me répondit :

— C'est Phunetsok là-bas, dont vous avez guéri une vache et qui, depuis, porte cette pilule autour du cou.

Dans la communauté de réfugiés voisine de Kollegal, je rencontrai d'autres femmes qui m'affirmèrent qu'après ma visite elles n'avaient plus besoin d'emmener leurs animaux domestiques, notamment leurs vaches malades, chez le vétérinaire. Comme je leur demandai les raisons d'une si soudaine décision, elles me racontèrent que, lorsque leurs naseaux coulaient, elles leur faisaient avaler un antiseptique tibétain et un remède qui soignait les rhumes.

— C'est pour économiser l'argent du vétérinaire.

Je les avertis cependant qu'il devait y avoir une limite au nombre de médicaments qu'elles administraient aux animaux ; car en effet le surdosage pouvait être dangereux, voire mortel.

— Si vous, vous prenez une pilule, disons que vous pouvez en donner deux à vos vaches ou à vos moutons, mais pas plus.

Voici comment un médecin se doit de ne refuser son assistance à quiconque.

Deuxième partie

1950-1976

10

Et je devins Lhamènpa

Nous étions en 1949, an bœuf-terre de notre calendrier. A Lhassa, beaucoup de bruits inquiétants couraient. On racontait que l'armée chinoise avait pénétré en territoire tibétain. C'était en septembre. Pékin, disait-on, ne cachait plus ses intentions de vouloir «libérer le Tibet». Ses troupes occupaient l'Amdo, aujourd'hui appelé Qinghai par les Chinois, et s'étaient emparées du dixième Pèntchén-Lama, alors âgé de onze ans et devenu, contre sa volonté, un très précieux otage politique. Déjà, certains habitants de la capitale n'hésitaient pas à saluer «la grande sagesse et le courage» d'un certain Mao Tsé-toung, dont, je dois bien l'avouer, je n'avais jamais entendu parler. Mais la plupart des Tibétains étaient déterminés à se battre contre toute ingérence étrangère. Face à cette armée puissante, nous ne pouvions cependant opposer tout au plus que huit mille hommes, une cinquantaine de pièces d'artillerie, deux cent cinquante mortiers et deux cents mitrailleuses. Mais le courage ne nous manquait pas.

Devant la menace de plus en plus pressante venant de Chine, le *Kachag* décida de célébrer par anticipation

l'intronisation du quatorzième Dalaï-Lama. Les cérémonies eurent lieu le 17 novembre 1950, en l'an tigre-
fer du calendrier tibétain. Tendzin Guiatso avait alors
seize ans. Son premier acte politique fut de nommer
deux Premiers ministres, Lobsang Tachi, un moine, et
Loukhangwa, un laïc. La menace communiste étant de
plus en plus précise, les deux hommes conseillèrent à
Kundun de faire transporter au Sikkim une partie du
trésor — de la poudre d'or et des lingots d'argent —
qui devait rester neuf longues années dans sa cache. Le
Kachag n'avait pas tardé à tirer une conclusion de l'isolement de notre pays : il fallait protéger la vie du souverain, d'autant plus que le Pèntchén-Lama était déjà
aux mains des communistes. Kundun abandonna alors
la « cité des dieux » pour trouver refuge à Yatoung, à
trois cents kilomètres de Lhassa, sur la frontière du Sikkim, où il installa provisoirement son gouvernement.

Un rapport lui parvint peu de temps après. Il était
signé par Ngapo Ngaouang Djigmé, gouverneur du
Kham, installé à Tchamdo, qui, pour éviter une invasion dont les conséquences ne pouvaient que se révéler
désastreuses pour le Tibet, conseillait de négocier avec
les communistes. Une délégation se rendit donc à Pékin
où les discussions commencèrent le 29 avril 1951, an
lièvre-fer. Quelques jours plus tard, le 23 mai, elle
signait sous la menace et la pression un « Accord en dix-
sept points » en bas duquel les autorités chinoises appo-
sèrent une contrefaçon des sceaux des signataires tibétains. Cet accord livrait totalement le Tibet à la Chine
et notre pays allait désormais cesser d'exister en tant que
nation souveraine. Impuissants, privés d'alliés, nous
n'avions plus qu'à nous soumettre au diktat de Pékin,

malgré la totale opposition du gouvernement tibétain à ce document falsifié.

Quelques mois plus tard, un matin, les habitants de Lhassa se réveillèrent sous la botte. Trois mille hommes de la 18ᵉ armée faisaient leur entrée dans la capitale. C'était le 26 octobre 1951. Kundun était, entre-temps, revenu au Potala. Lorsque, ce jour-là, je vis tous ces soldats lourdement armés jusqu'aux dents, je me dis que, désormais, rien de bon ne nous arriverait. Je me retirai dans le Djokhang et y invoquai Tara :

> *Hommage à Vous qui résidez au cœur d'une guirlande embrasée,*
> *Semblable au feu de la fin d'une ère cosmique.*
> *De votre jambe droite dépliée et de votre gauche repliée Vous anéantissez*
> *L'armée des ennemis de ceux qui souhaitent faire tourner la roue du Dharma.*

Pour la première fois le grondement des avions résonnait au-dessus de nos plateaux. Les camions soulevaient des tempêtes de poussière. Aussitôt de grands travaux commencèrent, notamment ceux nécessaires à assurer les communications. Les communistes qui, avec beaucoup d'ardeur, se donnaient des airs de missionnaires, parlaient beaucoup avec la population rassemblée près du Norbou Lingka. Leur message était simple :

— Nous sommes ici pour libérer le Tibet et le moderniser.

Ils entreprirent un vaste programme de constructions. Les Chinois distribuaient aussi énormément d'argent. Leurs pièces devaient peser près de vingt-trois grammes, mais cet argent donné avec autant de largesses aux Tibétains n'était que le fruit des pillages commis par l'armée communiste dans le Xining ou ailleurs. Des milliers de Tibétains collaborèrent alors avec l'occupant. Du fait de leur soudain enrichissement, certains se rendirent même en Inde pour y traiter des affaires.

En prison, et encore bien des années plus tard, j'ai souvent réfléchi à cette situation. Les gens fabriquaient des bijoux avec l'argent donné par les Chinois, mais également des objets rituels, des conques, de grands cors. L'opinion publique à Lhassa semblait ainsi de plus en plus favorable aux occupants. Personne n'avait jamais vu autant de pièces de monnaie et, chez beaucoup, cette seule vision voilait toute forme de lucidité. Certains se méfiaient pourtant de cette générosité et de cette gentillesse suspectes, surtout de la part de gens armés. Le moyen était habile et trompait le monde. Des haut-parleurs diffusaient des chansons dans la rue ; cela était si nouveau. Tout paraissait tellement vrai. Les communistes prétendaient que, dès leur mission accomplie, ils rentreraient chez eux. Nous les croyions. Nous étions crédules. La cupidité de certains Tibétains se faisait si grande qu'ils en oubliaient de réfléchir aux conséquences. Certes, les Chinois bâtirent réellement des écoles, des ponts, des hôpitaux, des routes, et, effectivement, le niveau de vie au Tibet s'améliora. Pendant quelques mois…

Plusieurs milliers de militaires chinois — vingt-cinq mille — furent établis à Lhassa. La question de leur approvisionnement suscita une occasion de rupture entre l'occupant et le gouvernement tibétain. Les officiers de l'Armée populaire de libération réclamaient, en effet, vingt mille tonnes d'orge. Le *Kachag* fit savoir que l'on ne disposait pas d'une telle quantité de céréales dans les réserves de l'Etat. Le drame tibétain prit alors une vilaine tournure et une tout autre dimension. L'inflation s'installa, les denrées se firent plus rares, la pénurie alimentaire, pour la première fois de notre histoire — et plus tard (à partir de 1961), la famine —, fit son apparition. La population, laïcs et religieux confondus, subit alors les premières exactions.

Comme pouvaient le redouter les observateurs les plus réalistes, les routes qui avaient été construites étaient utilisées dans le sens Chine-Tibet pour introduire encore plus d'hommes et de machines de guerre, et dans l'autre pour évacuer tout le bois de nos forêts, nos minerais, nos ressources, sans oublier nos œuvres d'art religieux pillées dans les monastères détruits.

A la fin de l'an lièvre-fer et au début de l'an dragon-eau (1952), une partie de la famille de Kundun se trouvait en Inde. *Amala*, la « Grande Mère » — tel était le titre honorifique [1] donné à la mère de Sa Sainteté —, et le plus jeune de ses fils, Ngari Rinpotché, s'étaient

---

1. Dans ce cas, il s'agit du titre honorifique donné à la mère du quatorzième Dalaï-Lama. Dékyi Tséring (1900-1981) fut adorée par le peuple tibétain tout entier. Réfugiée en Inde, en 1960, avec Sa Sainteté, elle ne revit jamais sa terre natale. Plus tard, en exil, ce même titre fut donné par les enfants réfugiés à Djétsune Péma, présidente du Tibetan Children's Village à Dharamsala, et sœur cadette du Dalaï-Lama. L'Assemblée nationale du peuple tibétain désigna même Djétsune Péma comme *Mère du Tibet*, pour son action en faveur des enfants de l'exil.

installés à Kalimpong, dans une maison louée par Tsé-ring Dreulma, la sœur aînée du Dalaï-Lama. Ils y avaient été rejoints par un autre de ses fils, Guièlo Theundroup et sa femme, puis, peu de temps après, par l'aîné, Thouptèn Djigmé Norbou, qui était parvenu à s'enfuir du grand monastère de Koumboum, tombé aux mains des Chinois. A cette époque, Djétsune Péma, la plus jeune des filles, poursuivait ses études à l'école du couvent catholique de Loreto, à Darjeeling. Je ne connaissais encore aucun d'eux.

Alors qu'elle s'appliquait à l'étude très poussée du Dharma, tout en suivant avec attention l'évolution de la situation au Tibet, Sa Sainteté apprit que sa mère était devenue gravement malade. Le Dalaï-Lama fit part de ses inquiétudes à son entourage. *Amala* avait consulté, en Inde, plusieurs médecins indiens et occidentaux, sans que son état de santé ne s'améliorât, et elle réclamait dorénavant la présence d'un docteur tibétain. Kundun convoqua immédiatement le directeur du Mèn-Tsi-Khang et ordonna d'envoyer son meilleur médecin à Kalimpong. Khyènrap Norbou pensa à moi et lui signifia son choix. J'avais alors trente ans et venais tout juste de réussir mes examens. J'avais été reçu major à l'examen final. Selon la tradition, le premier pouvait devenir médecin personnel de Yishine Norbou, un nom très fréquemment attribué à Sa Sainteté par l'ensemble des Tibétains. Le deuxième était nommé médecin dans un district important. Le troisième ne pouvait déjà plus guère prétendre à de tels honneurs. Quatre mandats avaient été préparés : un pour le *Kachag*, un autre pour le Mèn-Tsi-Khang, un troisième pour le district auquel j'appartenais, et le dernier exemplaire pour moi.

Khyènrap Norbou me félicita pour ma promotion et me fit part qu'elle le réjouissait.

Si une telle confiance m'honorait, je n'en ressentais pas moins une forte angoisse. Je ne cessais de me répéter : « Si le traitement réussit, on ne manquera pas de te couvrir d'éloges. Mais, dans le cas contraire ? » Jusqu'au jour de mon départ, je passai beaucoup de temps auprès de Khyènrap Norbou. Mon maître me prodiguait de multiples conseils et, surtout, agissait envers moi en sorte de me stimuler pour que j'aie le plus de confiance possible.

Nos provisions et les médicaments avaient été chargés sur des mules et une escorte devait me guider jusqu'à Kalimpong : au total, seize jours de voyage dans des conditions particulièrement difficiles. Des personnalités de la famille Yapchi — celle du Dalaï-Lama — m'accompagnaient. Il y avait Namguièl, l'intendant des domaines, et Damdul, l'écuyer, plus deux autres hommes dont je me souviens moins, et les serviteurs.

La caravane quitta Lhassa au lever du jour et se dirigea vers Dong-Tsé, que nous atteignîmes après une longue semaine de marche. Là, nous retrouvâmes Tchandzeu Kala, le trésorier de la famille Yapchi, qui nous attendait et qui devait, lui aussi, se rendre à Kalimpong. Jusqu'à Guiantsé, tout se passa merveilleusement bien. La population, qui éprouvait le plus grand respect pour Kundun et pour les siens, nous accueillit avec beaucoup de gentillesse et d'attention. En ce qui me concerne, les gens m'entouraient beaucoup car j'occupais, à leurs yeux, un poste des plus respectables : *émtchi* auprès d'*amala*. Ils me considéraient un peu comme une divinité. Comme je n'étais guère accoutumé à ce qu'on me portât autant de révérence, j'en éprouvais une certaine gêne qui ne faisait que rajouter à mon trouble et à mes doutes.

Amala était connue dans tout le Tibet pour sa génerosité, sa bonté, sa compassion ; on la vénérait comme une manifestation de Tara. La perspective de devoir, dans quelques jours, soigner son corps souffrant me faisait soudainement prendre conscience des responsabilités éminentes que Kundun et Khyènrap Norbou m'avaient octroyées. Plus nous avancions dans le voyage, plus je me sentais nerveux à l'idée d'assumer une telle situation. Avais-je suffisamment de connaissances ? Avais-je, surtout, les six qualités nécessaires pour être un bon médecin ? Je n'en étais plus très certain.

Le soir, je priais Tara, mais dès que je rejoignais ma couche j'étais de nouveau assailli par une multitude de questions. Me laisser ainsi envahir l'esprit n'était vraiment pas sain, car le doute génère l'échec. Il peut surgir en vous de mille façons. La société n'apprécie guère ceux que leur nature porte au doute. Un jour, Milarépa entra dans une grotte. Tout était sombre autour de lui et cette obscurité déclencha en lui l'étrange pensée qu'un démon était tapi dans l'ombre. L'histoire dit qu'à ce moment précis, un démon sortit effectivement de la grotte. Intrigué, Milarépa lui demanda : « D'où venez-vous ? — Je suis né du doute de votre esprit », lui répondit le démon.

Le fait de céder au doute peut en effet éveiller nos démons et finit par produire sur nous des effets négatifs. Par contre, le questionnement provoqué délibérément dans l'esprit pour tenter de trouver une solution est bénéfique. Quand on n'est pas sûr de quelque chose, on peut se mettre soi-même à l'épreuve, juste avant de passer à la prise de décision.

D'autre part, disposer de connaissances précises pour saisir, identifier et nommer un objet précieux ne signifie pas pour autant que l'on est un homme de connaissances. Par contre, si on se révèle capable de passer de la théorie à la pratique, alors on peut être considéré comme un érudit. Dans un traité médical, il est dit :

Celui qui comprend la valeur des pierres précieuses
Ne comprend pas nécessairement les points énergétiques.

Disons que la connaissance théorique seule est à mi-chemin du doute. C'est donc la synthèse des résultats des connaissances théoriques et des observations pratiques qui le dissipera.

Lorsque nous atteignîmes les plaines de P'ari, le temps se dégrada. Une tempête se leva, ralentissant singulièrement notre marche. Le vent charriait de lourds nuages de sable. Les chevaux paniquaient, mais les guides ne ralentirent pas pour autant. Nous changeâmes de direction pour tenter de contourner cette zone. Pendant trois jours, nous n'avions pu établir de campement. Nous dormions à même le sol, enroulés dans notre *tchoupa* et une couverture, blottis les uns contre les autres. Nos chargements servaient d'abri. Il ne fallait surtout pas lâcher les chevaux, ni les ânes. Nous nous protégions les uns les autres. Impossible d'allumer un feu, et pourtant les nuits étaient glaciales.

Les loups hurlaient en sillonnant le plateau. Parfois, des léopards des neiges s'approchaient, mais dès qu'ils percevaient notre odeur, ils regagnaient des caches lointaines. Nous finîmes par échapper à la tempête et nous fîmes une longue halte, pour nous défaire du sable, nous sécher, nettoyer les chevaux et les ânes, boire enfin un peu de thé et manger un peu de viande de yack séchée.

Deux jours plus tard, nous traversâmes la passe de Natula. Il nous en fallut encore autant pour atteindre enfin le Sikkim, où nous laissâmes les chevaux et les mules sous bonne garde. Puis nous gagnâmes Kalimpong, empruntant pour une partie du trajet la voiture, et pour l'autre le train. C'était la première fois que j'empruntais un tel moyen de locomotion, une « monture sur roues », crachant et soufflant avec tant d'impétuosité. J'en éclatai de rire.

Nous étions partis en septembre 1952 et nous devions rester à Kalimpong jusqu'au début de l'année suivante.

Amala habitait Pundah Cottage, un bungalow qu'elle occupait avec sa famille. Prosternations, échanges de *khata*, puis *amala* me demanda de lui détailler la situation à Lhassa. Je la lui expliquai en quelques mots, et, immédiatement, lui dis comment j'allais établir un bilan de son état de santé. Pendant que je lui prenais le pouls, elle récitait le mantra *Om Mani Pémé Houm* en égrenant un vieux rosaire usé qu'elle avait conservé de Taktsèr, son village d'origine, dans l'Amdo. Le mal était sérieux. Son visage était très pâle et elle me parut d'une faiblesse extrême. Mais au fil des jours, sa confiance grandissait. Son état se stabilisa et je lui prescrivis une pilule appelée *pang-guièn-15*. Matin, midi et soir, je procédai à un nouveau diagnostic. Je lui administrai ses médicaments, pratiquai des moxibustions.

Je pus constater une amélioration de son état au bout d'une quinzaine de jours. Un matin, elle me fit appeler un peu plus tôt que d'habitude et me dit qu'elle ne se sentait pas bien du tout. Je pris son pouls et n'observai aucun trouble particulier. Je m'étonnai, et elle remarqua sans doute un soupçon d'inquiétude dans mon regard. Intérieurement, elle devait s'en amuser déjà. Je repris sa main gauche, la droite, son pouls était tout à fait normal. Je regardai ses yeux. Soudain, elle éclata de rire.

— Peut-être ai-je tout simplement pris un peu trop de *iha-tsé* hier soir…

Et *amala* rit très fort. Elle se moquait volontiers de mon désarroi, sachant d'autant plus que je ne comprenais pas le dialecte de l'Amdo et que, de ce fait, je ne connaissais pas la signification du mot *iha-tsé*. Elle mit fin malgré tout à mon inquiétude, en me disant qu'elle avait absorbé un piment très fort.

— Rassurez-vous, *émtchila*, je me sens beaucoup mieux. Je voulais simplement éprouver vos compétences, et plaisanter un peu.

Cette fois, nous fûmes deux à rire aux éclats.

Cette plaisanterie me rapprocha beaucoup d'elle, et je l'appréciais de plus en plus. Je découvris une femme très honnête, très pieuse aussi. Le soir, après le dîner, nous ne manquions jamais d'invoquer Tara, une prière qu'elle aimait particulièrement :

Hommage à celle dont le diadème, en croissant de lune,
Et dont toutes les parures flamboient.
D'Amitabha, qui siège sur votre abondante chevelure,
Ruisselle une lumière intarissable.

Si l'état de santé d'*amala* s'était amélioré, elle ne se rétablit cependant pas tout à fait. Elle restait d'une grande fragilité. Je lui donnais donc régulièrement *rine-tchén ratna sampèl*. Au fil des semaines et des mois, nous devînmes d'excellents amis !

Amala, Tséring Dreulma et son mari préférèrent retourner au Tibet afin de soutenir Sa Sainteté dans l'exercice de ses responsabilités nouvelles. A notre retour, je fis un inquiétant constat. La propagande chinoise avait atteint notre peuple de plein fouet. Il était de bon ton, désormais, à Lhassa de porter des foulards rouges, emblème des communistes. Dans la rue, beaucoup de Tibétains arboraient aussi des coiffures à la chinoise et n'avaient pas hésité à délaisser certaines de nos traditions en coupant, par exemple, leur longue et belle chevelure. Au Mèn-Tsi-Khang, le bruit avait circulé que j'avais guéri *amala*. A sa demande, je continuais de la visiter chaque jour. Qu'il était loin le temps où l'on me traitait comme un simplet !

En l'an cheval-bois (1954), Pékin invita Sa Sainteté le Dalaï-Lama. Depuis plusieurs mois, déjà, les Chinois avaient engagé au Tibet une politique de répression terrible. Leur objectif était de prévenir à tout prix l'aboutissement des efforts diplomatiques initiés par Kundun et le *Kachag*, d'autant plus que le soulèvement des tribus khampas[1], dans l'est du pays, risquait d'aboutir à une implication politique et militaire des Etats-Unis d'Amérique. Il était d'ailleurs question que le Dalaï-Lama se rendît à Washington mais, dissuadé par certains membres de son entourage, ce voyage ne fut — hélas — jamais entrepris.

Les rumeurs circulaient d'un départ imminent de Kundun pour la Chine. La population de Lhassa craignait pour sa personne et était tout entière opposée à ce voyage. Au cours d'une cérémonie religieuse au Norbou Lingka, il fit de son mieux pour nous rassurer et promit de revenir au plus tard l'année suivante. Le Dalaï-Lama quitta Lhassa le 11 juillet 1954, escorté de troupes chinoises commandées par le général Zhang Jingwu. De peur qu'ils ne s'y jettent de chagrin, les rives de la rivière Kyitchou, que Sa Sainteté devait traverser dans une embarcation en peau de yack, furent interdites aux Tibétains. Pour ce long périple, le Dalaï-Lama était accompagné par un de ses médecins personnels, Khèn Tchoung, qui décéda peu après son retour à Lhassa en 1955.

En cette année mouton-bois, la Chine était déjà le maître absolu du Tibet. Le pouvoir communiste avait fait adopter une nouvelle Constitution, ainsi qu'une

---

1. Habitants de la grande province orientale du Kham, divisée en deux au début du xxe siècle. L'ouest du Kham resta sous le contrôle de Lhassa ; l'est fut rattaché au Sichuan chinois. La révolte des Khampas toucha les deux zones.

« résolution sur l'établissement d'un comité prépara-
toire pour la Région autonome du Tibet » qui devait
faciliter l'absorption de l'administration tibétaine par
celle de la République populaire de Chine. Ledit comité
était appelé à fonctionner en tant qu'administration
centrale du Tibet, en lieu et place de notre gouvernement. Le Dalaï-Lama avait été désigné comme président de ce comité, mais il n'y exerçait aucun pouvoir.
Il s'agissait, en fait, d'une simple façade, la ligne politique étant décidée par le Parti. Au soulèvement des
Khampas, Pékin répondit par de nombreuses atrocités.
Des combats se déroulaient à Lithang, Bathang, Dergué, Tchamdo et Kanzé. Les cavaliers khampas s'op-
posaient farouchement aux troupes qui continuaient à
déferler sur notre pays. En 1956, an singe-feu, à la
demande du Dalaï-Lama, les communistes acceptèrent
une trêve, mais tout cela n'était qu'un subterfuge pour
réorganiser leurs hommes bloqués dans les montagnes.
Presque immédiatement après, les armées chinoises
repartirent à l'assaut de nos cités et de nos monastères.

Après le décès du médecin de Sa Sainteté, il fallut lui
trouver un successeur. Le *Kachag* fit convoquer six étudiants sortis majors du Mèn-Tsi-Khang et on procéda
à un tirage au sort. À l'issue de la cérémonie, il annonça
deux noms : celui de Yeuntèn Thartchine, qui devait
mourir plus tard dans les geôles chinoises, et le mien.
Nous fûmes officiellement nommés *Lhamènpa* en l'an
singe-feu (1956), peu de temps avant le départ de Sa
Sainteté pour l'Inde, et rejoignîmes au Potala deux
autres médecins beaucoup plus âgés que nous, qui

occupaient également cette fonction. Tous deux aussi moururent en prison et je suis, aujourd'hui, le seul survivant des quatre. Ce récit veut aujourd'hui honorer leur mémoire.

Ma nomination comme médecin du Dalaï-Lama étant confirmée, je présentai aussitôt une requête d'audience. Sa Sainteté me reçut, au mois d'août, dans la grande salle du premier étage du Norbou Lingka, sa résidence d'été. Ce moment fut pour moi d'une extrême intensité. A l'époque, le Dalaï-Lama était un jeune homme de vingt et un ans et de lourdes responsabilités pesaient déjà sur ses épaules. D'un point de vue purement spirituel, il était notre « protecteur » et notre « refuge ». Comme je ne l'avais jamais rencontré auparavant, j'étais très ému. Mais je ressentais également une joie intense, un profond sentiment de bonheur, un peu à l'image de ces vieux Tibétains, lorsqu'ils arrivent à Dharamsala. Tout ce qu'ils y désirent, c'est recevoir une bénédiction de Sa Sainteté, et lorsqu'ils ont obtenu une audience, ils s'en vont heureux et apaisés, prêts aussi, si l'heure est venue, à quitter ce monde.

J'arrivai donc devant Kundun. Je me prosternai à trois reprises, lui offris une *khata*. Sa Sainteté me fit signe d'approcher et me posa quelques questions :

— De quelle région venez-vous ?

— Ma famille est de Nyémo.

— De quelle monastère êtes-vous ?

— De Tchoté.

Le Dalaï-Lama m'observait d'un regard malicieux. Il portait d'épaisses lunettes qu'il remontait, d'un geste méthodique, sur son nez. Soudain, il éclata de rire, d'un rire sonore, bruyant qui me fit aussitôt songer à *amala*.

Je n'osai pas le lui dire. Puis il me questionna sur mon voyage à Kalimpong et l'état de santé de sa mère, qui l'inquiétait beaucoup. Il me demanda où j'habitais et si je voulais demeurer au Norbou Lingka. Comme je devais consulter d'autres patients, y loger était plutôt délicat. En me retirant, mon cœur battait à tout rompre.

Je me sens vraiment vieux maintenant, mais j'ai connu la joie de servir Sa Sainteté le Dalaï-Lama et sa famille. A propos de nos bonheurs instables, Guièloua Guèndune Guiatso, le deuxième Dalaï-Lama, disait :

Ecoutez la chanson d'un homme heureux !
Bientôt ces conditions illusoires
Qui créèrent toutes les scènes de ma vie
S'effaceront d'elles-mêmes.

Ainsi que l'exigeait la tradition, je me rendis, aussitôt après l'audience, à Tchang-Sèp-Char*, la résidence de la famille Yapchi, une maison, majestueuse et impressionnante, d'une soixantaine de pièces qui donnait sur un jardin immense. Je m'inclinai devant *amala* et lui présentai l'écharpe de soie blanche en signe de bon augure.

Le lendemain, je revis le Dalaï-Lama dans le cadre de ma fonction, laquelle consistait essentiellement à lui prendre le pouls et, le cas échéant, à lui préparer des médicaments, dont les ingrédients étaient identiques à ceux que l'on administrait aux autres patients. A l'époque, Sa Sainteté jouissait la plupart du temps d'une excellente santé. A l'exception de quelques refroidissements, pour lesquels j'eus à le traiter, je ne peux pas dire qu'il me causa jamais de grandes inquiétudes. Je me souviens, bien sûr, de cette première prise de pouls. Kundun me regardait, amusé, et riait. Il rit tout le temps de la consultation.

Quelques jours plus tard, Kundun se réjouit de me voir loger à Tchang-Sèp-Char. Il n'y voyait pour moi que des avantages. Mes visites se succédaient et il se montrait de plus en plus curieux. Il me questionnait sur les maladies et je lui répondais en essayant d'être le plus précis possible, ce qui n'était pas toujours chose aisée. Par contre, nous n'évoquâmes jamais la situation de notre pays.

À Tchang-Sèp-Char, j'occupais une chambre au premier étage. Un serviteur préparait mes repas. Mais il m'arrivait assez souvent de partager la table de la famille Yapchi. *Amala* faisait elle-même la cuisine en abondance, et conviait tout le monde à partager sa nourriture : le majordome, l'intendant et les domestiques. C'était très rare chez les aristocrates tibétains qui, d'habitude, n'hésitaient guère à marquer leur différence. Ngari Rinpotché, troisième grande incarnation de la famille après Thouptèn Djigmé Norbou et Tendzin Guiatso, était encore un jeune adolescent. Il me rejoignait souvent dans mon logement, où il me priait de lui raconter des histoires d'Akhou Tènpa, celles dont mon père me régalait si merveilleusement le soir au coin de l'âtre. La grand-mère de Sa Sainteté vivait également avec nous. Je rencontrai aussi à plusieurs reprises Heinrich Harrer, le futur auteur de *Sept Ans d'aventures au Tibet*. Il venait rendre visite à *amala* et prenait volontiers soin des arbres du jardin. Il avait construit un canal et une digue près de la rivière Kyitchou et avait planté quelques arbustes le long de ses rives.

En hiver, lorsque *amala* ou la grand-mère prenaient froid, je leur préparais des médicaments et passais un peu de temps à converser de choses agréables avec elles. Cependant, *amala* s'inquiétait beaucoup de la présence chinoise au Tibet. La grand-mère, elle, qui souffrait fréquemment de maux de tête, restait parfois silencieuse une journée entière. Le matin, elle priait jusqu'à onze heures. Elle déjeunait à midi, puis faisait de la broderie ou un peu de jardinage jusqu'à seize heures environ. Elle regagnait ensuite sa chambre. Aussi ne la voyais-je que plus rarement.

C'est à cette époque que ma famille apprit que j'étais devenu *Lhamènpa*. Ensuite, lorsque des marchands arrivaient de Nyémo ou de la région de Tchoté, ils m'apportaient parfois, de leur part, de la *tsampa*.

A propos de ma toute récente fonction, je voudrais évoquer un dicton :

> *Ne t'engage pas dans une activité sans l'avoir considérée.*
> *Ne t'accroche pas à une activité que tu n'as pas considérée.*

La grand-mère du Dalaï-Lama évoquait souvent cette histoire, que j'écoutais avec attention : « Il était une fois une tisserande qui, pendant son labeur, gardait son enfant près d'elle. A un moment, elle dut sortir de la maison. Profitant de son absence, un serpent venimeux entra dans la pièce. Dans le logis, il y avait un chien qui, lorsqu'il vit le reptile s'approcher dangereusement de l'enfant, le tua et lui trancha la tête d'un furieux coup de mâchoire. Puis, il sortit de la pièce pour se lover au soleil de l'été. A son retour, voyant son chien se lécher les babines tachées de sang, la femme crut qu'il avait agressé son enfant, et elle se mit à le frapper si violemment que l'animal en mourut. Elle se précipita à l'intérieur et découvrit alors le serpent décapité et son enfant sain et sauf. La tisserande pleura longtemps de remords, regrettant amèrement d'avoir tué son chien qui avait sauvé la vie de son enfant. »

Toujours en l'an singe-feu (1956), le maharadja Kumar du Sikkim, président de la Société bouddhiste du sous-continent indien, invita le Dalaï-Lama et le Pèntchén-Lama, que je n'avais encore jamais rencontré, à se rendre aux cérémonies de Bouddha-Jayanti qui devaient célébrer le deux mille cinq centième anniversaire de la naissance du Bouddha. Après d'interminables négociations avec les autorités d'occupation, Kundun et son proche entourage reçurent l'autorisation de s'y rendre. C'était en novembre. Sa Sainteté me demanda de rester à Lhassa, ce que je fis. J'en profitai pour m'adonner à l'étude.

11

Le jour où tout bascula

En 1959, an cochon-terre, Kundun savait déjà que le Tibet courait à sa perte. Plus notre souverain réfléchissait à l'avenir, moins il conservait l'espoir de voir les Chinois quitter notre sol. Sur son visage, je pouvais lire parfois une infinie tristesse. Mais il ne m'en disait rien. Il avait également assuré ses tuteurs qu'il se présenterait à ses derniers examens monastiques lors des festivités du *Meunlam*.

Cette année, davantage que les autres, une foule immense se pressait à Lhassa. Kundun s'était installé au Norbou Lingka, sa résidence d'été, qu'il préférait au Potala. Les nouvelles qu'il recevait de l'Amdo et du Kham étaient catastrophiques : les monastères détruits, des moines enterrés vivants, des jeunes filles stérilisées, des femmes contraintes d'avorter. Les soldats de l'Armée populaire de libération se livraient aux pires exactions. À Lhassa, de multiples bruits naissaient et se répandaient à vive allure. On évoquait de plus en plus la possibilité d'un enlèvement de notre souverain par les communistes. Un peu partout, des affiches avaient été collées, exigeant le départ des Chinois et dénonçant l'«Accord en dix-sept points».

Le 5 mars, le général chinois commandant la place adressa deux émissaires au Dalaï-Lama, porteurs d'une invitation à honorer de Sa présence une représentation théâtrale. Etrange convocation, en réalité ! Dans les rues de la capitale, la rumeur s'intensifiait. Le lendemain, Sa Sainteté Tendzin Guiatso réussit avec brio son examen terminal de maître de métaphysique. Mais la foule continuait à se rassembler autour de la résidence d'été. Elle voulait empêcher Kundun de se rendre à cette représentation organisée par les occupants. Tout cela sentait le piège.

Ce dont les Tibétains ne se doutaient pas encore, c'est que Lhassa et ses environs étaient devenus un immense chantier. Dans les rues, les parcs et les jardins, les Chinois avaient creusé des tranchées, rehaussées par des sacs de sable et dissimulées par d'énormes billots de bois. En fait, la ville était assiégée par une armée prête au combat. Mais la population avait vu tant de choses étranges, depuis que les communistes occupaient la cité, qu'elle ne s'en inquiéta pas outre mesure et qu'elle ne comprit pas tous ces préparatifs.

Redoutant une réaction imminente de la part des habitants au moment des cérémonies du *Meunlam,* les autorités avaient disposé des hommes lourdement armés. De l'autre côté de la rivière Kyitchou, interdite désormais à la population, on s'activait beaucoup dans le camp militaire et, sur les collines avoisinantes, des canons et des mortiers étaient à présent dirigés sur le Potala, le Norbou Lingka et les points névralgiques de la capitale. Voilà qui expliquait peut-être l'absence des Chinois dans le centre de la ville ?

Pour semer encore davantage le trouble dans les esprits, les militaires forçaient des Tibétains à se déguiser en résistants khampas, les seuls encore à leur opposer une résistance armée dans les montagnes qui dominaient la capitale, et les obligeaient à pénétrer, de nuit, dans les habitations, pour dépouiller les occupants de leurs céréales et de tous leurs biens — bijoux, argent, objets rituels… Les femmes et les jeunes filles étaient alors systématiquement brutalisées et même violées. L'objectif de ces actes barbares était de semer la confusion parmi la population et de discréditer les Khampas.

Le matin du 10 mars, alors que je me trouvais dans la foule, à quelques pas du Norbou Lingka, j'aperçus un attroupement de femmes à Drébou Lingka, criant leur colère et hurlant des slogans : « Chinois, hors du Tibet », « Rendez-nous notre liberté ! », « Halte au complot contre Guièloua Rinpotché ! » A ce moment précis, je n'avais pas encore pris conscience de ce qui était en train de se produire sous mes yeux. Je ne devais pas être le seul dans ce cas.

Au fil des minutes, la foule grossissait. Les femmes, de plus en plus nombreuses, continuaient à manifester leur haine de l'occupant. Par haut-parleurs, les Chinois diffusaient des mises en garde et demandaient à la population de se disperser. La confusion était totale. J'avoue avoir eu peur. Des hommes avaient entrepris de détruire les effigies de femmes américaines que les communistes avaient, un peu partout dans Lhassa, curieusement pendues à des potences.

La tension montait. Devant la résidence d'été du

Dalaï-Lama, la foule se pressait de plus en plus mena-
çante. Un ministre tibétain, Tséwang Rine-dzine, enca-
dré de gardes chinois, s'apprêtait à entrer au Norbou
Lingka. Cependant il n'eut pas le temps d'atteindre la
porte. La frénésie s'empara des gens et des âniers qui
étaient là aussi, et ils lui jetèrent les premières pierres ;
la rumeur se répandit : « Tséwang Rine-dzine est un
espion à la solde des Chinois. Ils le paient grasse-
ment... » A ma connaissance, cet homme était en excellents termes avec notre souverain, mais comment expliquer cela à ces gens déchaînés ? On était au bord de
l'émeute. La haine à l'encontre des Chinois était telle
que, si un homme ou une femme désignait son voisin
comme étant favorable à l'occupant, ce dernier était
immédiatement roué de coups. Le soupçon s'était sour-
noisement insinué, y compris dans l'entourage immédiat du Dalaï-Lama, de son gouvernement, de ses
conseillers.

Une autre rumeur se précisait. Sa Sainteté se rendrait
finalement, le 10 mars à midi, à la représentation théâtrale organisée par les Chinois, accompagné par son
cabinet. Les Lhassapas ne comprenaient pas une telle
décision. Dix mille, vingt mille, trente mille personnes,
dans un état d'excitation désormais incontrôlable, déci-
dèrent spontanément de faire le siège des entrées de la
résidence d'été pour empêcher le Dalaï-Lama de se
rendre dans le camp communiste. D'autres membres
du gouvernement, en Jeep et sous escorte chinoise,
furent pris à partie par la foule. Le passage vers le Norbou Lingka était désormais totalement bloqué. Un
homme apparut à la porte principale, porteur d'un message du *Kachag*, demandant instamment à tout le

monde de se calmer. Mais l'administration tibétaine elle-même cédait à la pression de l'occupant, certains ministres étant de véritables marionnettes à sa solde.

Ce matin-là, je ne pus me rendre auprès de Kundun pour ma visite quotidienne. Mais il se passa sous mes yeux un nouvel incident très grave. Un homme vêtu comme un Chinois, armé d'un pistolet, chevauchant une bicyclette, roulait en direction du Norbou Lingka. Il s'agissait de Pakpala Kèntchoung qui était connu pour ses accointances avec les communistes. La foule se déchaîna aussitôt contre lui, le lapidant à mort.

C'est alors que je parvins à rejoindre les représentants de l'ensemble des différentes classes sociales composant notre société. L'objectif était de discuter à l'intérieur du Norbou Lingka des conditions d'une négociation avec les Chinois. Sept ou huit groupes purent ainsi se réunir autour du *Kachag*, dans le jardin, à l'entrée de Chaptèn-Khang, une des plus grandes salles de la résidence. Nous débattîmes longtemps, inscrivant toutes nos requêtes. Parce qu'il était essentiel de savoir qui était loyal et qui ne l'était pas, la première suggestion fut de distinguer les « mangeurs de riz » des « mangeurs de *tsampa* ». Le second point porta sur les mesures à prendre pour résoudre nos problèmes avec les Chinois : nous étions tous d'accord qu'il était impossible de livrer bataille tant nos forces armées étaient inexistantes face à l'Armée populaire de libération, et nous savions aussi que le recours à la violence provoquerait des massacres au sein de la population. Une pause eut lieu vers midi et les discussions reprirent vers quinze heures. Elles se déroulèrent cette fois à l'intérieur de la salle. Chacun donna une nouvelle fois son avis. Certains voulaient se battre, d'autres négocier, mais tout cela paraissait si futile au regard du déploiement des forces adverses. Notre naïveté atteignit là son plus haut degré. En fait, nous n'avions aucune proposition à soumettre aux autorités chinoises. La solution pacifique n'était pas celle choisie par l'occupant. On vit quelques fonctionnaires prendre fait et cause pour les communistes. Ils s'étaient déjà fortement enrichis ces dernières années et leur comportement n'étonna guère. C'était tout simplement déplorable et tellement lâche... Un représentant de Gandèn, un certain Aga, appela à la prudence la plus extrême. Personnalité importante du monastère, il bénéficiait d'une grande influence dans la communauté tibétaine mais chacun connaissait aussi son allégeance aux Chinois, desquels il avait reçu beaucoup d'argent. Il n'était pas le seul à se tenir ainsi en retrait des discussions. Je ne l'ai pas vu mais on raconte même qu'un nommé Cheinsé, fort silencieux tout au long des débats, avait enfourché une mobylette chinoise et s'était enfui. Toutes ces personnes n'étaient que des marionnettes : elles étaient pieds et poings liés par nos occupants... Un de nos dictons dirait que ces gens «gardaient leur estomac à l'intérieur, mais tournaient leur bouche vers l'extérieur». A mes yeux, ils étaient des traîtres.

Dans la rue aussi, alors que les Chinois sillonnaient la ville en Jeep, lançant des messages d'apaisement et enjoignant les habitants à rentrer chez eux, des Tibétains s'étaient faits les porte-parole des communistes, poussant les masses à refuser toute opposition violente. Tout cela aussi était bien inutile car, pendant ce temps, les troupes avaient investi les tranchées, déployé leurs armes, leurs mortiers, leurs canons. Ils étaient plusieurs milliers de soldats à encercler ainsi la ville.

Kundun était opposé également à toute violence. Le 10 mars, vers treize heures, il diligenta trois ministres auprès du général Tan Kuan-sen afin de lui expliquer la situation et lui faire part de son refus de se rendre à son invitation. L'après-midi, Sa Sainteté adressa un message très fort à la population, l'implorant de ne pas s'adonner à la force, de ne pas répondre à la provocation. Le Dalaï-Lama promit de tout faire, par la négociation, pour résoudre la question de l'occupation de notre pays, rappelant que la Chine et le Tibet avaient conclu par le passé plusieurs accords de paix et plusieurs traités reconnaissant leurs souverainetés respectives. Un des premiers datait du VIIIe siècle. Trois piliers avaient été alors érigés : l'un devant le temple du Djokhang, l'autre à Goungar Mérou, à la frontière sino-tibétaine, et le dernier dans la capitale chinoise de l'époque, Chang An (aujourd'hui Xian). Par ailleurs, après avoir chassé les nationalistes chinois de Lhassa, le treizième Dalaï-Lama avait reconfirmé, en 1913, l'indépendance de notre pays : « Nous sommes une nation modeste, religieuse et indépendante », avait-il déclaré.

Ce 10 mars, devenu plus tard le jour de notre commémoration nationale, marqua ma dernière rencontre avec Kundun. D'habitude, au cours de cette heure de réunion exceptionnelle, compte tenu des événements, nous débattions généralement des nominations, du déroulement des audiences et de la situation sociale et politique du pays. Aujourd'hui, nos propos furent tout autres. En d'autres temps, de telles réunions rassemblaient de trente à trois cents personnes. Cette fois, nous ne fûmes que quelques-uns autour de notre souverain. En tant que *Lhamènpa*, j'occupais le cinquième rang dans la hiérarchie tibétaine, ce qui me conférait une certaine autorité.

Il est certain que le Tibet était un Etat indépendant, qui possédait ses propres coutumes, sa propre langue, sa littérature. Voulez-vous un exemple de ce qui nous différencie tellement des communistes chinois ? Les Tibétains adorent porter des boucles d'oreilles assez imposantes ; or il ne viendrait à l'idée d'aucun Chinois de s'en parer. Non, il n'y avait aucune ressemblance entre nous et eux ; même nos monnaies différaient. Nous avions notre propre armée, notre drapeau, et nous possédions également notre propre écriture. Tout était là pour prouver que le Tibet était une nation libre et indépendante, tout du moins jusqu'en 1950.

Bientôt, nous entendîmes les premiers coups de canon sur Lhassa.

A la tombée de la nuit, je pus regagner Tchang-Sèp-Char, où je retrouvai la grand-mère du Dalaï-Lama et quelques autres membres de son entourage. *Amala* demeura au Norbou Lingka auprès de Sa Sainteté. Le lendemain, je reçus de sa part un message, me fixant rendez-vous, le 14 mars, à la résidence d'été. Mais j'allais être dans l'impossibilité de m'y rendre.

Ce que je peux dire, aujourd'hui, c'est que ce rendez-vous constituait l'ordre que j'attendais pour rejoindre le Norbou Lingka. Jusqu'à cette date, il ne fallait rien modifier à nos habitudes, sous peine d'éveiller les soupçons des Chinois et de leurs séides. Ce fut l'une des raisons pour lesquelles je restai à Tchang-Sèp-Char avec la grand-mère, quelques membres de son proche entourage et les serviteurs. Notre plan était qu'après le 14, nous devions tenter de quitter Lhassa pour rejoindre l'Inde voisine. Comme *Lhamènpa*, ma place était aux côtés de Sa Sainteté.

Mais, dans la nuit du 11 au 12, je fus réveillé par des coups de canon. Le ciel était strié d'éclairs. On entendait les gens hurler. Nous avions peur. Les militaires chinois étaient passés à l'offensive. Leurs toutes premières cibles furent le Potala et le Norbou Lingka. Je saisis mon *mala*, le rosaire qu'avait béni Sa Sainteté, dévalai l'escalier, fonçai vers la chambre de la grand-mère de Kundun. Il n'y avait personne. Les serviteurs l'avaient portée à la cave, où elle fut rejointe par une dizaine de personnes, puis par moi. Nous priâmes tous pour que le Dalaï-Lama demeurât sain et sauf.

Aucun de nous n'avait jamais connu de bombardement. Une colline nous masquait le reste de la ville, si bien que nous ne pouvions pas tout à fait nous rendre compte de ce qui se passait. Les salves s'écrasaient comme des pluies d'orage sur le Norbou Lingka, le Potala et le Tchakpori. Je me souviens encore de nos pauvres gardes, habillés de leur *tchoupa* rouge vif et armés de simples fusils ou d'épées. Autant de cibles vivantes pour les soldats chinois, vêtus de leur tenue de camouflage de couleur sable. Je me risquai dans le jardin, escaladai le muret et vis des hommes, des femmes et des enfants qui fuyaient. Le crépitement des armes couvrait leurs pleurs, leurs hurlements. Le Tchakpori était détruit. Des maisons étaient en flammes. Bien sûr, l'horreur avait commencé en 1949, lorsque les communistes envahirent notre pays. Cependant, nous avions conservé un faible espoir. Mais cette nuit-là, je compris que le Tibet avait cessé d'exister. Je ne pus m'empêcher de pleurer. Je priai Tara, avant de rejoindre les autres, dans la cave :

> *Hommage à Vous, capable d'attirer*
> *Toute l'assemblée des protecteurs de la terre.*
> *Par la lettre houm de votre ride de courroux,*
> *Vous libérez complètement de toutes les détresses.*

Au lever du jour, Tchang-Sèp-Char fut bombardée à son tour. Le premier obus de mortier tomba dans le jardin. Puis un second, puis un autre, et une pluie incessante de projectiles s'abattit sur nous et la demeure de la famille Yapchi. Les palissades furent défoncées. J'entendis les vitres exploser. Pour nous défendre, nous avions vingt-cinq moines-soldats. Ils furent abattus comme des chiens. Je pris la main de la grand-mère, qui pleurait à chaudes larmes. Elle murmurait : *Om Mani Pémé Houm.* Je répétai le mantra plusieurs fois avec elle.

Quelques ordres aboyés, des cris hystériques, des giclées de mitraillette, des coups répétés... et soudain la porte de la cave vola en éclats. Les petits hommes à l'étoile rouge surgirent, tout jeunes encore mais armés jusqu'aux dents, la mine féroce, le regard haineux. On nous fit signe de lever les mains bien haut au-dessus de la tête. Ils nous fouillèrent, brisèrent tout ce qui pouvait l'être encore, cherchant si quelqu'un se cachait. Le moindre geste, et nous étions morts. Tous ! Il y avait quelques enfants parmi nous. Certains furent blessés. Les soldats pointèrent leur baïonnette et nous poussèrent vers la sortie. Je constatai alors que Tchang-Sèp-Char, cette si belle demeure, avait été en grande partie détruite.

Alors qu'on nous ligotait les mains, les bras et les pieds, je ne pus m'empêcher de m'inquiéter pour Kundun, *amala*, Lobsang Samtèn, et le reste de sa famille, encerclés dans le Norbou Lingka. Avaient-ils pu s'enfuir ? Etaient-ils vivants ? Je ne le savais pas.

La grand-mère du Dalaï-Lama fut libérée du fait de son grand âge. J'en éprouvai un très vif soulagement. Toutes les autres personnes furent dirigées, en file indienne, vers la maison de la famille Tsarong, où j'allais être retenu près de trois semaines. J'y retrouvai des habitants de Lhassa et de Shol, dont beaucoup de jeunes gens qui avaient pris les armes. Des hommes, des femmes — laïcs et religieux — arrivaient, toujours plus nombreux ; d'autres sortaient, que l'on ne revoyait plus. De hauts personnages de la société tibétaine furent libérés. Par contre, trois ou quatre jeunes tentèrent de s'évader ; ils furent immédiatement abattus et leurs corps criblés de balles restèrent longtemps bien en vue des autres prisonniers. C'est alors qu'on nous mit à chacun des menottes ; elles portaient de minuscules étiquettes siglées de trois lettres : « USA ». Nous étions enfermés dans une grande salle, on nous apportait, une fois par jour, une poignée de *tsampa* et du thé noir, les céréales étant prélevées dans le cellier des Tsarong.

Le 14 mars 1959, an cochon-terre, je fus séparé des autres et emmené dans une pièce adjacente. Je pus alors constater que des centaines de prisonniers avaient été parqués dans les jardins de la demeure des Tsarong. A première vue, nous devions être trois ou quatre cents. Certains, comme moi, étaient parvenus à conserver leur *mala*. Ils priaient, en silence. Tous, nous pensions que nos jours étaient comptés. Je me souviens avoir vu des blessés graves, des hommes surtout, et des enfants dont nous entendions, la nuit, les râles de douleur. Parfois, un cri déchirant traversait la demeure, puis c'était de nouveau le silence, pesant, insupportable. Un homme, un enfant, peut-être un voisin ou un ami, venait de mourir. Autour de nous, des Tibétains s'évanouissaient ou se mettaient soudain à hurler. Ils étaient alors achevés à coups de trique ou de matraques électriques.

Vingt jours passèrent ainsi, à s'interroger sans obtenir la moindre réponse. Que pouvait-on me reprocher, si ce n'était d'être un Tibétain et médecin du Dalaï-Lama ? Il était clair que les Chinois me soupçonnaient, car je fus placé en isolement avant d'être, un matin, conduit avec quelques-uns de mes compagnons à Tchondjouk, tandis que d'autres étaient dirigés vers la maison des Taring. Tchondjouk ? Comme sans doute la majorité de la population, nous croyions qu'il s'agissait d'un camp militaire. Ce fut peut-être le cas au début de la présence chinoise à Lhassa. Des Tibétains avaient contribué à sa construction. En fait, ils avaient bâti leurs propres geôles. Tchondjouk était un immense bâtiment rectangulaire, ceinturé de barbelés : une prison. Des soldats en gardaient l'entrée, d'autres étaient postés sur des miradors. Les cellules recelaient entre dix et vingt prisonniers et s'alignaient les unes après les autres. Un ruisseau traversait la cour. On pouvait apercevoir les gardes qui occupaient les pièces ouvrant sur le portail d'entrée. Seuls les aristocrates étaient placés à l'écart.

Je fus poussé dans une cellule, une vaste pièce où, autour d'un pilier central, une vingtaine de Tibétains me lancèrent des regards paniqués. Il y avait des barreaux à l'unique fenêtre. Le sol était recouvert de bois et le plafond décoré de délicats motifs tibétains.

Vers le milieu de la matinée un militaire, probablement un gradé, parut, accompagné d'un interprète tibétain. Il demanda si nous avions de la famille à Lhassa. C'est sous bonne escorte que certains purent ainsi retourner chez eux prendre une couverture et quelques vêtements. Des familles furent aussi autorisées à apporter un léger paquetage à leurs proches. C'était au début de notre incarcération. Plus tard, ces choses-là devinrent impossibles. Lorsque je déclarai que j'habitais Tchang-Sèp-Char, le ton du Chinois devint plus cassant :

— Toi, reste là !

Une heure plus tard, on nous remit, à moi et à cinq de mes compagnons, une couverture en coton. La première journée à Tchondjouk s'écoula ainsi, entre le doute et d'interminables moments d'angoisse. A vingt et une heures, les cellules furent totalement verrouillées et on nous ordonna de nous coucher. Cette nuit-là, blottis les uns contre les autres, la peur au ventre, nous ne parvînmes pas à trouver le sommeil. Le lendemain, à sept heures, ce fut le réveil. Des ordres fusaient, les portes furent déverrouillées. On nous servit un demi-bol de thé noir et un peu de *tsampa.*

A neuf heures précises, notre porte s'ouvrit brutalement. L'homme de la veille apparut, flanqué du traducteur et d'un autre Chinois. On nous fit asseoir au fond de la cellule, en demi-cercle sur plusieurs rangs.

— Nous allons commencer aujourd'hui un long travail de rééducation. Lorsqu'on vous interrogera, donnez des réponses précises. Si vous mentez, vous serez punis.

Ces premiers interrogatoires portèrent sur notre vie, notre famille, nos relations. Nous subîmes un flot nourri de questions auxquelles nous étions parfois bien incapables de répondre. Personnellement, je n'étais qu'un simple médecin et ne connaissais rien de la politique menée par notre gouvernement.

L'interrogatoire d'un prisonnier durait six à sept heures par jour. L'homme se trouvait au milieu de la pièce, debout le long du pilier. Ses compagnons d'infortune participaient à l'interrogatoire : en fait, les Tibétains devaient s'accuser les uns les autres de tous les maux. C'est ce que les Chinois appellent le *thamzing**

Et mon tour vint. Mon enfance au village et au monastère de Tchoté ne révélait aucun engagement politique de ma part, mais mon nom avait été remarqué parce que j'étais le médecin personnel du Dalaï-Lama et que je vivais dans la demeure de la famille Yapchi, à Tchang-Sèp-Char. Les questions tombaient par paquets entiers.

— Tendzin Tcheudrak, que faisais-tu au Norbou Lingka ? Que faisais-tu chez les Yapchi ? Que te disait le Dalaï-Lama ? Tu es un espion à la solde de nos ennemis. Quelles relations entretenais-tu avec ce bandit ? Quelles sont tes autres fréquentations ?

Je persistai à leur raconter les seuls faits à ma connaissance : j'étais médecin et mon rôle consistait uniquement à me préoccuper et à soigner des êtres malades, le Dalaï-Lama comme toutes les autres personnes.

Au fil des heures, la tension croissait. Chaque jour, nous subissions un assaut ininterrompu de questions. Et puis nos geôliers avaient désigné deux ou trois « préfets » par cellule. A partir de là, il nous fut pratiquement impossible d'échanger le moindre mot, sans que celui-ci ne fût rapporté à l'officier. L'ambiance entre les prisonniers n'en devint que plus pénible. Nombreux furent ceux qui cédèrent à la pression.

A mon second interrogatoire, le comportement de mes compagnons à mon égard changea radicalement. Le traducteur les poussait à m'accuser :

— A quatorze ans, tu étais à Tchoté et tu avais établi des relations avec telle et telle personne. Qui sont-elles ? De quoi parliez-vous ? Qu'exprimait ton visage ? Que pensais-tu ? Tes réponses ne nous suffisent pas. Tu es un espion. Et vous, qu'en dites-vous ? Tendzin Tcheudrak est un espion, n'est-ce pas ?

Harcelés, malmenés, mes compagnons de cellule commencèrent à m'accuser.

— J'ai menti, avoua un jeune Tibétain. Tendzin Tcheudrak a comploté contre la Mère-Patrie.

D'autres pointèrent un doigt menaçant vers moi...

— C'est un espion, un espion...

Debout au milieu de la pièce, je dus une nouvelle fois détailler l'histoire de ma vie. Mais cette fois-ci en y ajoutant des autocritiques. C'était horrible. Les pri-

sonniers autour de moi s'excitaient. Je sentais qu'ils
étaient prêts à tout pour sauver leur peau et j'étais
devenu la cible idéale. Le traducteur demanda :

— En 1956, pourquoi n'as-tu pas accompagné
Kundun en Inde ? Quels ordres as-tu alors reçus ? Pour
le compte de qui espionnais-tu ? Quels furent tes
contacts avec la résistance tibétaine ? As-tu été payé par
le Kuomintang ? Qui t'a formé à l'espionnage ? Etait-ce
à Calcutta, en 1952 ? Quelles relations entretenais-tu
avec Guièlo Theundroup, le frère du Dalaï-Lama ?

Je répondais toujours la même chose : j'étais médecin, je n'avais jamais fait d'espionnage et, en 1952,
j'étais à Kalimpong pour soigner *amala*.

— Tu es le chien de ce renégat de Dalaï-Lama et de
son gouvernement. Si tu persistes à nier, nous serons
obligés de t'enchaîner. Si tu collabores, nous te libére-
rons.

Des compagnons de cellule, notamment les « préfets », racontèrent à nos geôliers que j'avais reçu de l'argent du Kuomintang. Dans la cellule, il y avait maintenant les collaborateurs et les autres. Les premiers
subissaient des interrogatoires « compréhensifs », les
seconds de dures séances de *thamzing*. On m'accusait
d'avoir rendu visite chaque jour à Sa Sainteté et, comme
j'occupais le cinquième rang dans l'ordre protocolaire
tibétain, je devais nécessairement savoir ce qui se tramait au niveau gouvernemental. Ils désiraient absolument que je fusse dans le secret des hautes sphères de
l'Etat. Cependant, je ne changeai pas un mot à mon
récit. Notre souverain était désormais porteur de tous
les maux. On l'accusait de voler le peuple, de souiller
la mémoire des Tibétains. Comment aurais-je d'ailleurs

pu dénigrer Sa Sainteté le Dalaï-Lama, notre protecteur et notre guide spirituel! Jamais je n'aurais cédé! Jamais je ne l'aurais pu! Le soir, dans la cellule, je priais pour que la mort m'emportât très vite.

Tandis que l'officier me harcelait de questions, le traducteur poussait les dix-huit autres à m'exhorter à répondre. Ils m'accusèrent d'avoir distribué des journaux de propagande et d'avoir comploté avec le Dalaï-Lama contre la Mère-Patrie. Mais je ne leur en voulais pas. Comment aurais-je pu les blâmer? S'ils n'avaient pas participé à ce jeu cruel et sordide, c'est ma place qui leur était promise.

— Puisque vous portez le même vêtement que lui, que vous respirez et vivez comme lui, vous mourrez comme lui!

Aussi se laissaient-ils de plus en plus aisément prendre au jeu: ils inventaient même chaque jour de nouvelles histoires à mon sujet. Mais mon crime le plus grave restait d'avoir côtoyé le Dalaï-Lama. Et les Chinois notaient tout, sans jamais omettre le moindre détail.

Chaque matin, vers sept heures trente, on nous faisait sortir de la cellule. Alignés les uns derrière les autres, nos geôliers nous conduisaient hors du camp à la rivière toute proche où nous pouvions nous laver et nettoyer nos vêtements. Qu'il était loin le temps des baignades dans la Kyitchou, le rire des enfants, le bonheur et l'insouciance. C'était avant l'invasion, c'était si loin déjà…

Début avril, néanmoins, une grande nouvelle me parvint. Un de nos gardiens s'était installé à quelques pas de moi et écoutait les informations à la radio. C'est alors que j'entendis que Kundun avait franchi la frontière indienne le 30 mars, qu'il avait aussitôt annoncé la création d'un gouvernement en exil et qu'il dénonçait l'«Accord en dix-sept points», signé en 1951. Une joie intense m'envahit et j'eus alors envie de crier mon espoir retrouvé en l'avenir. Mon voisin immédiat était un prisonnier d'apparence très gentille. Plongeant mon visage dans mes mains emplies d'eau, je lui murmurai l'heureuse nouvelle. Cet excès allait me perdre.

Trois jours plus tard, les Chinois organisèrent une importante séance de *thamzing* à laquelle tous les prisonniers assistèrent sous la menace de trois mitrailleuses lourdes. Une sourde angoisse nous étreignait. Peut-être était-ce la fin ?

Un officier prit la parole :

— Il y a parmi vous des traîtres à notre cause. Des esprits forts ont fait circuler le bruit que ce renégat de Dalaï-Lama, ce loup en robe de moine, aurait établi un gouvernement en exil. Ils ont prié de garder le silence. C'est une faute inadmissible. Vous allez devoir payer !

Chacun se regardait, s'interrogeait, voyait la faute chez son voisin immédiat, fût-il l'ami d'hier, un cousin, un frère. Une vaste clameur s'éleva. L'officier fit sortir des rangs Loguièl, le commandant en chef de l'armée tibétaine. La séance d'autocritique pouvait commencer. Elle allait être terrible pour lui et pour un nommé Kèlsang Ngaouang. Bafoués, humiliés, ce furent les Tibétains eux-mêmes qui les rouèrent de coups, alors qu'ils se tenaient debout, menottés, sur une estrade, afin que chacun les vît mieux. Leur corps saignait, bleuissait, gonflait. Les Chinois demeuraient imperturbables. Parmi les prisonniers, certains se refusaient à malmener ainsi des compatriotes. Mais s'ils ne participaient pas à la ruée, s'ils avaient l'infortune de jeter un regard compatissant sur le prisonnier battu, s'ils se permettaient d'avoir un simple battement de paupière, un léger rictus, ils subissaient à leur tour le *thamzing*. Et automatiquement, celui qui était ainsi battu se voyait mis à l'écart par les autres.

— Tendzin Tcheudrak...

Je sortis des rangs et compris le pourquoi de cette mascarade. J'avais été donné par l'homme près de la rivière. L'officier supérieur me regardait avec haine, tandis qu'un de ses subalternes menait l'interrogatoire.

— C'est toi qui as fait courir ce bruit stupide de gouvernement en exil. C'est toi qui as dit que : « semblable à la lente rotation de la terre, la vérité finirait par triompher au Tibet ». Stupide, Tendzin Tcheudrak !

Comme tous ceux qui subissaient le *thamzing*, je devais garder les yeux rivés au sol.

— Regarde cet homme !

Je redressai la tête. C'était bien lui qui pointait maintenant un doigt accusateur vers moi. Il narra en détail ce que je lui avais confié dans le secret de la joie que j'avais alors manifestée. Les prisonniers m'accusèrent à nouveau de tous les maux. Lui, il exigea mon exécution immédiate comme traître au Tibet.

— Il est si obstiné et si conservateur qu'il ne mérite que la mort ! furent ses derniers mots.

Ce jour-là personne ne me frappa, mais on m'entrava de chaînes et d'une barre en fer de sept kilos et demi qui me faisait horriblement souffrir aussitôt que j'esquissais le moindre geste. Lorsque la séance prit fin, les

prisonniers regagnèrent leurs cellules par petits groupes
de sept. Seuls Loguièl, Kèlsang Ngaouang et moi res-
tâmes sur l'estrade. Des Tibétains nous jetaient en passant des regards mauvais. Cela me faisait si mal de les
voir agir ainsi. Sans doute n'avaient-ils pas une connaissance très approfondie du Dharma ! Je les plaignais plus
que je ne leur en voulais en retour.

Nous fûmes ensuite conduits dans une cellule d'isolement, qui comportait une porte en fer avec judas par
lequel on nous passait l'eau et les repas. La mienne se
trouvait juste à côté des cuisines.

Tous les deux ou trois jours, un Chinois accompagné d'un interprète venait me demander :

— As-tu réfléchi ? Te souviens-tu de tes actes passés ? As-tu enfin retrouvé la mémoire ? Que penses-tu
maintenant ? Avoue, cela vaudra mieux pour toi.

A chaque fois, je lui répondais :

— Je ne puis rien dire de plus.

— Tu fais du zèle, Tendzin Tcheudrak, mais nous
te materons. S'il le faut, nous t'exécuterons, car tu as
trompé tes compatriotes comme une vache peut tromper un veau en l'attirant avec de l'herbe.

Un mois, peut-être deux, venait de s'écouler depuis
mon arrestation. Je ne savais plus très bien. A cette
époque, les Chinois appliquaient une nouvelle politique de répression qui consistait à faire passer d'anciens
membres du gouvernement et d'autres personnalités
pour des voleurs aux yeux des habitants. Il y avait
d'ailleurs un bureau qui s'occupait des affaires de vol et
c'est celui-ci qui organisa une réunion publique à Shol,

le quartier qui se trouvait juste au pied du Potala. Je pourrais citer de nombreux cas de Tibétains ainsi humiliés aux yeux de leur famille, de leurs enfants et de leurs amis. Le plus grave était que la foule, totalement désorientée par ce que les Chinois lui racontaient, se laissait également prendre au piège. Kunsang fut ainsi sorti de Tchondjouk et traîné, enchaîné, sous les roulements de tambour qui rythmaient son avance, jusqu'à l'endroit où se déroulait le *thamzing*.

Kunsang fut accusé par des Tibétains totalement acquis à la cause de l'occupant de les avoir volés et battus. Les occupants encourageaient ces hommes et ces femmes et les félicitaient pour leur patriotisme. Le lendemain, Kunsang fut ramené à Shol. Entre-temps, les Chinois avaient instruit ces « patriotes » et leur avaient précisé comment ils devaient monter la foule contre le prisonnier, comment ils devaient l'humilier. On offrit quelques cadeaux, de l'argent, des tapis, des vêtements et divers objets qui avaient été confisqués à l'aristocratie. Par contre, en prison, on conseilla fortement à Kunsang de ne pas répondre aux accusations et, mieux encore, de les confirmer. Debout, immobile, la tête baissée vers le sol, il subit les pires outrages.

— Voleur! Bandit! criait la foule.

— Agent du scélérat Dalaï-Lama, criait un Chinois.

— A bas! A bas! reprenait la foule.

Bien sûr, parmi la population, il y avait des gens qui n'étaient pas dupes. Certains connaissaient les accusés, d'autres savaient la fourberie des communistes. Mais la réputation de Sa Sainteté était salie et les prisonniers ainsi offerts à la fureur des rouges rentraient meurtris de blessures. Certes, le corps sanglant, mais avec surtout la honte d'être encore vivants après l'avoir reniée. Certains se pendirent, d'autres cherchèrent à s'enfuir, uniquement dans le but de recevoir une volée de balles. Et pendant que les Tibétains s'en prenaient les uns aux autres, les Chinois attendaient le moment propice pour intervenir. Hypocritement !

— Ne le touchez pas ! Ce n'est pas ce que vous demande la Mère-Patrie ! Soyez de fiers patriotes, mais n'utilisez pas la violence contre ces chiens.

Je restai quatre semaines en isolement. Les derniers jours, on mit Loguièl avec moi. Le soir, nous récitions des mantras. A de très rares moments, nous pûmes échanger quelques mots de soutien, et je me souviens surtout de la bonté de cet homme et de sa loyauté envers notre souverain.

Il nous arrivait d'évoquer nos compatriotes et la tourmente dans laquelle était entraîné notre pays. Les Chinois publiaient des journaux de propagande qu'ils nous forçaient à lire, pour aider à notre « rééducation ». Mon esprit était fort ténébreux. Dans le silence de la nuit, troublé par les râles des blessés, ou le hurlement de ceux que l'on frappait, je pensais aux exactions commises par les soldats de l'Armée populaire de libération. J'essayais de comprendre le comportement de nos geôliers, comme celui de certains prisonniers. Tout cela me décourageait davantage encore. Sachant cependant que Kundun était sain et sauf, en Inde, j'espérais malgré tout que la vérité finirait par triompher. Sinon, ne valait-il pas mieux que la mort m'emportât ? Au cours de l'une de ces nuits, je me promis de ne jamais insulter la mémoire du Dalaï-Lama ni de sa famille, fût-ce au péril de ma vie. Les Chinois m'infligeaient de telles souffrances, mais j'avais décidé de ne jamais leur donner le plaisir de céder.

Mon voisin de cellule s'appelait Tsarong. Il ne put supporter les tortures morales et physiques qu'on lui fit subir. Il se suicida. Comment l'en blâmer ? D'autant qu'il ne fut pas le seul à Tchondjouk à attenter à sa vie, bien que nous, bouddhistes, fussions opposés à de tels extrêmes. Des milliers de pensées néfastes me traversaient l'esprit et, malgré tout, je parvenais à les apaiser par des prières. D'ailleurs, j'avais réussi à conserver mon *mala*. Il était alors mon bien le plus précieux.

Pour tout viatique, je disposais donc de ce rosaire et de la connaissance de la médecine que m'avait enseignée Khyènrap Norbou. D'autres Tibétains possédaient des terres, de l'argent, parfois beaucoup d'or. Pour me prendre tous mes biens, il fallait me tuer ; eux, il suffisait de les dépouiller. C'est ce qui se produisit. Je me souviens que les riches familles de Lhassa et de ses environs avaient apporté au Potala et au monastère de Drépoung, considérés comme des lieux sûrs lorsque des menaces pesaient sur le pays ou la région, une grande partie de leurs biens. Dès le départ du Dalaï-Lama, les Chinois investirent le palais et rasèrent les monastères, récupérant notamment les œuvres sacrées, mais également tout l'or et tout l'argent de la noblesse. Ils furent immédiatement emportés en Chine par les routes que nous avions été contraints de construire. Je rencontrai en prison plusieurs de ces Tibétains qui avaient été ainsi dépouillés de leurs terres, redistribuées au peuple au nom de la doctrine communiste, et de leurs objets les plus précieux. Je ne citerai que deux exemples. Telle famille avait dissimulé tout son or dans une boîte usée, et, pour tromper d'éventuels rôdeurs, avait volontairement rempli de cailloux des boîtes toutes neuves. Mal lui en prit. Au cours d'une perquisition, des militaires trouvèrent au moins quarante kilos de métaux précieux qu'ils emportèrent en riant aux éclats, tandis que le chef du clan fut emmené à Tchondjouk. Telle autre famille fut touchée de la même manière. C'est en usant de détecteurs que les soldats trouvèrent, cette fois, l'or caché sous le plancher. C'est dire combien les Tibétains étaient naïfs, combien aussi ils se laissèrent berner par les discours enflammés des communistes. Notre peuple avait-il encore une dette à payer ? Quelle dette avions-nous donc envers les Chinois ?

La nuit, Loguièl et moi, nous nous adonnions à la pratique du *kyapdro* : la prise de refuge en les trois Joyaux que sont le Bouddha, le Dharma et le Sangha*. Nous y mettions tant d'ardeur que, bientôt, nous dépassâmes les cent mille récitations.

Alors qu'on m'avait séparé de Loguièl, après quatre semaines d'isolement, un officier chinois ouvrit, un matin, la porte.

— Tendzin Tcheudrak, as-tu réfléchi ? demanda-t-il.

— Je n'ai rien à ajouter à ce que je vous ai dit, lui répondis-je, lassé.

Sur un simple geste de la tête, six gardes s'emparèrent de moi et me jetèrent dehors. Ils me conduisirent dans la cellule commune, où je retrouvai mes anciens compagnons. Ils étaient vingt-trois, assis au fond de la pièce, sur des matelas en coton, m'attendant visiblement.

L'officier se tenait à l'écart, le traducteur à ses côtés, ainsi qu'un secrétaire qui noterait tout ce que j'allais dire. Commença alors une très pénible séance de *thamzing*. Je me tenais debout, au milieu de la pièce.

— Avoue! Te rends-tu compte de ce que tu fais? Avoue! criaient-ils.

— J'ai bien réfléchi. Je n'ai rien à ajouter à mes propos. Je ne suis pas un espion, je n'ai jamais travaillé pour le Kuomintang. Je vous ai dit la vérité. Je me suis toujours efforcé de me conformer au Dharma. Vous m'accusez d'être à la solde du Dalaï-Lama? Quelle faute a-t-il commise pour que vous agissiez ainsi? A quel acte d'espionnage me suis-je livré?

Les vingt-trois Tibétains se redressèrent en bloc et devinrent très menaçants.

— Tu es conservateur et obstiné. C'est nous qui faisons partie, par la grâce des Han, des membres de la grande Mère-Patrie. Toi, tu es du genre qui préfère se jeter du haut d'une falaise.

L'officier me conseilla de nouveau d'avouer.

— Je n'ai rien d'autre à avouer, puisque je vous ai dit la vérité.

Il fit un signe aux gardes. A l'aide d'une grosse corde, on m'attacha à une planche en bois. Lorsqu'ils la tendirent, elle pénétra dans ma peau qui éclata. Le sang coulait. J'avais horriblement mal.

— Avoue! entendis-je pour la dernière fois.

— Je n'ai rien à avouer que je ne vous aie déjà dit.

— Nous marchons dans le sens de l'histoire. Toi, tu

soutiens les réactionnaires. Tu ne sais pas distinguer le bien du mal, les bons des méchants.

Ce furent mes propres compatriotes, y compris certains que j'avais soignés, qui me portèrent les premiers coups. C'est incroyable, n'est-ce pas? Et pourtant… Les Chinois se tenaient à l'écart et s'amusaient de la scène.

Je reçus des coups de poing, des coups de pied avec la pointe de leurs minces chaussures de caoutchouc, ce qui accentuait encore la douleur. Je saignais abondamment. Ils me frappaient à la tête, au ventre, sur les jambes, visant les parties les plus sensibles du corps. Ma bouche explosa et je sentis que mes dents se déchaussaient. Je suis incapable de dire combien de temps dura ce massacre. Toujours est-il qu'avant de sombrer dans l'inconscience, je priai pour être purifié de toutes mes mauvaises empreintes karmiques. Leurs cris s'estompèrent. C'est alors que l'un d'eux écrivit avec mon propre sang une lettre exigeant ma mise à mort.

Parmi les vingt-trois prisonniers, je me souviens de Tendzin Guièltsén et de Tsénam qui furent contraints de me frapper, mais je savais bien qu'ils retenaient leurs coups. Ils font partie des rares témoins qui peuvent raconter ce qui se passait à Tchondjouk à cette époque-là. Ils travaillent aujourd'hui à mes côtés, au Mèn-Tsi-Khang, à Dharamsala.

Puis ce fut le trou noir. On me transporta sur un brancard jusqu'à une cellule d'isolement. Loguièl n'était plus là. Je restai plusieurs jours dans un état de semi-coma. Lorsque je revins à moi, je ne pouvais ouvrir les yeux, ni prononcer un seul mot. J'éprouvais une intense difficulté à respirer. Mon corps n'était que plaies, contusions, ma bouche un gros caillot de sang, sur lequel les mouches venaient se poser. Les gardes crurent longtemps que j'allais mourir. Je le pensais aussi ; en quelque sorte, je l'espérais. Ils appelèrent un médecin qui m'examina et qui leur dit :

— Il n'en a plus pour très longtemps. Je ne peux rien.

J'avais soif, la gorge me brûlait. Mon corps, mes vêtements dégageaient une odeur nauséabonde. Personne ne voulait s'occuper de moi, de peur de s'attirer la vindicte chinoise. Les officiers avaient donné la consigne aux gardes que, si je succombais, il faudrait imputer cela aux prisonniers, et, surtout, ne pas dire que j'avais été torturé.

Ma conscience me dictait malgré tout que je devais résister, et lutter autant que possible. Je priais jour et nuit et je répétais inlassablement le *kyapdro*. Pour me souvenir du nombre de prières que j'avais récitées, je tirais des fils de coton du matelas et faisais un nœud par prière.

Je survécus et restai en isolement total jusqu'à la fin de mon incarcération à Tchondjouk. Un peu plus de quatre mois s'étaient écoulés. L'été 1959 touchait à sa fin.

12

Dans l'enfer des prisons chinoises

Mon séjour à Tchondjouk s'acheva en octobre 1959. Il faisait de plus en plus froid et nos conditions de détention s'en trouvaient durcies. Tout au long de mon isolement j'avais tenté, en vain, de comprendre le comportement de certains de mes compatriotes, prêts à tout pour satisfaire aux moindres exigences de l'occupant. Ceux-là espéraient sans doute être récompensés par le régime communiste. Ce ne fut pas toujours le cas. Même si je suis un moine bouddhiste, non violent, même si je condamne de tels actes, je peux à la rigueur comprendre le fait que des soldats obéissent à des ordres et en arrivent à accomplir toutes sortes d'exactions sur une population. Par contre, j'éprouve une infinie tristesse à l'endroit des Tibétains qui battent à mort les leurs, dans le seul but de se gagner les faveurs de nos occupants. Même si l'on admet que les Chinois leur tendirent de multiples pièges, les manipulèrent ou firent pression sur eux, certains manifestèrent cependant plus de zèle que nécessaire. Il existait encore une autre catégorie de Tibétains : ceux qui affichaient des sentiments prochinois dans le but d'échapper aux tortures. A l'égard de ceux-là, je n'éprouve pas de colère, et je préfère prier pour eux, afin qu'ils puissent revenir dans la voie du Dharma.

Dans ma cellule, j'étais enchaîné nuit et jour. Mon matelas était usé et maculé de mon sang. A certains endroits, le coton s'était aggloméré et avait durci en boules inégales, ce qui, lorsque j'essayais de trouver le sommeil, me faisait souffrir. Il en était de même lorsque j'étais assis. La nuit, je me réchauffais les pieds en essayant de les frotter l'un contre l'autre. Mais ce n'était pas une opération aisée du fait de la barre de fer qui m'enserrait les chevilles.

Psychologiquement, je me sentais parfois découragé au point de perdre tout espoir. J'étais surtout attristé par les souffrances infligées à notre peuple. Sa Sainteté n'était plus là et le Tibet avait été transformé en un vaste champ d'horreurs où coulaient des bains de sang. J'avais le sentiment que mon pays était comme un enfant orphelin pleurant sa mère absente. Des voleurs s'étaient introduits dans notre maison et ils la régentaient aujourd'hui après s'être approprié toute sa richesse. C'était un spectacle affligeant dans tous les sens du terme. Dans un tel contexte, les seules nouvelles que nous recevions en prison étaient élogieuses pour la Chine de Mao et l'on nous présentait la société tibétaine comme arriérée et féodale. Bien sûr, celle-ci avait recelé ses failles et ses retards, mais notre gouvernement prenait en compte nos souhaits de modernisation et de profond changement. Nous n'avions nul besoin de la Chine pour entreprendre nous-mêmes des réformes. D'ailleurs, c'est ce que Kundun avait commencé avant l'invasion de 1949. Si triste que fût la situation, je pensais que le temps finirait par venir à bout du mal qui nous frappait. Mais les mois passaient et Kundun ne pouvait revenir.

Un matin, je fus conduit dans une tente pleine d'officiers, protégés par des soldats en armes. On me plaça au centre. Un Chinois, vraisemblablement le plus gradé, me dit :

— Tendzin Tcheudrak, tu dois parler. Dis-nous ce que tu sais sur la politique menée par ton gouvernement.

— J'ai déjà répondu à toutes vos questions. Je suis médecin, et je n'ai rien à ajouter, insistai-je.

— Les temps ont changé, continua l'homme. Tu dois adhérer à la Mère-Patrie. Le Tibet est aujourd'hui une affaire du passé. Désormais, l'avenir vous appartient, avec nous, pour le bien du peuple tibétain.

— Je ne peux changer d'avis, puisque je vous ai dit la vérité, répondis-je. Si je disais le contraire, je mentirais. Quant au reste, je suis tibétain, pas chinois...

— Tendzin Tcheudrak, tu ne sais toujours pas faire la différence entre le bien et le mal.

— Nous n'avons pas la même perception du bien et du mal.

On me renvoya en isolement, mais, cette fois, je ne fus pas battu.

Quelques jours plus tard, on rassembla tous les prisonniers dans la grande salle où se tenaient les séances de *thamzing*. Les soldats nous divisèrent en trois groupes : le premier comprenait tous ceux qui acceptaient de vivre sous la tutelle chinoise ; le second ceux qui jouaient l'indifférence ou qui approuvaient en silence la présence chinoise sur notre territoire ; et enfin, le troisième, dans lequel on me classa, rassemblait les fidèles à la cause tibétaine et à Sa Sainteté le Dalaï-Lama.

Un fonctionnaire s'adressa à nous :

— Vous allez partir prochainement en Chine pour y être « éduqués ». C'est un long travail qui vous attend, car vous avez des cerveaux immatures. Vous — et il désigna du doigt le premier groupe —, vous travaillerez à la construction d'une centrale électrique. Quant à vous — et il pointa un regard méprisant sur l'autre groupe —, vous resterez à Tchondjouk pour terminer votre « rééducation ».

Le 28 octobre, je quittai Tchondjouk et je fus transféré, avec soixante-douze autres prisonniers, à la prison militaire du Norbou Lingka. Nous n'avions aucun paquetage et portions juste les haillons que nous avions sur nous. Des parents furent autorisés à venir nous parler quelques minutes, sans toutefois nous voir. Je pus ainsi converser avec des proches. Tout autour de nous, nous n'entendions que pleurs et gémissements. C'était émouvant et très pénible. Aussitôt les entretiens terminés, nous vîmes arriver un groupe de prisonniers qui avaient renié notre cause et que les Chinois utilisaient pour les sales besognes. Si nous nous obstinions dans notre comportement, ils nous insultaient et proféraient des menaces de mort à notre encontre. Ils finirent, cette fois-là, par nous cracher dessus et par nous fouetter, sous l'œil indifférent des gardes.

Nous n'étions pas très loin du Potala. De la fenêtre de notre cellule, nous pouvions même l'apercevoir. Le reverrions-nous un jour? Lorsque le silence se fit sur la cité, nous nous serrâmes les uns contre les autres et passâmes une longue partie de la nuit à prier. A un moment, un violent orage s'abattit sur la capitale et ses environs. La pluie fouettait le sol avec une violence extrême. Des éclairs déchiraient le ciel et le palais du Dalaï-Lama apparaissait alors comme une vision d'espoir. Nous étions persuadés que dans un, deux, trois, voire cinq ans au plus, Kundun serait de retour à Lhassa et que s'ensuivrait une longue période de paix avec nos voisins chinois.

Le jour était à peine levé lorsqu'on nous fit embarquer dans deux camions : trente-cinq prisonniers dans l'un, trente-sept dans l'autre. Quatre soldats en armes nous surveillaient. Un officier prit place à côté de chaque chauffeur. Un troisième camion, contenant les provisions des soldats et les tentes, allait nous précéder jusqu'en Chine. Des militaires y avaient également pris place et une mitrailleuse lourde restait en permanence braquée sur nous. Deux Tibétains serviraient d'interprète.

Des ordres fusèrent. Les camions se mirent en branle. La dernière image que j'eus de notre capitale fut le Potala, paré d'un magnifique double arc-en-ciel qui naissait à l'ouest des montagnes et se fondait dans les nuages sombres à l'est. L'orage menaçait.

Le voyage jusqu'à la prison de Jiuzhen allait durer douze jours. Debout, entassés les uns contre les autres, enchaînés des pieds à la tête, nous n'avions aucune possibilité de nous mouvoir. Pas question de nous laisser

tomber : la mort eût été inévitable! Le convoi se dirigea d'abord vers Nagtchou. A la sortie de Lhassa, nous
fûmes rejoints par un autre véhicule emportant des
moines de Drépoung, Gandèn et Séra, dont des rin-
potchés qui devaient à peine avoir seize ans. Vers midi,
on nous donna une poignée de riz et du thé noir. En
fin d'après-midi, les officiers ordonnèrent l'arrêt des
véhicules en un lieu totalement désertique et firent
dresser les tentes. Ils nous enfermèrent dans l'une
d'elles. Un vent violent battait la montagne. Il faisait
horriblement froid et il se mit à neiger en abondance.
Assis les uns à côté des autres, nous nous serrâmes
davantage encore, mais en dépit de cela nous n'arrivions
pas à nous réchauffer. Pris d'une soudaine angoisse, certains se mirent à pleurer. Leurs gémissements déclen-
chèrent immédiatement la colère des soldats. De peur,
de jeunes moines urinèrent sur eux.

Dans de telles conditions, je ne pus trouver le sommeil. Je pensais à mon pays que j'allais quitter. J'eus
également un moment de compassion pour ces jeunes
gardes chinois qui, dehors sous la tempête, se relayaient
régulièrement pour nous surveiller. J'aurais aimé pouvoir leur parler, juste leur dire quelques mots, évoquer
leur pays, le nôtre, leur parler de Kundun qui avait le
même âge qu'eux.

Je me souviens aussi d'un habitant de l'Amdo qui,
malade, perdit plusieurs fois connaissance. Les Chinois
ne prêtaient guère attention à lui et il demeurait soumis au même régime que nous. Une vie de plus ou de
moins, cela leur importait bien peu. La seconde nuit,
on nous parqua de nouveau sous la tente. Nous étions
à Amdo Teuma. Le lendemain, nous franchîmes un

grand col qui nous permettait d'atteindre To To Ga. C'est là que, le laissant pour mort, les gardes jetèrent l'homme malade par-dessus bord. Il était jeune et j'étais persuadé qu'il vivait encore. J'implorai Tara pour qu'elle le protégeât. Parfois, nous rencontrions des nomades, mais il nous était interdit de les regarder. Si nous étions surpris à le faire, nous recevions un méchant coup de crosse dans les reins.

Puis nous traversâmes la plaine de Golmud, où nous croisâmes une caravane de chèvres qui revenait des hauts lacs salés. Au loin, très loin à l'horizon, nous pûmes apercevoir des prisonniers tibétains qui cassaient des pierres. Je sus plus tard que la Chine extrayait aussi du pétrole dans la région. Après Golmud, nous gagnâmes Tsadam. Partout, il y avait du sel : sur le bord des routes, près des maisons, et nulle part de l'eau potable. Le sel, le froid, la neige, mais au bout de ce voyage qui dura encore trois jours, l'enfer nous attendait.

Nous étions à présent en Chine. Nous finîmes en train le reste du trajet jusqu'à Jiuzhen, enfermés dans un wagon de marchandises. Les Chinois nous avaient séparés des moines de Drépoung qui partirent pour une autre destination, un autre camp. Nous étions tous dans un état de faiblesse extrême. Cependant, parmi nous, un jeune lama de Pangbo continuait à faire preuve d'une immense naïveté. Je crois que les Chinois s'en étaient aperçus et lui avaient fait croire qu'il allait en Chine pour étudier. Dans le train, il était assis près de moi et il m'assura qu'il ne rentrerait pas au Tibet tant qu'il n'aurait pas achevé ses études. Je n'osai l'informer du sort probable qui nous attendait au terme de cette ligne de chemin de fer. Plus tard, à Jiuzhen, quelques-uns le taquinaient gentiment :

— Eh bien! tu restes encore un peu avec nous pour tes études?

Il détournait alors la tête pour masquer son embarras.

Une très longue nuit venait de s'écouler. Le train se rendait à Pékin, dont nous nous trouvions à une journée. Mais, pour nous, le voyage s'acheva dans les faubourgs de Jiuzhen. Le battant du fourgon s'ouvrit. Des ordres secs nous intimèrent de sortir du wagon. Des camions nous emmenèrent au camp.

Jiuzhen était cerné de champs immenses, séparés de la prison par des barbelés. Trois autres prisons des environs dépendaient de ce camp. L'entrée principale se trouvait à l'est, avec, le long de la muraille, une première rangée de cinq cellules, à gauche comme à droite du portail. Deux autres rangées de dix cellules, parallèles à l'entrée, étaient séparées par une grande cour. Au fond, les cuisines et, de part et d'autre, des baraquements en bois pour les fosses. Les militaires étaient postés en divers endroits du camp et occupaient un bâtiment à étage situé à l'extérieur. Toute évasion était, ici, réputée impossible. Par le passé, il y eut bien quelques tentatives depuis les fosses qui s'ouvraient sur l'arrière du camp. Mais, depuis, les gardes veillaient.

Cinq prisonniers vivaient par cellule, cependant ce nombre pouvait évoluer et monter jusqu'à sept. La surpopulation provoquait d'ailleurs fréquemment d'horribles bagarres. Les portes étaient en bois plein, les lits constitués d'un mélange de bois et d'herbe. Nous n'avions pas de matelas. Pour les remplacer, nous utilisions des morceaux de tissu. Chacun marquait son territoire en traçant des lignes sur le sol. Malheur à celui qui les franchissait. Il existait aussi d'autres cellules qui pouvaient abriter jusqu'à vingt-cinq prisonniers.

A Jiuzhen, quelque huit cents prisonniers, dont des opposants politiques chinois, anciens du Kuomintang et anticommunistes, étaient détenus. D'autres Chinois, catholiques et musulmans, étaient emprisonnés ici pour n'avoir pas respecté l'interdiction de pratiquer la religion. Il y avait également sept femmes qui occupaient une cellule un peu à l'écart. Trois cents Tibétains, pour la plupart de la région de l'Amdo, avaient déjà été transférés dans ce camp. A notre arrivée, il ne restait que deux survivants. Tous les autres étaient morts d'inanition ou des suites de tortures. Aki Lama était un jeune *trulkou*. Quand je le vis pour la première fois, il devait être à peine âgé de dix-huit ans. Son compagnon d'infortune était un laïc de l'Amdo, d'une trentaine d'années. Tous deux étaient dans un état pitoyable. Aki Lama tenait difficilement debout.

Les nouveaux arrivants furent rassemblés dans la cour. Le chef de camp fit lire le règlement. Les gardes étaient en majorité chinois, mais il y avait aussi quelques Tibétains, anciens prisonniers reconvertis ou collaborateurs de la première heure, qui manifestaient à notre égard un ressentiment farouche. Les soixante-douze prisonniers furent divisés en trois groupes et dirigés vers les cellules de la rangée centrale.

Première journée à Jiuzhen. Le lever eut lieu à sept heures. Une heure plus tard, un Tibétain nous expliqua le travail que nous devions accomplir. Les gardes hurlaient leurs ordres dans des haut-parleurs que l'on pouvait entendre depuis l'extrémité du champ le plus éloigné. Je m'aperçus alors que les prisonniers qui collaboraient occupaient un baraquement spécial, proche de celui de leurs maîtres.

L'estomac vide, nous fûmes dirigés vers un champ assez éloigné. Là, nous devions remplir des sacs de sable et les transporter dans un autre endroit, à raison de trente sacs par jour. Celui qui ne réalisait pas le compte était automatiquement privé de repas. Dès la première journée certains de mes compagnons, que le trajet de Lhassa à Jiuzhen avait encore affaiblis, ne perçurent aucune nourriture. Les autres recevaient leur portion de riz à midi. Nous pouvions aussi nous reposer une heure, durant laquelle il nous était permis de dormir, une faveur que nous appréciâmes très vite à sa juste valeur. Après quoi, nous repartions dans le champ jusqu'à l'heure du dîner, servi à dix-huit heures.

L'hiver était redoutable à Jiuzhen. Un vent tourbillonnant balayait la plaine et le travail dans les champs n'en était que plus difficile. On nous distribua des casquettes et des gants, que nous bourrions de coton. Le soir, dans la cellule, nous enveloppions nos pieds de chiffons noirs, également bourrés de coton.

La nourriture était quasi inexistante. Notre ration mensuelle consistait en quatre kilos de riz et de légumes secs, ce qui ne nous rassasiait guère et ne pouvait évidemment pas satisfaire aux besoins même les plus minimes imaginables. La malnutrition eut rapidement raison des plus costauds d'entre nous. Personnellement, je n'étais pas en excellente santé en arrivant à Jiuzhen. Après quelques jours de dur labeur, je perdis encore du poids et devins rapidement d'une maigreur extrême. Cependant, je n'étais pas le plus à plaindre. Prisonniers chinois et tibétains étaient logés à la même enseigne. Nous marchions si lentement que plusieurs secondes nous étaient nécessaires pour soulever une jambe ; plusieurs autres pour faire un pas. Pour se lever, certains devaient se tenir au mur. Personne n'avait le droit de les aider et on ne leur prodiguait aucun soin. Il y avait bien un bâtiment baptisé hôpital, mais ce n'était qu'un leurre. Notre vie à Jiuzhen était misérable. Nos corps étaient enflés comme des tubes qu'on aurait gonflés d'air, et nos cheveux tombaient par plaques. Tous les prisonniers étaient ainsi. Cela éveilla en moi de multiples interrogations. Je fis certaines suppositions, mais ne trouvai aucune réponse aux soupçons que je nourrissais. Du moins au tout début. De les voir souffrir ainsi ne faisait que renforcer ma propre souffrance.

Le soir, nous subissions systématiquement une séance de « rééducation » très spéciale. Elle consistait à rejeter sur les prisonniers les plus durs la honte de ne pas être de vrais patriotes. Les geôliers nous accusaient d'abord, puis nous maltraitaient pour notre conduite passée.

— Vous êtes des réactionnaires que nous allons mater jusqu'à ce que vous mouriez ou que vous reconnaissiez vos fautes.

Et ils nous frappaient jusqu'au sang. Quiconque persistait à résister allait en isolement, un moment redoutable pour chacun de nous. Nous y étions alors privés de nourriture et subissions les pires outrages. Le dimanche, on nous enseignait les principes du marxisme, commentés par les communistes chinois. A cette fin, un officier nous lisait le Petit Livre rouge de Mao, un peu comme s'il s'agissait de textes sacrés. Les méthodes utilisées à Jiuzhen ressemblaient à celles de Tchondjouk, comme à celles de tous les *laogai* de Chine et du Tibet. Mais, contrairement à Tchondjouk, même s'ils dressaient les prisonniers les uns contre les autres, les Chinois n'hésitaient jamais à nous frapper et à nous torturer. Ils faisaient même montre de tellement d'expérience qu'ils étaient capables de s'arrêter juste avant que le cœur de leur victime ne lâche. Ils préféraient de beaucoup l'achever par le travail forcé.

Après quelques semaines de détention à Jiuzhen, nous souffrions tous de malnutrition. Nous fûmes nombreux à manger n'importe quoi, du cuir, du coton, des morceaux de nos vêtements. Des prisonniers chinois allaient jusqu'à chercher des vers dans les fosses. Un serviteur de la famille Yapchi, qui se trouvait à l'époque avec moi dans le camp, trouva une veste par terre. Il la fit cuire et la dévora. De tels comportements étaient de plus en plus fréquents.

A notre retour des champs, nous étions systématiquement battus. Nos geôliers tibétains, entre autres, nous reprochaient de n'avoir pas mis assez d'ardeur à travailler pour la Mère-Patrie. Et leurs complices chinois nous accusaient des actes les plus barbares, alors qu'ils les commettaient eux-mêmes :

— Vous avez opprimé les masses ouvrières, en buvant leur sang et en mangeant leur chair.

Nous, Tibétains, n'avions jamais connu de cas de

cannibalisme, ce qui était loin d'être le cas en Chine. Quel que fût notre état, les gardes n'en tenaient aucun compte. Au contraire, plus nous nous affaiblissions, plus ils nous maltraitaient. Nos vies se consumaient entre le travail au champ, les tortures et la rééducation.

Un moine du nord du Tibet, surpris par des soldats dans la salle de prières de son monastère, alors qu'il invoquait les divinités pour tenter de s'en concilier les faveurs, avait été arrêté il y a longtemps. Les Chinois lui avaient alors proposé d'aller travailler en Chine, ce qu'il accepta avec joie. Il remercia même les soldats de lui avoir fait une si aimable proposition. Quelques jours plus tard, ce moine se retrouva à Jiuzhen. Aujourd'hui, il était plein de regrets. Les Chinois l'utilisaient comme une véritable bête de somme, le forçant à accomplir les tâches les plus pénibles. Torturé plusieurs fois par semaine, le pauvre moine s'affaiblit très vite et succomba aux sévices.

Je faisais maintenant partie d'un autre groupe de prisonniers dont la tâche de chacun consistait à nettoyer, puis cultiver un acre de terrain broussailleux. Le sol était gelé et nous devions creuser profondément la terre pour pouvoir y semer des graines. La chair de nos mains était à vif, nos pieds totalement abîmés. Les plus âgés d'entre nous ne supportèrent pas ce régime. Ils attrapèrent des maladies et moururent. La santé d'Aki Lama se détériora également. Il nous appelait tous « *akhou* », oncle, et un léger sourire se dessinait alors sur ses lèvres quand nous pouvions, discrètement, l'aider à rentrer dans la cellule. Un Tibétain qui collaborait avec les Chinois l'avait même pris en pitié. Chaque jour, il essayait de lui redonner un peu de force en lui fourrant dans la bouche de la farine mélangée à du bouillon de légumes. Mais il était déjà trop tard. La mort emporta Aki Lama peu de temps après.

Dans les champs, je trouvai des plantes sauvages qui possédaient des propriétés médicinales. J'en distribuai à mes compagnons. Mais un garde s'en aperçut et me menaça de *thamzing*.

Une nouvelle année commença. Nous étions en 1960, an souris-fer, et les Chinois savaient que nous aurions aimé célébrer *Lossar*, le nouvel an tibétain. Des officiers passèrent dans les cellules au moment du dîner.

— Vous avez bu autrefois le sang et la sueur du peuple tibétain. Néanmoins, aujourd'hui, par sollicitude, les communistes sont heureux de vous offrir en cadeau cette huile pour célébrer l'année nouvelle. Nous espérons que vous changerez d'attitude à l'égard de la Mère-Patrie et que vous reconnaîtrez vos fautes.

Affamés, des prisonniers réclamèrent un peu plus d'huile.

— Vous avez été trop privilégiés du temps de votre liberté. Vous ne le méritez pas, mais à titre exceptionnel…

L'homme versa un peu plus d'huile dans chacun des bols. Seulement, les légumes qui nous avaient été servis pour agrémenter la poignée de riz étaient pourris.

Le lendemain, un de nos compagnons, Lobsang Theundroup, dut aller, avec une équipe, ramasser du fumier et l'épandre dans les champs. Je faisais également partie de cette corvée. Soudain, il me fit signe.

— Regarde! Des cadavres de porcelet, me fit-il du bout des lèvres.

— N'y touche pas. Il va t'arriver des pépins, lui dis-je.

Lobsang Theundroup ne m'écouta pas. Il continua à ramasser le fumier. Les porcelets dégageaient une forte odeur de pestilence et l'un d'eux présentait une large entaille sur le corps. Il en glissa un hors du trou et le dissimula.

— Ne fais pas cela. Tu vas tomber malade et t'attirer de graves ennuis.

Je ne parvins pas à le raisonner.

— Il faut absolument que je mange. Quoi qu'il arrive, je dois manger. Je n'en peux plus.

Alors qu'il s'apprêtait à ramener l'animal dans sa cellule, il se fit prendre. Les gardes lui confisquèrent la carcasse et il fut frappé toute la nuit. Ses hurlements traversaient le camp, nous pénétrant jusqu'aux os. Au petit matin, on le transporta à l'hôpital où il succomba aux suites des sévices qu'il avait subis.

Je pourrais donner encore de multiples exemples de la malnutrition qui régnait à Jiuzhen. Un jour, un autre de mes compagnons, Niépama Tendzin, remarqua que les Chinois avaient renversé de la soupe par terre. Elle s'était écoulée jusqu'à la bouche d'évacuation des égouts, où, mélangés à la soupe, flottaient toutes sortes de déchets. Tous ceux qui entraient dans la cuisine avaient marché dedans. Malgré mes conseils, Niépama Tendzin se rua sur l'endroit et emplit son bol de cette horrible mixture.

— Cette soupe est à base de viande de mule, me dit-il d'un ton très excité.

D'autres encore mangèrent des rats, qu'ils faisaient cuire sur un fil électrique dénudé. Mais ce n'était rien en regard de ce qui nous attendait. A l'époque, la famine était telle en Chine même que des adolescents en étaient conduits à toutes les extrémités. Un des prisonniers du camp avait tué sa mère pour lui voler quatre kilos de riz, et il avait été condamné à dix-sept ans de camp ; un autre avait assassiné un nourrisson pour s'en nourrir. Nous l'avions surnommé le « vautour » parce qu'au Tibet nous donnons les cadavres aux rapaces.

Le printemps nous apporta enfin des journées plus clémentes. Je m'en sentis ragaillardi, cependant j'étais, moi aussi, extrêmement faible. Pour me coucher, je faisais comme chacun de mes compagnons. Je posais d'abord la tête sur le matelas, puis je me laissais glisser jusqu'à ce que mon corps soit entièrement étendu. D'autres n'arrivaient même plus à soulever la tête. Toutes mes articulations me faisaient souffrir et d'intenses douleurs me vrillaient le dos. Pour me lever, c'était une autre hantise, et il me fallait un temps fou. Je m'agrippais au mur et dépliais peu à peu mon corps meurtri. Nous n'avions même plus l'énergie nécessaire pour contrôler nos défécations. Nous urinions sur nous. Au début, je parvenais encore à faire mes besoins dans mon bol. Après, je ne pouvais même plus me contenir.

Je crois bien avoir souvent pensé mourir à Jiuzhen. C'est ce qui arriva d'ailleurs à la plupart de mes compagnons. Dans la cellule, mes deux voisins immédiats s'appelaient Kiré Tcheupel et Dodroung Tséwang Rapguièl. Il était deux heures du matin lorsque, un jour, je m'aperçus que Tcheupel était décédé. Nous décidâmes aussitôt de cacher sa mort à nos gardiens, juste le temps de recevoir sa portion de soupe. Nous partageâmes son bol avec avidité. Ce même matin, le cuisinier, un Tibétain fort et vigoureux, avait dissimulé un peu de soupe dans une cellule vide. Je m'en aperçus et allai la lui voler. Je partageai avec mes amis. Lorsqu'il revint, l'homme ne put retenir sa colère. Ce n'était pas très grave, car je trouvais que, par rapport à nous tous, il pouvait manger largement à sa faim.

Le corps de Tcheupel resta une partie de la matinée dans la cellule, puis nous le transportâmes à l'endroit, près des toilettes, où tous les morts étaient entassés. Il y en avait plusieurs par jour et les prisonniers devaient, à tour de rôle, s'occuper de leur ensevelissement. Les cadavres restaient parfois là pendant plusieurs jours avant d'être emportés à l'extérieur du camp, dans un champ spécialement affecté à cet usage. Les Chinois faisaient inscrire le nom du mort à l'endroit où il était enterré.

Je survivais malgré tout, sans doute un peu mieux que les autres, car je savais utiliser les différentes ressources que la nature offrait. Quand j'en trouvais, je me nourrissais de plantes, de racines, avec lesquelles je confectionnais une mélasse que je partageais chaque fois que je le pouvais. Trinelé Namguièl fut ainsi sauvé d'une mort certaine. A force de lui faire ingurgiter cette mixture, il retrouva un peu de lucidité. Nous mangions également une sorte de radis, appelé *tang*.

Le soir, nous continuions à subir de longues séances de « rééducation ». Nous avions toujours droit à la lecture des passages du Petit Livre rouge de Mao Tsé-toung. Régulièrement, les officiers chinois évoquaient, de nombreux exemples à l'appui, les différentes formes de gouvernement. Leurs principales cibles ? Les Américains, les Britanniques, les Indiens et les Français, qui tous recevaient le qualificatif d'impérialistes. Si nous contestions leurs arguments, nous passions pour des traîtres et l'on nous accusait de vouloir diffuser dans le camp une propagande anticommuniste. Les nouveaux tombaient souvent dans le piège. Nous, nous écoutions en approuvant tout ce qu'ils voulaient bien nous raconter.

Nous subissions également une séance hebdomadaire de *thamzing*, au cours de laquelle nous devions faire notre autocritique. Ceux qui refusaient de s'humilier devant les autres étaient accusés de vouloir dissimuler leurs fautes et étaient placés en isolement, où ils étaient torturés toute la nuit. Nous en étions donc arrivés à raconter toutes sortes de mensonges à nos bourreaux, pour leur faire croire que la « rééducation » avait réussi.

En 1961, an bœuf-fer, il y avait une Chinoise qui venait fréquemment à l'hôpital de la prison. Elle passait des cigarettes et un peu de nourriture qu'elle échangeait contre différents objets. Je ne possédais rien. Mais, un jour, n'y tenant plus, je lui donnai ma *tchoupa* contre vingt pièces de *momos** et une brioche cuite à la vapeur farcie de viande et de légumes. Cet échange me permit de passer une journée sans subir les affres de la faim. Cette femme fut finalement surprise par les officiers qui la punirent, sans trop de sévérité. La nouvelle de son arrestation nous désola et sapa un peu plus le moral de certains.

Une autre fois, nous aperçûmes le cuisinier qui rapportait une grosse portion de *momos*. Nous nous jetâmes sur lui et les lui arrachâmes des mains. En fin d'après-midi, avant le dîner, nous fûmes rassemblés dans la cour. Ceux qui avaient goûté aux *momos* furent attachés. Lorsqu'on tirait sur la corde, la douleur était si intense que nous nous mettions à hurler et à uriner ou déféquer sans pouvoir nous contrôler. Pour exécuter cette tâche un peu spéciale, les Chinois utilisaient les prisonniers tibétains les plus zélés qui travaillaient pour eux.

Les prisonniers chinois subissaient exactement le même sort que nous. Deux anciens dirigeants du Kuomintang trouvèrent un jour une tête d'âne dans un champ. Comme la cervelle était intacte, ils la mangèrent. Quand les gardiens eurent vent de l'affaire, ils provoquèrent une réunion dans la cour. Les deux hommes durent se critiquer. Ils furent torturés par les autres, sous le regard indifférent des responsables du camp.

Parmi d'autres faits, tous plus horribles les uns que les autres, nous découvrîmes qu'un détenu chinois était tombé dans la fosse. Avait-il été poussé par un gardien ? Nul ne pouvait le dire. Il se dégageait de lui une odeur insupportable. Une écume blanche lui sortait de la bouche. Un soldat arriva et lui donna un coup de pied dans le ventre, l'obligeant à se lever, et le conduisit dans le champ où il aurait dû normalement travailler. C'est là qu'il mourut.

Il va de soi que le fait d'avoir des connaissances médicales me favorisa énormément à Jiuzhen. Mes compagnons mouraient les uns après les autres. Des soixante-douze Tibétains arrivés avec moi, il n'en resta bientôt plus que cinquante, puis quarante, puis trente. Chaque jour, d'autres s'affaiblissaient encore. Durant les premières semaines de mon incarcération, je priais pour que cessent la famine et les souffrances. Je n'étais d'ailleurs pas le seul à agir ainsi. J'en arrivais à supporter les coups, les tortures, la faim et à garder ainsi un peu de lucidité dans les moments d'extrême faiblesse physique. Pour cela, je me remémorais les enseignements, comme celui-ci :

> *Ne pas accomplir d'actes négatifs,*
> *S'efforcer de pratiquer la vertu,*
> *S'appliquer à maîtriser complètement son esprit,*
> *Tel est l'enseignement du Bouddha.*

Celui que je récitais le plus souvent s'appelait le *Djampel-Yang Chérap Teunpa*. A Tchondjouk, je disais le *kyapdro* et le *Nétchoung Soung*. A Jiuzhen, il m'arrivait fréquemment d'ouvrir le Petit Livre rouge de Mao en présence des gardiens, alors qu'en réalité je disais des prières, mes prières. Pour résister à tout ce que j'eus à endurer dans ce «camp de la mort», j'utilisais également la méditation, notamment une forme particulière appelée *tougou-bartsa*. Celle-ci permet de se passer de nourriture pendant un certain nombre de jours sans trop de difficultés et ne comporte aucun effet secondaire. Elle produit une chaleur spécifique et cette sensation apaise la faim.

Je n'ai pas le pouvoir de transmettre cet enseignement qui ne peut être reçu que d'un grand lama. C'est le défunt Kham Rinpotché qui me le transmit à son arrivée à Loka. Cete méditation est surtout pratiquée lors de retraites, et fort utilisée par les ermites tibétains dans certains lieux retirés du Ladakh. Je peux malgré tout évoquer mon expérience personnelle dans le cadre de Jiuzhen.

Lorsqu'il n'y avait plus de lumière dans la cellule, je me tenais à l'écart des autres détenus. Pour pratiquer le *tougou-bartsa*, il est inutile de prier. Il faut simplement rester assis, en silence. Autour de moi, mes compagnons parlaient ou invoquaient des divinités. D'autres geignaient de douleur. Moi, je faisais en sorte de rester calme et silencieux, complètement tourné vers ma méditation. Cette pratique engendre une chaleur dans l'estomac qui se diffuse ensuite dans tout le corps. Elle aide à transporter les éléments nutritifs ; il est donc préférable d'absorber de la nourriture avant de la pratiquer. Avec un estomac vide, les effets sont plus faibles. Cette chaleur aide également à la digestion.

A Jiuzhen, je remarquai aussi que les souffrances endurées produisaient un effet curieux sur la vie de certains prisonniers. Ceux qui survivaient développaient un comportement social étrange et particulièrement instable. D'anciens détenus de ces camps chinois arrivaient en effet à revivre, mais tels des morts vivants, en marge de la société. Ils demeuraient hantés par les années d'emprisonnement et de tortures, et dégageaient souvent quelque chose d'effrayant. Si, parmi nous, il n'y eut pas davantage de cas de folie, je pense que ce fut lié au soutien de la religion, à notre approche du

Dharma. S'ils existaient, les cas de suicide demeuraient, malgré tout, rares. Pour nous, bouddhistes, c'est un privilège, lié aux actions de nos vies antérieures, que d'être né humain. Ainsi, prendre délibérément congé de cette vie constitue un acte qui a pour conséquences d'engendrer dans les vies suivantes de pitoyables conditions d'existence et de très grandes souffrances. Je ne peux cependant blâmer ceux qui finirent par craquer dans les camps chinois. Leurs souffrances étaient inimaginables. Quelques-uns réclamèrent la mort à leurs geôliers, l'écrivant de leur sang sur les murs de leur cellule.

A la fin de l'année 1961, notre situation s'améliora cependant. On nous rassembla, un jour, dans la cour. Sur les soixante-douze prisonniers tibétains arrivés avec moi en octobre 1959, nous n'étions plus que vingt et un.

— Votre « rééducation » prend fin, nous dit un officier. Dans quelques semaines, vous retournerez au Tibet.

Ce jour-là, nous supportâmes mieux le « vent mongol », tellement glacial, qui soufflait souvent sans interruption durant une vingtaine de minutes. Lorsqu'il se déchaînait, les gardiens en faisaient l'annonce dans les haut-parleurs. Il était alors impératif de s'en protéger et nous courions nous réfugier dans les abris creusés à cet effet.

Une quinzaine de jours plus tard, nouveau rassemblement. On nous annonça que nos rations allaient passer de quatre à vingt kilos de céréales par mois. Il fallait nous retaper, avant d'entreprendre le voyage de retour. Pas un d'entre nous n'eût été capable de supporter douze jours de trajet en camion débâché. Plus de travaux dans les champs, les plus faibles pouvaient même rester couchés ; les autres demeuraient dans la cellule ou s'asseyaient dehors. Nous avions toujours droit aux séances de *thamzing*, mais peu à peu nos corps reprirent un peu d'épaisseur. Nous pouvions mieux redresser la tête, même si nous allonger et nous mettre debout relevait d'un exercice périlleux.

Décrivant l'idéal du bodhisattva, nos textes indiquent qu'il serait bien d'apporter notre aide tant à notre ami qu'à notre ennemi et d'aller même jusqu'à considérer ce dernier comme s'il était notre plus cher parent. Appliquer cela est fort difficile, surtout dans les conditions dans lesquelles nous vivions. A Tchondjouk comme à Jiuzhen, malgré tout, j'ai toujours essayé de respecter les paroles du Bouddha, bien que j'aie éprouvé du ressentiment à l'égard des Chinois et des Tibétains qui nous torturaient. Mais je parvenais à écarter ce sentiment de colère par la méditation, les prières et le respect des enseignements du Dharma.

Pour nous encourager à pratiquer le bouddhisme, quelques êtres profondément spirituels nous incitèrent à affronter nos malheurs sans avoir de mauvaises intentions à l'égard des personnes qui nous infligeaient ces souffrances. Le grand maître Aticha dit dans « La Lumière de la Voie » :

Celui qui, sur la base de la compréhension de ses propres souffrances,

Développe le désir de soulager autrui
De toutes les formes de souffrances
Est qualifié d'être supérieur.

Il existe certainement des Tibétains, des Chinois, d'autres gens encore qui ont vécu dans des conditions bien plus déplorables que les nôtres. Aux moments les plus difficiles, de grands lamas évoquaient parfois, avec nous, les vies exemplaires de maîtres spirituels tibétains susceptibles de nous servir d'exemple et, ainsi, de nous aider à endurer la nôtre propre. Parmi ces maîtres, un des plus fréquemment cités fut le grand yogi et poète Milarépa. Il vécut une vie ascétique dans le dénuement le plus complet, ne se nourrissant que d'orties cueillies dans la montagne. En songeant à une telle austérité, il fallait convenir que nous étions, finalement, dans une situation bien meilleure, même si nous devions supporter les séances de *thamzing* et les brutalités de nos geôliers. En analysant la vie de Milarépa, j'en étais personnellement venu à me dire que, finalement, je ne vivais pas les conditions les plus dures, qu'il y avait d'autres êtres pour qui elles étaient bien pires.

Dans les camps, je rencontrai des *trulkou* qui étaient capables de tolérance, bien qu'on les frappât jusqu'à la mort. Ils rayonnaient d'une étrange sérénité. Moi, dès que les coups commençaient à pleuvoir, la colère m'envahissait. Mais, finalement, je parvenais à la maîtriser et à effacer jusqu'à cette notion de mon esprit. J'avais cependant encore beaucoup de travail à faire pour, moi aussi, acquérir une telle sérénité face à toutes les épreuves, bonnes ou mauvaises, de la vie.

J'ai pu voir à Jiuzhen des femmes catholiques et des

musulmans affronter les souffrances avec autant de tolérance que certains lamas. J'appliquais les enseignements du Dharma chaque jour et dans toutes les circonstances, car j'ai toujours eu une conviction inébranlable dans le bouddhisme. Il se trouva toutefois que, dans les camps, des lamas célèbres s'avérèrent moins scrupuleux. La faim les poussa à massacrer les animaux qui leur tombaient sous la main. La pratique spirituelle était devenue chez eux un sujet de plaisanterie. Bien qu'ils dussent le respect à tous les êtres vivants, ils tuaient délibérément des porcs, des rats, des chiens, dépeçaient des singes vivants sous les éclats de rire des Chinois. Pire encore, certains servaient de bras au bourreau et battaient à mort des compatriotes qui, auparavant, leur vouaient tant de vénération.

C'est vrai, j'ai éprouvé de la colère à l'égard des communistes chinois, mais plus encore des Tibétains, religieux ou laïcs, qui collaboraient avec l'occupant. Or, lorsqu'on est en colère, on perd tout contact avec la réalité. La colère a des effets destructeurs, engendre des pensées négatives, comme le désir d'infliger en retour davantage de souffrances. C'est par la ténacité et la patience que l'on arrive à dominer ces forces négatives. Lorsque les Chinois ou les Tibétains me torturaient, je pouvais perdre toute aptitude à raisonner, tout simplement parce que le sentiment de colère me dominait. Je me calmais lentement, et, finalement, je parvenais à contrôler mes pensées et la douleur physique. La méditation, des exercices secrets que nous appelons *toumo* et les récitations de mantras me permettaient d'endurer les coups et les matraques électriques.

A la fin de mon séjour à Jiuzhen, je travaillais dans
le jardin qui s'étendait à l'extérieur de la prison. J'avais
recouvré quelque force et je m'y rendais chaque jour
avec certains de mes compagnons. Un matin, nous rencontrâmes sur le bord de la route une femme et deux
enfants. Notre gardien, qui était un Chinois très bon,
lui demanda ce qu'elle faisait là. Comme elle cherchait
un peu de nourriture il lui donna quelques légumes.
Elle revint ensuite chaque jour. Peu de temps après, le
gardien nous dit d'une voix triste que la femme et les
enfants étaient morts...

Peu avant notre départ de Jiuzhen, les Tibétains
chantaient cette chanson :

Akhou, Akhou !
Nous avons connu l'enfer.
Libère-nous maintenant,
Libère-nous !

Ces chants furent repris plus tard à Lhassa, où la
réaction des Chinois fut terrible.

Avant d'évoquer notre départ de Chine, il me revient
encore le souvenir d'un prisonnier chinois. Nous
sommes tous des êtres humains et il est important, pour
ne pas dire essentiel, de nous préoccuper les uns des
autres. L'homme souffrait d'une maladie grave. Ses
cuisses gangrenées pullulaient de vers blancs. Il gémis-
sait en permanence. Plusieurs fois dans la journée, une
infirmière chrétienne chinoise venait le soigner, recou-
vrant de cendres les blessures de son anus et de ses
cuisses. Ce traitement sembla apaiser ses douleurs, mais

il succomba très vite. « L'existence cyclique est le berceau dans lequel naissent et croissent les misères », disait le Grand Cinquième…

Un matin, nous fûmes vingt et un à être alignés dans la cour. L'officier nous annonça notre départ. Huit jours plus tard, l'escorte arriva, sous le commandement d'un officier chinois et de deux assistants tibétains. On nous remit à chacun quelques provisions pour le voyage, notamment de la farine de blé grillée que l'on préparait dans une casserole. Comme nous n'avions aucun récipient pour la conserver, nous déchirâmes nos pantalons et confectionnâmes de petits sacs, en faisant un nœud à une extrémité. Une partie de la farine n'était pas assez grillée, mais comme nous avions faim, nous la mangions ainsi. On nous avait dit de ne rien emporter avec nous, car les Chinois devaient nous fournir tout ce dont nous avions besoin à Drapchi. Cette fois, nous ne leur fîmes pas confiance, et nous emportâmes tout le peu que nous possédions.

Durant cette dernière semaine à Jiuzhen, quelques-uns se rendirent à l'hôpital de la prison. Le médecin leur remit des masques à oxygène et leur accorda quelques jours de repos. Parmi eux, il y avait Djigmé Tendzin. Tuberculeux, il avait beaucoup de mal à se mouvoir. Au cours du premier jour de trajet, il me confia ses angoisses et ses interrogations. Avant de venir à Jiuzhen, Djigmé Tendzin avait eu la vision du lac sacré Lhamo-Latso, où avaient été « perçues » les conditions de renaissance du treizième Dalaï-Lama. Il s'était vu en prison, puis avait distingué les étages supérieurs du Potala et sa famille. Je lui dis que c'était de bon augure et qu'il reverrait bientôt les siens. Mais il affirma que sa fin était proche et qu'il s'inquiétait surtout pour eux. Je tentai de le réconforter et lui promis de m'occuper d'eux s'il advenait qu'il ne soit plus là. Si étrange que cela puisse paraître, ses visions se réalisèrent. Alors qu'on nous conduisait à la prison de Drapchi à Lhassa, il aperçut effectivement le Potala. Malheureusement son état de santé se dégrada et il fallut l'emmener à l'hôpital, où il rencontra effectivement une dernière fois sa famille avant de mourir.

Sur les soixante-douze Tibétains qui partirent avec moi au camp de Jiuzhen, il ne reste plus aujourd'hui que trois survivants. Comme j'étais le médecin du Dalaï-Lama, les autres étaient persuadés que je vivrais encore longtemps et me confiaient leurs dernières volontés avant de quitter leur enveloppe corporelle. Ce fut là une lourde tâche que je ne parvins à accomplir que bien des années plus tard.

13

Drapchi, le camp de la mort

Le retour au Tibet fut particulièrement difficile à cause de notre extrême faiblesse. Arrivés à Nagtchou en fin d'après-midi, nous passâmes la nuit dans la prison construite pour héberger les prisonniers tibétains travaillant à la construction des routes. Une cellule avait été libérée à la hâte, où on nous entassa sans ménagement. La pièce était très sombre. Sans doute y avait-on fait récemment du feu. Des crottins de chèvre et des morceaux de coton, imbibés d'une matière blanche ressemblant à de la graisse, jonchaient le sol. Pour faire du feu, nous devions frotter très fort le coton contre de la pierre ou du ciment. Avec beaucoup de patience, nous finissions par obtenir d'abord de la fumée, puis une flamme que nous entretenions ensuite avec du fumier ou des excréments séchés.

Nous nous trouvions depuis quelques instants à peine dans la cellule, lorsque Lèkdoup, habituellement très discret, entama un étrange manège : il racla précautionneusement la paroi du mur avec ses ongles, puis il s'assit, déballa son balluchon, ouvrit son sachet de *tsampa*, mélangea celle-ci à sa précieuse récolte et mangea le tout goulûment.

— Ça sent le yack, fit soudain remarquer un autre détenu.

Nous nous aperçûmes à ce moment-là seulement que Lèkdoup avait reconnu qu'il y avait du beurre de yack collé sur le mur. Nos prédécesseurs avaient probablement dû l'étaler là pour le dissimuler aux gardiens.

Ce soir-là, tous nos sens restèrent en éveil. Nous redécouvrions des odeurs qui nous étaient inconnues depuis 1959, notre départ de Lhassa, mais qui nous avaient été si familières auparavant. Dans les cellules voisines, des prisonniers faisaient même cuire de la viande et buvaient du thé tibétain.

Le lendemain, au lever du jour, nous prîmes la direction de Lhassa, que nous atteignîmes vers vingt-deux heures le dix-huitième jour du dixième mois de l'an tigre-eau (1962). On nous conduisit à Drapchi, la prison n° 1, où nous fûmes répartis immédiatement dans plusieurs cellules. Le premier écho que j'entendis dans ce « camp de la mort » fut le cri inhumain de quelqu'un que l'on torturait. Je fermai les yeux, un frisson me parcourut le corps. Au matin, l'odeur du thé au lait envahit la prison. Au début, les nouveaux arrivants recevaient du thé noir, alors que tous les autres détenus buvaient du thé tibétain. Mais, lorsqu'on m'en servit, je fus saisi d'horribles maux d'estomac et d'une diarrhée incontrôlable.

Très vite, les autorités chinoises m'annoncèrent qu'elles n'avaient pas encore pris de décision à mon sujet. Je restais accusé d'espionnage mais je n'avais toujours pas été condamné. Ma famille fut informée de mon arrivée à Drapchi. Un oncle put ainsi venir me voir pendant une dizaine de minutes. Il me donna des nouvelles de mon père et de *mola* et m'offrit un peu de beurre et de la viande de yack séchée. Bien que je fusse réduit à l'état de squelette, je m'évertuai à rassurer mes proches. Dans ces brefs échanges, personne pourtant n'était dupe ; eux aussi enduraient les pires privations.

A Drapchi, le réveil avait lieu à sept heures. Un matin, on rassembla les vingt et un détenus de Jiuzhen dans une grande salle. Un officier nous demanda de nous préparer à dresser le bilan de nos trois ans passés en Chine.

— Quelques-uns parmi vous s'obstinent à ne pas reconnaître les valeurs du communisme. Il va pourtant falloir le faire, ou alors vous mourrez ici.

Ce jour-là, nous ne subîmes aucune séance de *thamzing*. Mais, dès le lendemain, les choses changèrent. J'étais, plus que jamais, considéré comme une forte tête et on me réservait donc un régime un peu particulier. Debout, enchaîné, on m'obligeait par exemple à m'agenouiller sur des pierres très acérées. A force de subir un tel traitement, mes genoux ne furent bientôt plus qu'une plaie suintante. Face aux autres détenus, je devais reconnaître mes fautes et m'excuser, tandis que les gardiens, assis sur des chaises en bois, s'amusaient à m'humilier. Mais je refusais toujours de condamner le Dalaï-Lama et sa famille. Lorsqu'ils voulaient que la séance se poursuive, les Chinois poussaient le vice jusqu'à exciter les prisonniers pour qu'ils se ruent sur moi. Une pluie de coups s'abattait sur mon corps. Il arrivait qu'un *thamzing* tourne mal. Il n'était alors pas question de laisser la victime succomber aux suites de ses tortures en prison et elle était transportée à l'hôpital de Lhassa. Les autorités faisaient croire que les Tibétains étaient, entre eux, d'un naturel très belliqueux, et qu'il fallait régulièrement intervenir pour les séparer. Une fois par semaine, tous les prisonniers étaient rassemblés dans la cour pour une séance d'accusation au cours de laquelle les Chinois lisaient les noms de ceux qui avaient confessé leurs « crimes ».

Une des tâches les plus répugnantes que l'on assignait aux récalcitrants consistait à tuer les mouches dans les fosses. Munis d'une fine tige de bambou, à l'extrémité de laquelle était fixé un papier épais, certains prisonniers affirmaient en tuer plus de mille par jour. Dès que les mouches se posaient sur les excréments, ils abattaient sur elles leur tapette de fortune.

Chaque semaine, on nous imposait la lecture de journaux de propagande qui vantaient les vertus du système économique de la Mère-Patrie. On y lisait que les Tibétains vivaient désormais heureux et qu'ils cultivaient volontiers leur terre, la nuit, à la lueur de lampes. On disait également que la production alimentaire avait dépassé le volume des fleuves Matchou (Huangho) et Dritchou (Yangtsé). Tout cela n'était évidemment que pur mensonge. En réalité, les Chinois réquisitionnaient les céréales pour la troupe, et le peuple tibétain mourait de faim.

A Drapchi, j'optai rapidement pour une tout autre attitude qu'à Jiuzhen : je me taisais et faisais en sorte de ne plus m'attirer les foudres des gardiens. J'étais moins battu qu'à Tchondjouk ou à Jiuzhen. Comme la nourriture était relativement plus consistante que dans les autres prisons, j'avais fini par reprendre un peu de

forces et mes cheveux repoussaient. J'occupais maintenant une cellule à proximité de laquelle logeaient deux
gardiens tibétains : Nyima, autoritaire et cruel, qui avait
été moine au monastère de Drépoung, et Tsamla, une
jeune femme, qui se montrait beaucoup plus compré-
hensive. Des anciens de Tchondjouk étaient avec moi.
Le couple, supervisé par des Chinois, était chargé de
notre surveillance. Le matin, lorsque je me rendais à la
fosse, je pouvais échanger quelques mots avec eux. Malgré tout, il fallait faire montre d'une extrême prudence
car il se trouvait toujours parmi nous des prisonniers
zélés qui n'hésitaient pas à nous dénoncer.

C'est à cette époque que je fis la connaissance d'un
lama de Drépoung. En 1959, il était allé étudier en
Chine et avait abandonné ses vœux monastiques pour
vivre avec la servante d'une femme qui vendait du
beurre près du monastère. Longtemps, le couple donna
l'impression de collaborer avec l'occupant. Un jour,
pourtant, l'épouse émit le souhait de rejoindre le Dalaï-
Lama en Inde. Le lama se réjouit de cette initiative. Le
couple et son enfant quittèrent Lhassa dans le plus
grand secret pour atteindre, dans un premier temps,
Guiantsé où ils avaient un parent. De là, ils envisa-
geaient de rejoindre le Bhoutan. Malheureusement, peu
après leur départ, des soldats les arrêtèrent. Conduits à
Drapchi, le lama fut séparé des siens. Il fut pour moi
un informateur de premier ordre sur la situation au
Tibet.

Il me raconta ainsi que les Chinois massacraient les
animaux sauvages, fort nombreux dans notre pays et

d'espèces variées. Pour ce faire, ils installaient des mitrailleuses lourdes sur la plate-forme de camions et lâchaient des rafales nourries. Au début, les animaux, que nous, Tibétains, ne chassions jamais, se laissèrent le plus souvent surprendre. Des milliers d'ânes sauvages furent abattus. Comme les animaux finirent par reconnaître leurs tenues, les Chinois envoyèrent des Tibétains chasser à leur place, armés de vieux fusils abandonnés par l'armée tibétaine dans sa déroute. Le lama m'expliqua que la faune, autrefois si riche, était en train de disparaître totalement. Nos occupants traquaient le petit gibier, notamment les lièvres, abondants sur les collines, en faisant exploser des bâtons de dynamite. Terrorisées, les bêtes dévalaient le versant opposé en direction de la plaine, où elles venaient se jeter, par centaines, dans les filets tendus à cet effet. Autrefois, les yacks sauvages étaient nombreux également. Désormais, il n'y avait plus que quelques mâles par endroits ; tous les autres avaient été abattus à la mitrailleuse, dépecés sur place, puis chargés sur des camions qui ramenaient les pièces de viande vers les garnisons militaires. La viande était ensuite transportée en Chine. Les militaires traquaient également la loutre. Dépouillés de leurs peaux, les cadavres pourrissaient près des rivières. Il me raconta aussi qu'au moment de leurs amours, les bouquetins subissaient un véritable carnage près du mont Kaïlash. Leurs peaux, vendues à Lhassa et dans d'autres villes à mille yuans le kilo, servaient à fabriquer des vêtements chauds pour les Chinois qui craignaient particulièrement le froid. Les étangs, les lacs et les ruisseaux étaient rouges de leur sang et souillés d'excréments. Comme il connaissait parfaitement la région, les soldats avaient utilisé le lama comme guide pour bon nombre d'expéditions. C'est ainsi qu'il vit les innombrables cornes et tous les crânes d'animaux, abandonnés dans les vallées.

Ces récits me révoltaient. Plusieurs années plus tard, on m'accorda une permission pour me rendre à Potangmo, où je devais enseigner à des médecins tibétains, sous contrôle chinois, la manière de préparer les pilules précieuses. Je pus alors voir de nombreuses affiches vantant la protection de la faune et de la flore. Pur mensonge que tout cela! Aujourd'hui, une partie de notre vaste territoire sert de dépotoir aux déchets nucléaires; la faune et la flore sont détruites. Cela est d'une gravité extrême, car tout ce qui faisait la fierté du peuple tibétain, tout ce qui composait l'extraordinaire richesse de notre pays, tout ce qui constituait sa culture — unique —, est en train de disparaître presque dans l'indifférence. Autrefois, du fait de notre pratique de la religion, les animaux étaient pour la plupart libres. Au cours de mes déplacements, j'appris que les Chinois, eux, ramassaient les oisillons dans les nids et les faisaient frire sous prétexte qu'il n'existait pas de chair plus tendre. Un jour, je vis des singes que des soldats venaient d'attraper. Pour les capturer, les chasseurs avaient lâché leurs chiens afin de les acculer plus facilement. Les pauvres bêtes étaient alors dépecées vivantes. On crut même voir des singes lever un pouce vers leurs bourreaux pour leur demander à être épargnés. Et les Chinois riaient aux éclats. Ils décalottaient aussi leur crâne afin d'en «savourer» la cervelle, qu'ils disaient particulièrement aphrodisiaque.

Drapchi était une véritable antichambre de la mort. Des habitants de Taktsèr, le village natal de Sa Sainteté le Dalaï-Lama, étaient enfermés ici. Jour et nuit, ils hurlaient comme des bêtes. Personne ne faisait attention à leurs cris et, un jour, je ne les entendis plus. Les avait-on tués ? Avaient-ils été transférés, hospitalisés ? Nul ne le sut jamais.

Tout était possible à Drapchi. Dans une cellule voisine de la mienne, un détenu originaire de Nyémo tenta de s'évader. Il devait être quatre heures du matin. On entendit des cris, des rafales de mitraillette et le bruit sourd d'un corps qui tombe. L'homme fut transporté à l'hôpital, où il mourut des suites de ses blessures. Dans une autre, un prisonnier se suicida par pendaison. Il avait déchiré sa couverture pour l'utiliser comme une corde. On le trouva au petit matin. Chose étonnante à Drapchi, la mort était dissimulée.

La nuit, mes prières étaient souvent interrompues par les cris de femmes tibétaines que l'on torturait. Elles subissaient toutes ces atrocités pour, parfois, avoir seulement volé des légumes dans un jardin. Parce qu'elles avaient faim, que leurs enfants dépérissaient, elles prenaient le risque de mourir à Drapchi. Mais la mort devait leur apparaître bien douce, car, auparavant, elles étaient violées, puis rossées. J'avais entendu dire qu'une des gardiennes tibétaines était particulièrement cruelle à l'égard de ses sœurs. Pourquoi ? Je n'arrivais pas à me l'expliquer. Je souffrais pour ces femmes et priais, pour elles, pour nous tous.

Que devenaient les corps des prisonniers ? Des rumeurs persistantes circulaient à Drapchi et dans les autres camps de Lhassa. Les détenus refusaient souvent d'être opérés à l'hôpital. Nous attendîmes longtemps avant de comprendre. L'évidence me vint lorsque j'appris qu'une fillette, venue rendre visite à son père, originaire de la région de Rateu Labrang, voulut lui offrir un sachet de *tsampa*. Les gardiens lui apprirent alors qu'il était gravement malade et qu'il devait subir une intervention chirurgicale. En fait, on raconta que l'homme souffrait d'une tumeur à l'estomac jugée incurable. Transféré à l'hôpital chinois de Lhassa, il mourut au bout de quelques jours dans d'atroces souffrances. Sa famille crut que les Chinois avaient tout fait pour le soigner. En réalité, ils avaient tout simplement prélevé les organes de cet homme pour les revendre. Les exemples se multiplièrent par la suite, et la peur s'installa à Drapchi et ailleurs. On racontait à l'époque que des médecins venaient spécialement de Chine pour opérer des Tibétains, lesquels avaient tendance à tomber brusquement malades et à mourir aussitôt. C'est encore à cette époque qu'on me confirma la pratique des avortements forcés, dont j'avais entendu parler avant 1959 par les gens du Kham et de l'Amdo occupés.

Trois ans s'écoulèrent. Un matin, un gardien tibétain m'ordonna de rassembler mes affaires et de préparer mon paquetage. Je fus transféré, avec quelques autres, en camion au bagne de Sangyip et de Taksoung Khang, afin de poursuivre ma « rééducation ». Nous étions en mai 1965, an serpent-bois du calendrier tibétain. Cette année-là, la question du Tibet fut à nouveau

discutée aux Nations unies sur la demande de la Thaï-
lande, des Philippines, de Malte, de l'Irlande, de la
Mélanésie, du Nicaragua, du Salvador, tous pays dont
je n'avais jamais entendu parler. La représentation
indienne vota également en faveur de la résolution.
Mais cela, nous ne le savions pas en prison. Les seuls
échos qui nous parvenaient de Dharamsala, où notre
gouvernement en exil était installé et où vivait le Dalaï-
Lama, provenaient des nouveaux arrivants. J'appris
ainsi que Sa Sainteté faisait tout son possible pour
ouvrir les yeux du monde sur le sort du peuple tibétain.

Taksoung Khang, c'était trois collines au milieu desquelles se dressait le bagne de Sangyip. Au fil des
semaines, je remarquai que la plupart des prisonniers
étaient dans la même situation que moi. Aucun n'avait
été jugé. Je rencontrai pour la première fois des résistants tibétains, qui avaient été formés en Arizona par la
CIA puis parachutés sur le Tibet. Pourtant, rares étaient
ceux qui s'étaient laissé prendre vivants. Ces hommes
au courage exemplaire préféraient mourir plutôt que
d'être capturés et n'hésitaient pas à croquer une capsule
de cyanure.

Je compris très vite les raisons de ce soudain trans-
fert. Pour les autorités chinoises, ma situation était loin
d'être claire. Je refusais toujours d'insulter le Dalaï-
Lama et sa famille. Les séances de *thamzing* redevinrent
alors quotidiennes. Elles consistaient, cette fois, à salir
l'image de Sa Sainteté. Comme ils s'entêtaient à mon
égard, je finis par leur dire :

— Je n'ai commis aucune faute à l'égard de votre
pays ; je n'ai jamais fait d'espionnage. Si vous estimez

que j'ai mal agi, alors exécutez-moi. Je n'ai pas peur et je ne suis pas inquiet pour mon devenir.

J'occupais la cellule n° 5. Chaque jour, je recevais la visite d'un Tibétain qui me questionnait sur les raisons de mon arrivée à Taksoung Khang. Je me méfiais, à juste titre. Cet homme était un collaborateur et il n'était là que pour tenter de m'extorquer des renseignements sur ma vie passée auprès de la famille Yapchi. Il aurait voulu que je lui dise à tout prix comment je m'organisais pour faire parvenir mes informations à Guièlo Theundroup, le frère du Dalaï-Lama, alors à Kalimpong.

Tous les après-midi étaient dévolus à la lecture imposée des journaux de propagande. Sachant que j'allais être interrogé sur les textes publiés, je retenais quelques idées et consacrais le reste de mon temps à réciter des mantras. Je ressentais néanmoins une pression de plus en plus forte. Les détenus étaient à présent régulièrement transférés d'un camp à un autre. La surveillance s'était resserrée et il devenait de plus en plus difficile d'entrer en contact avec qui que ce soit. Il n'y avait que lorsque je me rendais à la fosse, pour mes besoins, que je pouvais échanger quelques brèves paroles.

En 1966, an cheval-feu, les gardes rouges firent leur apparition à Lhassa. La Chine s'enfonçait dans la Révolution culturelle. Et la situation dans notre pays se durcit encore. Cependant, la résistance reprit, avec son lot quotidien de répressions, de meurtres et de pillages.

A Taksoung Khang, je rencontrai Lobsang qui me parla de son voyage en Inde et qui me relata cette image de deux corneilles qui se seraient envolées du Tibet vers l'Inde. Pour nous, Tibétains, les corneilles sont des émanations de Mahakala, l'une des plus importantes déités protectrices — un sanctuaire lui est consacré dans presque tous les temples. Je ne sais si son histoire était vraie. Toujours est-il que j'en ressentis une joie profonde. Lobsang me parla également de l'aide que recevaient les réfugiés tibétains et le gouvernement en exil, puis il me raconta le vaste programme que les Chinois avaient mis en place dans notre pays. En prison, on nous répétait que les Tibétains étaient entrés dans l'ère moderne. En fait voilà ce qui se passait vraiment…

Revenons quelques années en arrière. Après le départ du Dalaï-Lama pour l'exil, les autorités chinoises entreprirent des « réformes démocratiques », confisquant les terres et les biens pour, soi-disant, les redistribuer aux classes défavorisées — dans leur langage la classe moyenne et la classe pauvre. Pendant ce temps, elles procédaient à tour de bras à l'arrestation des classes dites « ennemies du peuple » — les propriétaires, les riches et les réactionnaires, qu'ils firent disparaître peu à peu dans les camps ou qui furent tout simplement exécutés sur-le-champ. Une autre phase consista à créer des communes populaires et des coopératives agricoles. Mais les objectifs, auxquels certains de mes compatriotes ne furent pas toujours insensibles, ne purent jamais être atteints. Un jour, un dicton surgit et circula à travers le pays : « D'abord, les Chinois nous font rire, maintenant ils nous font pleurer… » En 1962, des centres agricoles d'expérimentation furent installés à Lhassa, Chigatsé et Lhokha, soutenus par une propagande vantant leurs vertus. Les autorités laissèrent entrevoir aux paysans des classes moyenne et pauvre la possibilité de sortir enfin d'une situation médiocre, à condition, bien entendu, qu'ils dénoncent les « réactionnaires ». Dans ces communes, les Chinois formèrent des « leaders » qui furent ensuite envoyés dans d'autres régions du Tibet afin de créer de nouvelles structures. Non contents de ces « réformes démocratiques », les Chinois imposèrent aux paysans un système de rationnement : trente *guiama* (quinze kilos environ) de nourriture par personne et par mois. Dans ces quotas n'était évidemment pas prise en compte la part des personnes âgées ni de celles qui étaient dans l'incapacité de travailler. A titre de comparaison, les fermiers tibétains d'avant 1959 disposaient de suffisamment de beurre, de légumes et de viande pour subvenir aux besoins de tous les membres de leur famille, qu'ils fussent jeunes ou âgés.

Puis les nomades, qui représentaient la grande majorité de la population tibétaine, furent sédentarisés. Les yacks périrent, la famine s'installa. Lobsang me raconta que les enfants en étaient désormais réduits à fouiller les poubelles de la capitale pour chercher leur subsistance et tenter de ne pas périr. Les atrocités des gardes rouges étaient telles que des femmes tibétaines furent acculées jusqu'à vendre leur sang pour nourrir les leurs. D'autres témoins me dirent que des adolescents mangeaient les restes de nourriture que les soldats jetaient aux cochons.

Avec la Révolution culturelle, notre quotidien se durcit drastiquement. Le réveil avait lieu à six heures. Nous faisions d'abord la queue à la fosse, que nous devions nettoyer après utilisation. Puis nous recevions un bol de thé, un peu de *tsampa*. Les rations avaient de nouveau diminué et la faim nous tenaillait sans cesse.

Un jour, j'appris que Dayul, un de mes autres informateurs, avait été exécuté. Il avait absorbé un œuf, et, par mégarde, avait caché les coquilles sous son fin matelas. Lors d'une fouille, un gardien les découvrit. Il fut longtemps torturé avant d'être abattu. C'est tellement difficile à croire! Et pourtant…

A Taksoung Khang, je connus un autre prisonnier qui avait protesté contre l'arrestation, en 1964, du dixième Pèntchén-Lama. Il pleurait jour et nuit, mais personne ne s'occupait de lui. Les gardiens ne lui donnaient pas la moindre nourriture. A la fin de sa vie, du pus s'écoulait de ses oreilles et de son nez. Je fus chargé, avec un autre détenu, d'enterrer son cadavre. Avant de recouvrir le corps de terre, les gardiens nous dirent en riant aux éclats :

— Regardez-le bien. Avant peu, vous serez comme lui, si vous vous obstinez encore.

Un autre de mes compagnons avait bien connu Pèntchén Rinpotché. Il subit exactement le même sort que le précédent prisonnier. Ne recevant aucun repas, il déféquait dans sa cellule, fabriquait de petites boules de ses excréments et les avalait. Il ne se passait pas une semaine qu'on ne l'abandonnât sur son matelas; son corps n'était que plaies, ecchymoses, tant il avait été torturé.

— Le meilleur remède pour guérir un fou est de le battre, disaient aussi bien nos geôliers chinois que tibétains.

On nous distribuait à présent des brochures vantant les mérites de la Révolution culturelle et de la nouvelle politique du président Mao. Désormais, les Tibétains avaient pleinement pris conscience de l'ampleur du malheur qui s'était abattu sur leur pays. Les textes religieux étaient brûlés ; les effigies et les statuettes qui n'étaient pas emportées en Chine étaient jetées dans les rivières. La propagande communiste s'insinuait partout, se vantant d'établir une autre forme de société fondée sur une nouvelle idéologie, de nouvelles valeurs, une nouvelle culture et d'autres traditions, en tous les cas très éloignées des nôtres, comme de nos besoins.

En prison, les gardes rouges faisaient circuler maintes rumeurs ou mots d'ordre : les traîtres s'étaient rendus aux autorités populaires ; le thé au beurre était devenu un privilège du passé et, dorénavant, les Tibétains devaient se contenter de thé noir et salé. A cette époque, des instructions furent données pour que les prisonniers fussent totalement isolés de l'extérieur. Plus question de recevoir des visites. Les informations nous parvenaient de manière parcimonieuse. Craignant un soulèvement de la population, des barricades et des barbelés avaient surgi autour des prisons. Quelques mois plus tard, la situation s'étant quelque peu stabilisée, je fis partie de ceux qui les démontèrent. J'appris aussi que pratiquement tous les monastères du Tibet avaient été saccagés, pillés et rasés par les gardes rouges.

Ce soir-là, je pensais aux moines de Tchoté. J'eus beaucoup de mal à trouver le sommeil. Lorsqu'il finit cependant par m'emporter, je fis un étrange rêve. Novice, assis au-dessus du passage qui donnait sur le jardin, les jambes pendant dans le vide, je regardais mon tuteur qui cueillait avec soin des abricots. Soudain, à l'horizon, un aigle apparut. S'approchant de Tchoté, il plana longtemps au-dessus du jardin et piqua sur une proie, un serpent qui s'apprêtait à attaquer mon tuteur. Ses serres happèrent l'animal, broyèrent son crâne, puis il remonta dans un battement majestueux, emportant sa proie déchiquetée. Surgit également l'image d'*amala* qui me sourit. Cette nuit-là, je me surpris à pleurer. Il y avait bien des années que je n'avais plus eu la vision de ma mère. Je considérai que c'était de bon augure.

A cette même époque, j'appris que les enfants tibétains étaient enrôlés dans une sorte d'institution, où on leur enseignait la pensée de Mao Tsé-toung, et où ils devaient apprendre à fabriquer des armes légères, des lances, des hachettes. Les gardes rouges les redistribuaient, bien sûr, pour que les jeunes Tibétains les aidassent à détruire les vestiges du passé. Malheur aux adultes qui tentaient d'intervenir ou de s'opposer à ces exactions. Un jour, un enfant d'une dizaine d'années refusa de détruire une statue de Tara. Le soir, il raconta son acte de courage à sa mère qui se réjouit et le félicita. Mais les Chinois apprirent le comportement de ce jeune Tibétain. La mère fut publiquement humiliée.

Alors que les monastères des environs de Lhassa furent presque tous détruits, d'autres enfants avaient tenté de dissimuler des statuettes et des effigies. Des gardes rouges les surprirent. Interrogés, ils durent accuser leurs proches qui, à leur tour, subirent les pires humiliations.

Lors de la Révolution culturelle, beaucoup d'habitants de la région de Nyémo furent emprisonnés. Nyémo Trinlé Tcheudeun — pour la distinguer, les

Tibétains indiquent le nom du lieu avec celui de la personne, car beaucoup portent le même nom — avait déjà été exécuté. Ils furent une trentaine à Taksoung Khang, aisément identifiables à leur *tchoupa* blanche. Dans la cellule n° 3, contiguë à la mienne, il y avait une femme appelée Péma Tséouang. Un jour, j'aperçus un oiseau à tête plate et aux yeux jaunes qui se réfugia juste à l'endroit où se trouvaient mes compatriotes de Nyémo. Cet oiseau avait la particularité d'émettre toutes sortes de sons. C'était un bien mauvais présage.

Le lendemain matin, il y eut un bruyant remue-ménage. En criant sèchement leurs ordres, des soldats en armes avaient investi la place. Des portes s'ouvrirent. Le bruit provenait des cellules occupées par les gens de Nyémo. Ils furent menottés et conduits à l'extérieur, où les attendait un camion. Le soir même, j'appris, par des Tibétains qui travaillaient aux cuisines, que trente-deux compatriotes avaient été passés par les armes dans les environs de Drapchi. En chemin, ils avaient clamé des slogans : «Vive le Tibet libre!», «Longue vie à Kundun!», «Libérez le Tibet!» Sur le lieu de leur exécution, les soldats firent d'abord creuser une fosse par les prisonniers, les firent s'aligner sur le bord, puis s'agenouiller. Et les Chinois tirèrent. Chacun reçut une balle dans la nuque. Leurs corps furent, en toute hâte, recouverts de terre, sans même s'inquiéter que l'un d'entre eux pût être encore vivant.

La semaine suivante, je lus dans le journal distribué en prison que des contre-révolutionnaires avaient été exécutés. Il publiait également les photos de plusieurs monastères détruits. J'appris, toujours à cette même période, que des gardes rouges avaient tué des Tibétains en leur enfonçant des clous dans la tête, à coups de marteau.

Un jour, je fus extirpé de ma cellule. On me dit que je devais voir de mes propres yeux les changements intervenus dans la société tibétaine. Je fus ainsi embarqué dans un camion avec seize autres prisonniers et conduit dans un endroit situé à trois heures de route de Lhassa. Je me souviens encore parfaitement d'une Tibétaine qui nous fit l'éloge du système communiste. Elle nous montra un énorme stock de blé, disposé près de l'estrade où nous nous trouvions, et nous parla de l'abondance des céréales. Je sentis immédiatement que tout cela n'était pas naturel. L'affaire devait avoir été montée par les Chinois. La femme me choqua surtout lorsqu'elle critiqua le gouvernement du Dalaï-Lama et l'ancien régime féodal, qu'elle qualifia de société injuste, déloyale, où sévissaient l'exploitation et la brutalité. La Tibétaine nous promena ensuite dans un verger en nous parlant de l'épouvantable situation qui existait dans ce pays avant 1959. Elle nous montra une maison qui avait appartenu à une riche famille de l'aristocratie et qui, selon elle, avait été transformée en école. Je vis effectivement quelques enfants qui traînaient par là, mais ils étaient en haillons. Apprenaient-ils quelque chose, ou faisaient-ils semblant ? La supercherie était trop grossière et je penchai pour la seconde solution.

A notre retour à Taksoung Khang, les Chinois nous demandèrent si nous avions su percevoir les évolutions positives de la vie des Tibétains.

— Avez-vous remarqué combien les hommes et les femmes sont devenus parfaitement éduqués et bien informés sur la Mère-Patrie ? Ce n'est pas comme vous, obstinés, qui persistez à vous jeter contre le mur.

Le lendemain, on nous conduisit à une exposition de photos et de sculptures. Elle illustrait l'aspect arriéré et barbare de la société tibétaine d'avant 1959. Dans ce pavillon, je vis donc une figurine en terre censée représenter un moine en train d'arracher les yeux d'un petit enfant. Sur une photo, un officier tibétain fouettait un de ses soldats. Il y avait aussi la maquette d'une prison tibétaine, avec des scorpions à l'intérieur, des mains tranchées, qu'ils disaient être l'œuvre du dixième Pèntchén-Lama, qui en aurait fait couper énormément avant d'être arrêté à son tour. Le soir, j'invoquai les divinités pour qu'elles accordent leur protection à Pèntchén Rinpotché.

14

Survivre à Yititok

En 1971, an cochon-fer, bagne de Taksoung Khang. Un matin, je fus emmené dans une pièce pour recevoir enfin ma condamnation. J'avais été arrêté en 1959. Douze terribles années venaient de s'écouler. D'autres prisonniers étaient là. Je me souviens notamment de Ouangtchén Guiatok, Ouangdul et Nampeu Pola qui se virent infliger de lourdes peines. Ouangdul fut envoyé à la section charpenterie de la prison de Yititok, Ouangtchén Guiatok à la section mécanique, Nampeu Pola à la carrière, sans doute la destination la plus dure et la plus redoutée. Lorsque mon tour vint, un officier me lut une lettre énumérant les accusations retenues à mon encontre : mon voyage à Kalimpong, mes relations avec Guièlo Theundroup, le frère du Dalaï-Lama, et, bien sûr, avec Sa Sainteté. On y indiquait également que j'avais participé, en 1959, à une vaste campagne de signatures pour dénoncer la présence chinoise au Tibet. Ensuite, la sentence tomba.

— Dix-sept ans de bagne!

Les paroles de ce Chinois me parvenaient très lointaines. Le mantra *Om Mani Pémé Houm* résonnait dans ma tête. Dix-sept ans! Cela faisait déjà douze ans que je survivais. Et maintenant, il restait encore cinq ans! Quelques jours plus tard, je fus transféré à Yititok où je devais rejoindre Nampeu Pola. Trop âgé pour travailler les pierres, il fut finalement affecté au balayage de la cuisine et au nettoyage des légumes, mais il était torturé aussitôt qu'il rentrait dans sa cellule. Il tenta d'abord de se suicider en se tranchant le pénis. Enchaîné, battu à coups de bâton et d'électrochoc, il mourut peu après.

A Yititok, il y avait de nombreuses cellules et nous étions placés par sections. La plus difficile était, bien entendu, celle de la carrière. Les prisonniers étaient squelettiques et me rappelaient ceux du camp de Jiuzhen, en Chine. Là-bas, en trois ans, sept cents sur huit cents prisonniers étaient morts d'épuisement.

Pour empêcher les détenus de se regrouper, de faire bloc, les Chinois leur imposaient de tourner fréquemment. Nous étions généralement sept, parfois plus, dans une pièce étroite, peu éclairée. Nous avions ordre de nous questionner les uns et les autres, pour faire ensuite des comptes rendus et pouvoir accuser nos compagnons lors des séances de *thamzing* toujours d'une cruauté barbare. Le soir, certains s'enveloppaient la tête dans une couverture pour prier. Des mouchards s'approchaient discrètement d'eux afin d'écouter leurs prières et de pouvoir les dénoncer. Quand nous sortions, il ne fallait jamais regarder un autre détenu, encore moins avoir un geste de complicité, un sourire, un clin d'œil. Sinon, nous étions aussitôt accusés de complaisance à l'égard des réactionnaires à la solde du renégat Dalaï-Lama. Quand nous faisions la queue le matin pour le thé, alors

seulement nous pouvions murmurer quelques mots à
l'oreille de celui qui nous précédait, en espérant qu'il
ne rapporte pas nos propos aux gardiens.

A Yititok, il y avait également des prisonniers de
droit commun qui bénéficiaient d'un régime plus
souple. Ils travaillaient généralement à l'intérieur de la
prison, dans les sections de menuiserie — portes, mon-
tants de fenêtres, lits — ou de mécanique — répara-
tion de véhicules militaires. Des soldats les surveillaient
à l'intérieur d'une enceinte délimitée par des barbelés.
Lorsque les Lhassapas avaient besoin d'ouvriers, ils sol-
licitaient les autorités du camp. Désignés à tour de rôle,
menuisiers et charpentiers sortaient alors par petits
groupes et logeaient, le temps des travaux — lesquels
duraient parfois quatre ou cinq mois —, dans des tentes
ceinturées de herses et de barbelés, à proximité du chantier.

Bien que ma condamnation fût prononcée, les Chinois continuèrent à entretenir des soupçons à mon
égard. Ce fut sans doute la raison pour laquelle ils me
placèrent dans la section « carrière ». Enchaînés, nous
partions en file indienne jusqu'au pied de la montagne.
Dix à quinze minutes de marche pénible nous étaient
nécessaires pour arriver sur le lieu de « travail » à la carrière. Nous portions un sac d'outils qui pesait lourd et
nous blessait le dos. Il n'y avait que des Tibétains à faire
ce genre de travaux forcés. Les rares détenus chinois
étaient affectés à d'autres sections. Ici, à Yititok, la
chance de survie des forçats de la pierre était infime.

Les interrogatoires étaient quotidiens. En quelques
jours, je fus réduit à l'état de véritable robot ; cela me
rappelait le bagne de Jiuzhen. Mais, cette fois, je n'ima-

ginais pas en sortir vivant. Les pierres que nous taillions étaient ensuite acheminées par des prisonniers à Lhassa et servaient à la construction des nouveaux bâtiments chinois, lesquels poussaient comme des champignons. Enserrée dans une vallée, la carrière était cernée de montagnes sauvages. A longueur de journée, nous entendions les explosions de dynamite, suivies de l'éclatement des roches. Une montagne écorchée vive. C'était Yititok et ses environs.

Nous étions répartis par groupes de six. Deux d'entre nous s'occupaient de l'extraction des blocs, deux autres débitaient les pierres et les derniers les taillaient. A raison de quatre-vingt-dix pièces par jour, il ne pouvait s'agir que d'un travail d'équipe. A la fin de chaque mois, les Chinois faisaient le décompte. Lorsque le quota mensuel était dépassé, il n'y avait pas de problème ; par contre, si nous ne l'atteignions pas, nous étions battus car nous passions alors pour de mauvais communistes. Nous appelions ces traitements « le cercle vicieux de la mort et de la renaissance », pour la simple raison que, si nous ne mourions pas dans la nuit, il nous fallait repartir à la carrière casser des cailloux.

Au bout de quelques jours de ce traitement, nos vêtements n'étaient plus que lambeaux. Nous n'avions pas de corde, et rien pour nous protéger le dos. La nuit, dans la cellule, nous nous confectionnions des sortes de coussins, que nous placions sur nos omoplates. Lorsque des clients du bagne apportaient des pneus crevés, nous nous précipitions dessus. Découpé en carrés, le caoutchouc nous servait de protection ; la chambre à air, quand il y en avait une, nous permettait de faire des gants, en cousant deux pièces l'une avec l'autre. Il nous arrivait également d'en découper de larges bandes que nous nous posions sur le dos au moment de transporter les pierres. Un des six détenus était nommé chef de groupe, à charge pour lui de surveiller la cadence des autres et de les dénoncer s'ils ralentissaient. A la fin du mois, on affichait dans le camp la liste des groupes, dans l'ordre de leur rendement. Les derniers étaient humiliés en public.

Les six premiers mois furent très pénibles. Mes mains n'étaient plus qu'une plaie. Les ampoules saignaient en permanence, la peau s'ouvrait, formant des excroissances de chair extrêmement douloureuses. Le caoutchouc nous protégeait, mais retenait la transpiration. L'été, nos habits et nos chaussures étaient si fins que nous finissions par marcher pieds nus et que les haillons que nous portions étaient d'une saleté telle qu'ils provoquaient des infections sur notre corps blessé. Peu à peu, nous avions appris à manier correctement les outils. Mais dès que l'hiver signalait de nouveau sa présence, nous devions subir de surcroît les fortes baisses de température, le gel et d'abondantes chutes de neige. Je m'habituais pourtant à cette routine. Les plus anciens m'avaient appris une technique pour enfoncer d'énormes clous dans les rainures de la roche. Si nous évaluions mal nos coups de marteaux, ceux-ci rebondissaient violemment tel un projectile et il y avait le risque que des éclats nous pénètrent dans la chair. Si les genoux étaient touchés, autant dire pour nous que c'était la fin.

Le rythme de travail dans la carrière était si intense que, pour la plupart, les prisonniers développaient des problèmes cardiaques. La malnutrition, les efforts répétés provoquaient un nombre incalculable de crises. Le soir, après les *thamzing*, nous devions aider nos compagnons à s'allonger et à respirer, en veillant qu'ils n'avalassent pas leur langue. Nos jambes enflaient à un point tel que certains n'arrivaient même plus à les plier. Certains mouraient sur place, dans la carrière. Le corps suffoquant sous une charge trop lourde, le cœur lâchait. Compte tenu que les prisonniers tombaient comme des mouches, les gardiens avaient décidé de nous séparer des autres détenus, sous le prétexte que nous étions contagieux.

Le soir, nous étions soumis à des interrogatoires intensifs. Même ceux qui finissaient par reconnaître avoir changé continuaient à être battus et torturés. Nos geôliers nous frappaient avec des matraques électriques, nous les enfonçaient dans la bouche, dans l'anus, ou les plaçaient sur les parties génitales. A la fin, nous n'avions même plus la force de hurler. Dans un état permanent de semi-inconscience, nous percevions toujours cependant les rires des gardiens qui ne cessaient de se moquer de nous.

Les prisonniers de la section carrière de Yititok avouaient n'importe quelle faute, y compris celles qu'ils n'avaient jamais commises. Mais les gardiens continuaient à les frapper sous prétexte qu'ils mentaient pour soulager leur peine. Quand ils niaient les accusations qu'on leur lançait sans cesse, on les transférait le plus souvent à l'hôpital, dans un état comateux. Dès qu'ils revenaient à eux, ils se faisaient réprimander par les médecins. Renvoyés au camp, l'atroce supplice recommençait car les gardiens leur disaient :

— Les médecins chinois sont des spécialistes que

l'on ne trompe pas. Vous êtes des dissimulateurs. Vous mentez parce que vous ne voulez pas travailler pour la Mère-Patrie.

Les coups pleuvaient de nouveau, parfois une grande partie de la journée ou de la nuit. Lorsque des hommes succombaient sous les tortures, leurs corps étaient transportés en hâte à l'hôpital. A la demande des autorités du camp, des médecins chinois venaient régulièrement étudier les corps et réaliser toutes sortes d'expériences, disséquant, coupant les têtes, les bras, ouvrant les cages thoraciques, dans le but avoué d'étudier le cœur et le cerveau des Tibétains. Ensuite, ils faisaient un rapport pour expliquer l'origine probable du décès : personne à Yititok ne mourait des suites de tortures ; on y décédait de maladie.

Lorsque je priais, je pensais de plus en plus au moment forcément proche de ma mort. Comment survivre dans un tel camp ? Même par la méditation, j'avais du mal à me régénérer. J'étais de plus en plus faible et, comme à Jiuzhen, devenu squelettique. Lorsque l'un d'entre nous succombait, les autres se partageaient ses vêtements. Mais certains n'avaient même pas le temps de les enfiler qu'ils disparaissaient à leur tour. Les morts étaient enterrés dans des fosses, près du monastère de Séra ou près de Drapchi.

Le dimanche, les geôliers distribuaient du fil et des aiguilles pour que nous puissions rapiécer nos hardes. Le vêtement principal était généralement de couleur noire, mais nous y rajoutions toutes sortes de pièces, du tissu rouge, jaune, du caoutchouc, des pneus et même des semelles de chaussure. Quand nous n'avions pas suffisamment de fil, nous récupérions les gants usés des geôliers que nous défaisions patiemment, fil à fil.

Chaque jour que dura la Révolution culturelle, nous devions, avant de rentrer dans la cellule, nous aligner, debout face aux gardiens, la boîte en fer contenant nos outils sur le dos. On nous donnait un bol de thé. Puis, pendant une, deux, souvent trois heures, nous vantions les qualités du président Mao. Nous chantions également :

— Nous avons pour guide la Chine communiste. Nous apprenons et nous étudions l'idéologie, conformément aux vœux de Mao.

Un soir, après avoir reçu la bastonnade, un moine dut chanter avec nous. Il tenait à peine sur ses jambes. Soudain, alors qu'un camion traversait le bagne, il sortit précipitamment des rangs et se jeta sous les roues. Il fut tué sur le coup. Ces suicides étaient notre lot quotidien. La même chose se produisait à l'extérieur. J'avais entendu dire que des Tibétains, hommes et femmes, se prosternaient à trois reprises devant le Potala, puis se jetaient dans la rivière Kyitchou.

En 1972, an souris-eau, la porte de ma cellule s'ouvrit sur un moine peu ordinaire. Il s'appelait Példèn Guiatso et comptait déjà de très longues années de séjour dans les prisons chinoises. Il occupa longtemps la cellule n° 4, alors que moi, je me trouvais dans la n° 1. Nous avions réussi à échanger quelques mots, mais ce n'est que par la suite que nous apprîmes à nous découvrir et à nous apprécier. Nous continuions à avoir tous deux la plus grande confiance en notre souverain, le quatorzième Dalaï-Lama. Les soirs qui suivirent son arrivée, Példèn Guiatso éveilla ma curiosité en me racontant ce qu'il avait vécu durant ses vingt mois d'hospitalisation pour des problèmes cardiaques. Lorsqu'un patient mourait, on lui ouvrait le corps pour connaître les origines du décès et, surtout, pour voir si des organes comme le cœur, le foie, les reins n'étaient pas endommagés. Si tel était le cas, on les lui enlevait et ils étaient ensuite envoyés en Chine pour être revendus. Pour ce faire, les Chinois utilisaient des boîtes hermétiquement closes qui contenaient plusieurs récipients en verre dans lesquels étaient déposés les organes. Lorsque le mort était trop abîmé, il était disséqué et servait à l'instruction des jeunes médecins. Példèn Guiatso se souvint notamment d'un jeune homme, Trinlé, décédé des suites de problèmes cardiaques. Il fut disséqué par une Chinoise qui lui retira le cœur. Les cas se multipliaient dans les camps et dans les hôpitaux chinois, à telle enseigne que les Tibétains, lorsqu'ils souffraient de certains troubles, hésitaient à consulter. S'ils guérissaient, les médecins pouvaient vanter la qualité de leurs soins. S'ils avaient besoin d'organes, une vie comptait bien peu. Mort, un corps leur était encore utile et rentable.

En cellule, lorsque Példèn Guiatso souffrait, j'essayais aussitôt de lui venir en aide. Lorsque mon moral était atteint, ou, plus tard, lorsque je fus gravement blessé, c'est lui qui venait à mon secours. Il savait que j'étais le médecin personnel de Kundun. Dès que nous le pouvions, il me demandait d'invoquer avec lui les déités protectrices.

Un jour, nous fûmes désignés pour aller construire un générateur électrique sur les hauteurs de Lhassa. Nous vivions sous la tente et, dans la journée, nous disposions d'un petit moment de repos qui nous permettait de laver nos vêtements. Példèn Guiatso n'avait pas de savon. Il m'en parla.

— Ne vous en faites pas, lui dis-je. Je vais en préparer.

— Mais comment allez-vous faire ?

— Il faudrait aller ramasser des cendres dans le feu et recueillir de l'eau au ruisseau.

Lorsque Példèn Guiatso revint, je lui demandai de mélanger les cendres et l'eau, d'en faire une pâte assez compacte et de la laisser reposer.

— Maintenant, vous pouvez laver vos vêtements. Ils seront encore plus propres que s'ils étaient neufs.

Példèn Guiatso n'en crut pas ses yeux. Par la suite, il utilisa souvent cette méthode. Je lui appris également l'usage de certaines racines et de quelques plantes pour mieux résister aux infections.

Quand la surveillance se relâchait un peu, nous évoquions notre vie et nos expériences de prison. Nous abordions aussi les bouleversements qui avaient frappé la société tibétaine. Les Chinois ne cessaient de nous répéter qu'ils avaient apporté le bonheur à nos compatriotes. Seulement, quand nous observions le visage des hommes et des femmes qu'il nous arrivait parfois de croiser, nous savions que tout cela n'était que pure propagande et que la réalité était tout autre. Le soir, nous priions pour que nos déités protègent Sa Sainteté et ses proches. De multiples échos nous parvenaient, et, parfois, nos cœurs s'emplissaient d'espoir. Cependant, le lendemain, dans la carrière, nous nous effondrions, abattus, en nous disant que nous ne sortirions jamais vivants de cet enfer.

A cette époque, je n'aurais jamais pensé que je rencontrerais un moine à qui pouvoir exprimer toutes mes souffrances. Je crois bien qu'il devait en être de même pour lui. Nous trouvions refuge dans le Dharma qui nous aidait à supporter les tortures, les blessures morales et physiques, la faim. Chaque instant que nous passions à échanger quelques mots, des phrases, une prière, nous faisait comprendre que l'existence cyclique est comme un cratère ardent. Dans les camps que j'avais traversés, en Chine et au Tibet, dans les prisons qu'il avait connues, les souffrances de la maladie et de la mort, les tourments les plus effroyables s'étaient abattus sur nous comme une pluie d'orage. Nous devions survivre pour témoigner. Nous devions continuer à nous battre contre l'injustice et l'horreur qui avaient frappé le Tibet depuis l'invasion par la Chine communiste.

Példèn Guiatso et moi étions très proches. Dès que nous sentions un danger peser sur l'un ou sur l'autre, tous nos sens étaient en alerte.

Un matin, à la carrière, je ne me sentis pas très bien. La veille, nous avions enduré une lourde séance de *thamzing*. Példèn Guiatso avait été horriblement battu. Moi, un peu moins, mais, dans des cellules voisines, des Tibétains étaient morts et leurs corps avaient été aussitôt emportés par les gardiens. J'étais en train de tailler une énorme pierre lorsque celle-ci se fendit en deux. Pris de panique, je fis un brusque écart, mais un éclat me transperça le pied. Sur le coup, je ressentis une violente douleur. Le sang jaillit par saccades. Mon cœur battait à tout rompre. Je pris peur car, depuis un certain temps déjà, j'avais commencé à développer des troubles cardiaques. Ils étaient moins graves que chez d'autres détenus ; néanmoins, avec cette blessure, tout pouvait arriver. Des prisonniers m'entourèrent. Példèn Guiatso aida à me hisser dans une charrette, puis je m'évanouis. Lorsque je revins à moi, j'étais dans ma cellule et l'on avait pansé ma plaie.

Le lendemain, pourtant, je retravaillais à la carrière. Mon cœur avait tenu le choc, mais j'avais perdu beaucoup de sang. Je trouvai des racines pour me soigner. Un soir, je demandai à un gardien tibétain, qui s'appelait Tènpa, l'autorisation de me faire une moxibustion, ce qu'il accepta. Des cloques étaient apparues sur mon pied et la moxibustion devait en absorber le liquide. Incapable de poser le pied par terre, j'avais beaucoup souffert tout au long de la journée. Je pris d'abord mon pouls pour vérifier si j'avais de la fièvre. Si cela avait été le cas, je me serais abstenu d'intervenir de cette manière. Comme je ne disposais pas des instruments nécessaires, j'utilisai ce que je pouvais trouver. Je me servis d'une sorte de papier très grossier et de mauvaise qualité, fabriqué, disait-on, à partir de crottin de cheval. Je roulai une feuille. Je fis également du feu, puis plantai des aiguilles chauffées — de celles qui servaient à recoudre nos haillons — en quatre points spécifiques autour de la blessure. J'appliquai le papier roulé, imbibé d'ail, sur mon pied, l'ail permettant l'adhésion. Quelque temps après, la plaie se referma et je pus à nouveau marcher normalement.

Pour consulter à l'hôpital de la prison, les blessés et les malades devaient faire la queue, en attendant leur tour. Ceux qui n'avaient pas de place pour s'asseoir pouvaient s'installer dehors, sur des bancs. Là, nous attendions d'être appelés par l'assistant du médecin, un Tibétain prochinois. Un jour, deux détenus commentaient les récents événements survenus à Lhassa, qu'ils avaient lus dans un journal distribué en cellule. L'assistant surprit leur conversation et la rapporta aux gardiens. Enchaînés, ils furent forcés de reconnaître leurs fautes, celles notamment d'avoir osé critiquer la politique chinoise au Tibet. D'autres prisonniers furent torturés, et, dans les jours qui suivirent cet incident, quatre Tibétains se suicidèrent en se tranchant la gorge avec un de leurs outils.

La Révolution culturelle continuait à sévir sur le Haut Pays. Les gardes rouges détruisaient, pillaient, saccageaient tout ce qui touchait de près ou de loin à la culture tibétaine. Des dizaines de milliers de Tibétains avaient disparu dans les camps. Humiliés, épuisés, anéantis, certains en arrivaient même, sous la menace, à remercier leurs tortionnaires. Une fois libérés, ils disaient leur rester reconnaissants des atrocités et des humiliations qu'ils avaient endurées. A l'extérieur, dans les villes et les villages, mes compatriotes subissaient en permanence contrôles et sévices : fouilles des maisons, déclarations de la grossesse, contraceptions forcées. La politique de contrôle des naissances se poursuit d'ailleurs aujourd'hui encore, et des rapports révèlent que, dès 1960, des jeunes filles stérilisées, des femmes

enceintes servirent de cobayes pour des « scientifiques »
chinois sans scrupules. En se soumettant aux exigences
de l'administration chinoise, la femme tibétaine perdait
tous ses droits, y compris le droit de contrôle sur son
propre corps. Dès l'instant de sa conception, l'enfant
tibétain était placé dans les mêmes conditions. L'Etat
chinois se l'appropriait et se réservait, d'abord, le privilège de sa naissance puis de sa vie, en lui délivrant
ensuite un certificat de naissance, tel un certificat de
propriété. Chaque jour, les autorités s'octroyaient le
droit de tuer des enfants et des femmes, dont le seul
crime était de naître ou d'accoucher sans l'autorisation
de l'administration occupante.

Autant de raisons, s'il en fallait encore, pour le
peuple tibétain de se rebeller. Les autorités réprimaient
alors violemment les révoltes, en dépêchant dans les
régions les plus zélées des forces spéciales. Les communistes chinois voulaient faire disparaître totalement
notre civilisation et notre culture. Tous les moyens
étaient bons pour y parvenir. Les exemples sont trop
nombreux, et il n'est possible d'en citer qu'une infime
proportion, mais certains faits parlent d'eux-mêmes. Je
les apprenais, au coup par coup, lorsqu'il me fut possible de circuler un peu dans l'enceinte du camp. Ainsi,
les robes monastiques furent transformées en *tchoupa*
pour femmes, les coiffes des religieux déchirées en lambeaux, avec lesquels on fabriquait des chaussures.
Quand elles n'étaient pas emportées, les turquoises
étaient broyées sous les yeux des familles fortunées et
semées au vent. Lorsqu'ils s'en prenaient aux familles
de la noblesse, les Chinois contraignaient les hommes
à des séances de *thamzing*, durant lesquelles on leur pla-

çait une barre de fer portée au rouge sur les épaules. Pour échapper à ces tortures, on me confirma à nouveau que beaucoup de Tibétains se noyèrent dans la rivière. A Yititok, les gardiens raffolaient d'une méthode très particulière de torture : ils attachaient au cou des prisonniers des récipients contenant de l'urine et des excréments humains. Ceux-ci devaient ensuite baisser la tête vers l'avant et rester ainsi, des heures durant, le visage dans la merde.

Malgré les fouilles, des Tibétains parvenaient néanmoins à cacher des statuettes et des effigies du Bouddha, parfois des pierres précieuses. Un jour, à la carrière, alors que je m'apprêtais à tailler un énorme bloc de pierre, j'en remarquai un, plus petit et carré. Il n'y avait aucun garde autour de moi. Je le pris et constatai qu'il avait déjà été taillé. Je le brisai et vis un petit paquet contenant un collier avec une amulette en argent, ornée de fausses turquoises et d'un faux corail. Ces objets n'avaient aucune valeur et avaient dû appartenir à une femme très pauvre. Prise de panique, elle avait peut-être caché ici le peu de biens qu'elle possédait encore.

Notre peuple essayait d'appliquer le Dharma et s'attirait, de ce fait, les foudres de l'occupant. « Le Dharma est notre patrie, répétions-nous souvent. Nous approcherons de notre perte, lorsque des serpents noirs glisseront sur le sol. » Le serpent noir ressemblait tellement au long convoi de camions chinois ondulant à travers les virages sur les larges routes du plateau tibétain... Malgré la répression, les Tibétains continuaient à affirmer : « Nous devrions porter un chapelet, un *mala*, dans chaque main. Chaque main devrait tenir un moulin à prières et chaque bouche devrait réciter le mantra *Om Mani Pémé Houm*, puisque nous sommes tous les enfants de Tchènrézik. » J'appris alors que certaines femmes tibétaines étaient apparemment très coopératives avec les soldats, leur servant du thé, une collation, mais c'était bien souvent pour mieux leur fendre le crâne d'un coup de hache, lorsque l'occasion s'en présentait. Aussitôt emprisonnées à Drapchi, la plupart y succombaient. On pourrait d'ailleurs comparer la réduction de la population tibétaine, consécutive aux transferts de population et aux massacres, à l'abdomen d'une fourmi, plus fin que le reste du corps.

A la fin de l'année 1972, tous les prisonniers valides de Yititok furent rassemblés et conduits à Drapchi, où plus de cinq cents détenus assistèrent à un *thamzing* spécial. Pour l'occasion, on nous avait demandé de porter le Petit Livre rouge de Mao autour du cou et, la veille, nous avions dû laver nos haillons. Une estrade avait été construite à la hâte. Des affiches dénonçaient les activités séparatistes de certains. Les militaires nous surveillaient, postés derrière des mitrailleuses lourdes en permanence braquées sur nous. Un officier prit la parole. Il insista sur la nécessité de nettoyer le Tibet de tous les contre-révolutionnaires à la solde du Dalaï-Lama. Il annonça aussi que deux prisonniers avaient voulu s'évader et qu'au cours de leur interrogatoire, ils avaient reconnu leurs torts. Pur mensonge que cela ! Les deux hommes n'avouèrent aucun des crimes qui leur étaient imputés. Enchaînés sur l'estrade, le corps tuméfié de coups, ils durent écouter le verdict qui les condamnait à être exécutés pour avoir offensé le gouvernement populaire. Une chanson avait été composée par les Chinois à leur intention. Je ne me souviens plus très bien des paroles, mais, approximativement, elles disaient :

Si l'on tue un séparatiste,
cela n'en fait jamais qu'un.
Si l'on en tue deux,
cela n'en fait jamais que deux.
Si l'on en tue trois,
cela n'en fait jamais que trois...
Ce n'est qu'en éliminant tous les séparatistes,
que l'on obtiendra durablement satisfaction.

Les prisonniers furent contraints à reprendre ce chant lorsque les deux hommes furent embarqués dans un camion qui s'ébranla aussitôt. Quelques minutes plus tard, devant la fosse commune située derrière Drapchi, ils furent abattus d'une balle dans la nuque. Les soldats leur tirèrent ensuite trois balles dans le corps.

L'échec patent de la Révolution culturelle contraignit Mao à laisser le champ libre à Zhou Enlai. La direction du Parti n'en restait pas moins truffée d'hommes tout acquis aux thèses les plus radicales. Au Tibet, la situation ne changea guère. Au début de 1973, an bœuf-eau, des gardiens tibétains furent amenés à faire leur autocritique devant les prisonniers, étonnés de ce brusque revirement de situation. On nomma de nouveaux « leaders ». Mais les camps ne se vidèrent pas pour autant, et les tortures continuèrent.

C'est à cette époque que je reçus, dans ma cellule, la visite de plusieurs officiers chinois qui souhaitaient me consulter afin que j'établisse le diagnostic ou le traitement de leurs maladies. Le premier fut un commandant d'unité d'artillerie. Je lui demandai pourquoi ce soudain intérêt pour la médecine tibétaine. Il m'expliqua que tous les autres traitements qu'il avait essayés avaient échoué jusqu'à présent. C'était en quelque sorte son dernier recours. Je lui pris le pouls et lui prescrivis un médicament qu'il pouvait se procurer au Mèn-Tsi-Khang. Je ne le revis que beaucoup plus tard. Je pense que mon diagnostic fut bon. Puis ce fut un soldat qui souffrait de crises d'épilepsie. Je lui prescrivis des moxibustions et il se rétablit au bout de quelques semaines. Un jour, ce fut un prisonnier tibétain, Nyima Tachi, qui reçut l'autorisation de venir me consulter. Il devait aller abattre des arbres. Je le lui déconseillai, mais il n'eut pas la possibilité de suivre mes conseils. Un camion le chargea, avec son unité de travail. Plus tard, on me raconta qu'en cours de route les occupants des camions avaient entendu le mugissement d'un yack. Aucun troupeau ne paissait dans les environs immédiats. Il s'agissait, en fait, d'un bien mauvais présage. Le camion se renversa. Ses occupants furent blessés. Nyima Tachi reçut une roue sur la tête ; il décéda à l'hôpital.

Les mois passaient. A en croire les Chinois, j'arrivais presque à la fin de ma peine. Dix-sept ans dans les bagnes et les camps n'avaient pas entamé mon espoir de revoir un jour le Dalaï-Lama et son entourage. J'aurais dû normalement être libéré en mars 1976, an dragon-feu. En l'an tigre-bois (1974), je continuais à tailler des pierres dans les carrières autour de Yititok et, le soir, je recevais de temps à autre une visite dans ma cellule. Un jour, la femme d'un fonctionnaire de Taksoung Khang, parti momentanément en Chine, me demanda une consultation. Lorsque je lui pris le pouls, je me rendis compte que son état était extrêmement critique et qu'il ne lui restait probablement que deux ou trois mois à vivre. Je lui conseillai de téléphoner immédiatement à son mari et d'entrer à l'hôpital militaire de Séra où des médecins chinois la prendraient rapidement en charge. Cette femme subit effectivement une intervention chirurgicale. Elle vécut ensuite encore un mois. Les chirurgiens qui l'opérèrent apprirent sa visite à Yititok, mais, dans le même temps, ils reçurent une information totalement erronée sur mon diagnostic. Croyant que j'avais estimé qu'elle vivrait encore trois ou quatre ans, ils m'avouèrent, plus tard, qu'elle serait vraisemblablement encore vivante s'ils avaient tenu compte de mon avis.

Un jour, le commandant d'artillerie revint. Cette fois, il était accompagné du médecin chargé du dispensaire de Yititok. L'homme conservait une attitude cynique à mon égard. Je supposai qu'il était venu me tester. Je lui présentai mon diagnostic. A ses côtés, le médecin ne disait pas un mot. Il prit alors la place de l'officier, me tendit le bras. Je lui pris le pouls et, après quelques instants, je lui annonçai qu'il souffrait d'un problème hépatique important mais qu'il existait, dans la médecine tibétaine, un excellent traitement pour soigner ce mal. Il me confirma l'exactitude du diagnostic et m'avoua qu'aucun médecin chinois n'était parvenu à le guérir et qu'on lui avait affirmé que son mal était chronique. Ayant toujours un statut de prisonnier, je lui prescrivis une ordonnance sur une simple feuille de papier. Alors qu'on le considérait comme incurable, le traitement donna rapidement des résultats positifs. Dans un premier temps, l'homme se porta mieux, puis il guérit totalement.

Lorsque j'eus à soigner le commandant d'artillerie, je n'oubliai pas ma condition de prisonnier. Je sentais en moi une intuition très forte, comme un signal : je devais absolument guérir cet homme. Je pense cependant avoir, ce jour-là, effectué mon travail, face à un malade, avec dévouement et sincérité. Mais j'étais également pleinement conscient que les Chinois me testaient, et que s'ils étaient satisfaits, peut-être allais-je pouvoir soulager les souffrances de nombreux détenus ? Une des qualités requises pour être médecin consiste à être empli du désir de venir en aide à autrui. Le fait que nous nous sentions concernés par le bien-être des autres — de tous les autres — peut être appelé aussi compassion. Celle-ci, délivrée sans partialité, transcende toutes les barrières et ne connaît pas de frontières. Que l'on soigne un ami ou un ennemi, c'est une question d'absence de préjugés. Ami ou ennemi, le médecin doit traiter tous les patients exactement de la même manière : ce sont des personnes qui souffrent. De même peut-il étendre son amour et sa gentillesse à son ennemi. Animés par ce sentiment de compassion, ce sens de la responsabilité vis-à-vis des autres, nous pouvons modifier réellement la nature des choses et de nos actes.

C'est ainsi que je commençai à soigner des patients à Yititok. J'avais déjà passé seize ans dans les prisons chinoises, et j'avais réussi à survivre.

Troisième partie

1975-1998

15

Soigner ses ennemis

La fin de l'an lièvre-bois (1975) était toute proche. Depuis plusieurs semaines maintenant, j'avais cessé le travail à la carrière. Les autorités chinoises m'avaient demandé de poursuivre mes activités de médecin à l'intérieur du camp. Des militaires de haut rang continuaient à me consulter, des personnalités de la Région autonome également. Les gardiens avaient pris l'habitude de venir me voir à l'hôpital, où des infirmières chinoises me surveillaient. Le docteur Li, responsable de l'hôpital, m'avait autorisé à l'aider à soulager les souffrances des prisonniers. En les voyant, je me sentais triste et impuissant car, pour la plupart, leurs cas étaient graves. Assisté de Seupa, un Tibétain avec qui j'allais partager mes dernières années de prison, je ne pouvais pas grand-chose pour eux, si ce n'était essayer de les accompagner jusqu'à la fin.

Sept mois plus tard, le 22 mars 1976, an dragon-feu de notre calendrier, je fus, à la demande du docteur Li, transféré à Outridu. Théoriquement, ma peine était finie, mais personne n'évoqua l'hypothèse de ma libération. J'en parlai à Li qui me recommanda de prendre patience car il était fortement question qu'un centre médical tibétain fût ouvert, et j'y aurais alors ma place.

De forme rectangulaire, cette partie de la prison avait été construite, quelques mois auparavant, par les prisonniers de Yititok. On y plaçait généralement les « fins de peine » et les « semi-libertés ». Outridu était située près des cuisines. Encerclée de barbelés, l'entrée était à l'ouest du camp, à deux pas de l'hôpital. De l'autre côté, se trouvaient les ateliers de menuiserie, de mécanique. A gauche de l'entrée, quatre bâtiments où logeaient les gardiens et le personnel de sécurité. L'hôpital comptait quelques chambres, une salle d'accueil et une pièce sordide, affectée aux piqûres.

Chaque matin, je m'y rendais pour accueillir les patients. Soixante à quatre-vingts personnes défilaient ainsi dans la petite pièce que j'occupais : des prisonniers, des gardiens, des militaires chinois et même des malades venant des environs. Ceux-là payaient un yuan pour la consultation. Comme je n'avais accès à aucun médicament, je leur donnais seulement une ordonnance qui leur permettait de se les procurer au Mèn-Tsi-Khang, lequel pouvait aussi parfaitement refuser de les leur délivrer.

Un jour, Li vint me voir. Il paraissait rayonnant. J'appris sa guérison et j'en fus particulièrement heureux. Il se répandit alors en éloges, me complimentant de ma sincérité et de mon honnêteté. Il me promit de présenter une requête pour accélérer ma libération et faire en sorte que je pusse exercer la médecine à Lhassa. Je lui répondis que je traitais tous les patients de mon mieux. En prison, j'avais appris à développer ma capacité à pardonner. Je lui dis aussi :

— Ce n'est que par l'amour et la compassion que l'on peut amener son pire ennemi à changer son esprit.

La liberté, je la ressentais un peu déjà à travers le prisme du comportement de Li et des quelques officiers chinois que j'avais soignés. Mais lorsque, pour la première fois, je franchis le portail de Yititok, je ressentis un soulagement immense. Des foules de questions m'assaillaient et je fis mes premiers pas d'homme presque libre sans but précis. Je n'oubliais pas que le peuple tibétain continuait de résister à l'asservissement et à la colonisation avec courage et détermination. Pour ma part, j'aspirais surtout à la dignité, au respect. L'homme ne peut être vraiment heureux que dans un environnement accueillant. Inversement, si d'autres souffrent, c'est le bonheur de tous qui en est atteint. Les Tibétains aspiraient au bonheur, mais celui-ci avait été détruit et paraissait maintenant inaccessible. En tant que médecin, je peux assurer qu'il en va de même pour les patients. Une personne jouissant d'un esprit pacifié se porte bien et son corps est équilibré. Par contre, celle qui a l'esprit troublé voit sa santé se détériorer. Ma vie fut parsemée d'obstacles innombrables. J'aspire pourtant, moi aussi, au bonheur, et je sais que celui-ci passe également par la liberté. Libre, je pourrais rejoindre le Dalaï-Lama et la famille Yapchi. Libre, je pourrais me rendre dans mon village natal, près de Nyémo, et au monastère de Tchoté. Dans leur soif de conquête, de domination, les Chinois ont emprunté des chemins cruels, parsemés de pièges. S'ils s'étaient comportés différemment avec nous, peut-être aurions-nous pu les suivre, et, pourquoi pas, partager avec eux certaines conceptions économiques et sociales, voire politiques.

Le marxisme originel dans son idéal possède, en soi, beaucoup de bonnes choses ; mais certainement pas ce totalitarisme ni cette forme corrompue de communisme que l'on connaît en Chine. C'est, je crois, ce que nous devons absolument continuer à combattre.

Le *Lossar* de l'an dragon-feu (1976) venait de se terminer, lorsque Li m'informa des nouvelles intentions des autorités chinoises : l'ouverture d'un hôpital moderne à Yititok. On m'autoriserait même à sortir cueillir des substances médicinales et on me fournirait des machines électriques pour les filtrer et les broyer. Je lui rappelai que ma peine était finie et qu'après dix-sept ans de travaux forcés, j'aspirais à recouvrer non seulement mon entière liberté, mais encore mon statut de médecin. Je lui rappelai également la nécessité, pour certains remèdes, d'importer des plantes de l'Inde, du Népal ou de Chine. Nous manquions de médicaments à Yititok. Li fit des démarches pour que, lors de ma première sortie, je puisse aller au Mèn-Tsi-Khang.

Lorsque après dix-sept ans d'incarcération, le vingt-deuxième jour du troisième mois de l'an dragon-feu, je quittai la prison, je me serais certainement réjoui si, à l'extérieur, les Tibétains avaient été heureux et si leur vie avait réellement changé, comme le prétendait la propagande communiste. Mais ce n'était pas le cas.

Les Lhassapas déambulaient, hagards, l'œil rivé sur le sol. Leur sourire légendaire avait disparu, et lorsqu'ils me voyaient, ils détournaient le regard. Il est vrai que je portais une sorte de couvre-chef indiquant mon statut de prisonnier et qui pouvait défavoriser les rencontres. Il en existait de deux sortes : l'un pour les droits communs ; l'autre pour ceux qui s'étaient opposés à l'occupant. Les gens avaient peur et cela se lisait dans leur regard, leur attitude. Je les respectais, en évitant de les mettre en danger. Un simple geste eût suffi à bouleverser leur quotidien !

Je vis également des enfants de six, sept ans fouiller les auges des cochons. Je ne retrouvais plus les odeurs d'encens. Je me rendis d'un pas indécis au Mèn-Tsi-Khang. Mon maître, Khyènrap Norbou, avait quitté son enveloppe corporelle en l'an tigre-eau (1962). Je ne fus pas surpris par les lieux lorsque j'y revins. Le nombre de bâtiments n'avait guère augmenté, pas plus que l'institut ne s'était développé. Apparemment les maisons voisines du Mèn-Tsi-Khang avaient été saccagées ; elles étaient en cours de reconstruction. Seulement, je ne rencontrai aucun de leurs occupants d'origine. Je vis bien évidemment quelques personnes que je connaissais. Elles m'évitaient, hésitaient, et lorsque enfin elles me parlaient, c'était pour me mettre en garde contre les Chinois ! A Lhassa, les rumeurs chinoises m'avaient surnommé le « médecin dissident ». Ceux qui me connaissaient vraiment s'en offusquaient, car cela pouvait aussi laisser entendre que je me serais enrichi sur le dos de mes compatriotes. Tout cela était absurde. C'était également ce que l'on voulait faire accroire du Dalaï-Lama et de ses proches. Des amis me dirent :

— C'est injuste. Vous n'êtes pas un tel homme, vous êtes toujours *Lhamènpa*, et vous êtes resté intègre.

— Vous avez parfaitement raison, leur répondis-je.

Je n'ai jamais enfreint aucune loi. Mon seul tort, aux yeux des Chinois, est d'avoir été le médecin de Kundun et de sa mère. Ce sont les Chinois qui ont introduit cette notion de dissidence, mais nous, Tibétains, n'avons aucune raison de l'employer.

Au Mèn-Tsi-Khang, je fus reçu avec une méfiance toute convenue. J'étais l'« espion en semi-liberté » et les étudiants qui étaient là le devaient sans doute beaucoup aux communistes chinois.

Je m'adressai à un professeur. Soudain l'image de Khyènrap Norbou surgit en moi. Il ne s'agit pas, ici, d'esquisser la moindre comparaison. Ni le moment ni l'heure ne s'y prêtaient ; je souhaitais tout simplement emprunter un texte médical.

— Vous pouvez le consulter ici, mais pas question de l'emporter.

Je ne vis que de jeunes médecins. Aucun de mes professeurs n'était encore en vie. J'en éprouvai une profonde tristesse, un brin de révolte sans doute, mais je me tus : j'étais un « dissident ».

Comme, à l'extérieur, j'avais remarqué que l'on bâtissait quelques murs, je me dis que l'avenir serait peut-être meilleur. Une chose me consolait : il n'y avait guère de Chinois dans les parages. Il est vrai que, par le passé, ils considéraient que la médecine tibétaine était un simple leurre et qu'elle n'était porteuse d'aucun effet thérapeutique. Disposant de matériel relativement sophistiqué pour l'époque et, en règle générale, d'origine étrangère, les autorités occupantes avaient développé des structures médicales dans les principales villes du Tibet ; mais tout cela était bien entendu réservé aux

Chinois et les Tibétains en étaient exclus sauf pour des interventions bien particulières.

Toutefois, on me consulta en prison et quelques Chinois se battirent afin que notre médecine, et tout notre arsenal thérapeutique, ne disparût pas. Le docteur Li fut sans aucun doute de ceux-là. A cette époque, les pilules précieuses étaient consommées surtout par les hauts dignitaires de la hiérarchie communiste. S'ils les qualifiaient de « médicaments chinois », leur conception et leur mode de préparation n'en restaient pas moins purement tibétains. Pékin alla cependant très loin dans la propagande médicale puisque le pouvoir communiste rédigea un texte, traduit ensuite en tibétain, affirmant que ces procédés avaient pour lointaine origine la Chine. Les médecins affirmaient que les pilules étaient préparées par le « Grand Sanctuaire de médecine chinoise » et qu'en vertu de leurs qualités bien spécifiques, leur utilisation se serait répandue, ensuite, au Tibet. En fait, nos principaux textes médicaux avaient été brûlés par les gardes rouges et la Chine avait ainsi failli détruire à jamais ce qu'elle prétendait aujourd'hui avoir créé.

Un jour où j'avais acquis quelques médicaments pour soigner mes propres patients, je croisai, sur le chemin du retour, deux ou trois Tibétains qui avaient fait leurs études avec moi au Mèn-Tsi-Khang. Aucun ne me convia à prendre le thé. J'en fus tout d'abord chagriné, puis, après quelques instants, je compris leur attitude. Notre cité vivait dans la méfiance. C'était infiniment triste, pitoyable, mais ô combien normal. Néanmoins, je sortais de dix-sept ans de bagne et il me fallut longtemps pour admettre cela. En outre, j'espérais toujours qu'avec le temps les choses s'amélioreraient.

Malgré les risques qui pesaient sur eux, certains de mes anciens patients n'hésitèrent pas à m'inviter. Je les soignais en cachette mais, régulièrement, j'étais suivi, la maison que je venais de quitter fouillée, la famille menacée. Un jour, je me fis même fortement réprimander par des soldats qui estimaient que je me déplaçais beaucoup trop dans Lhassa. Le lendemain, je subis un *thamzing* et le docteur Li ne put rien pour moi.

Au cours de ces visites, mes compatriotes me narraient ce qu'avait été leur quotidien depuis l'exil de Kundun. Lorsqu'une famille disposait d'un peu de beurre, elle préparait le thé, en prenant garde que le voisin ne le sentît ou ne le vît point. Si on les surprenait, on pouvait leur reprocher de mener une vie extravagante, bourgeoise et de n'avoir pas encore rejeté les mœurs et les traditions obsolètes du passé. Les Tibétains vivaient dans une atmosphère de défiance. Même après la mort de Mao Tsé-toung, le 9 septembre 1976, je ne remarquai aucune évolution. Mes compatriotes restaient marqués par les exactions des gardes rouges et la Révolution culturelle, avec ses excès insensés, imprégnait toujours les esprits. Les soldats faisaient des rondes toutes les nuits, à la recherche d'éventuels résistants. Les habitants étaient fichés. Dès qu'un étranger arrivait dans une demeure, les soldats débarquaient, fouillaient, questionnaient, s'enquérant non seulement de l'identité du visiteur, mais aussi de ses opinions. Je m'aperçus également que les Tibétains travaillaient durement dans les champs, alors que les céréales étaient réquisitionnées par l'armée. Aussi mes compatriotes mouraient-ils de faim, autant que ceux qui étaient incarcérés. C'était l'enfer en liberté surveillée !

De plus en plus de patients venaient me consulter à Outridu, mais nous manquions de médicaments. Le Mèn-Tsi-Khang était dans l'impossibilité de nous en fournir et nous ne disposions que d'un budget annuel de cinq cents yuans pour nous en procurer. C'était tellement peu ! J'évoquai donc la question avec le docteur Li.

— Si vous savez où trouver les plantes et les pierres, nous irons en chercher.

Li obtint toutes les autorisations pour déplacer une soixantaine de détenus en fin de peine, sélectionnés en fonction de leur état physique. Nous quittâmes le camp, sous bonne escorte, vers une heure du matin, et atteignîmes la montagne au lever du jour. Peu importait le froid qui nous cinglait les joues et les violentes rafales de vent qui plaquaient nos pantalons et nos *tchoupa* contre nos jambes. Nos couvre-chefs enfoncés sur la tête, nous avancions en file indienne, pliés en deux. Pas question de nous abriter. Du fait de l'altitude, les arbres s'étaient faits moins nombreux. Quand la tempête soufflait, ils offraient une protection naturelle qui, ici, nous faisait défaut.

J'avançais avec énormément de difficultés. Le responsable du groupe, un Chinois, marchait à ma droite ; Seupa, qui était médecin à Tchamdo, à ma gauche. Lorsqu'il me voyait tituber un peu, il prenait mon bras pour me soutenir. Seupa avait conscience de mon extrême faiblesse, mais il avait besoin de ma présence pour la cueillette des plantes et le ramassage de certaines pierres.

Quand soudain le vent cessa, la pluie s'arrêta également et un double arc-en-ciel épousa les contours de la montagne. C'était un bon présage et je le fis remarquer à Seupa qui me sourit. Levant les yeux, je m'aperçus que, de l'autre côté d'un ruisseau, la berge se relevait pour former un petit escarpement. Je m'engageai le premier, traversant l'eau glacée. C'était si bon de retrouver les sensations passées. Cet instant précis fut un moment fort que je ne pus malheureusement partager avec personne. Le docteur Seupa m'observait. Lui aussi avait conscience de ce que nous étions en train de vivre.

La berge, creusée par le courant, formait une saillie et abritait un tapis de racines et de broussailles. Je fis signe à Li. Le groupe s'arrêta. Les soldats qui nous accompagnaient firent planter une tente, tandis que je demandai à mes compagnons de défaire les bagages que portaient les mulets. Nous fîmes du feu. L'hiver s'annonçait précoce et rude. Durant la nuit, le temps changea encore. Lorsque, au lever du jour, je sortis de la tente, le soleil fit une douce apparition. Je connaissais une grotte dans les environs, où nous pourrions trouver les pierres que nous étions venus chercher.

Nous passâmes plusieurs jours à ramasser des substances médicinales et des pierres. Le médecin me déconseilla de transporter les sacs. Je refusai, voulant à tout prix faire comme mes compagnons qui souffraient autant que moi. Certains portaient jusqu'à cinquante kilos ; moi, je ne pus en soulever qu'une quinzaine.

De retour à Outridu, un camion chargea les sacs pour les emmener au Mèn-Tsi-Khang qui nous fournit, en échange, des médicaments. Malgré tout, je ne pouvais soigner tous les patients. Seuls ceux qui étaient le plus gravement atteints recevaient un traitement; les autres devaient patienter. Ce n'était pas sans problème. Les prisonniers, surtout, m'accusaient de favoriser les malades de l'extérieur qu'ils considéraient comme des collaborateurs. Mes explications ne leur suffisaient plus. Certains même s'en plaignirent à l'administration. Le docteur Li dut une nouvelle fois intervenir, expliquant aux autorités locales que je prenais uniquement en compte l'état de santé de mes patients, mais que des médicaments nous manquaient.

Nous repartîmes, plusieurs fois, en l'an serpent-feu (1977). Je remarquai que les plantes étaient devenues fort rares en certains endroits, surtout autour de Lhassa. Nous dûmes franchir une autre vallée et continuer plus haut dans la montagne. Nous rencontrâmes des nomades qui nous offrirent du thé en cachette de nos gardes, et je pus invoquer les divinités en sacrifiant aux rituels traditionnels. J'offris une *khata* et la jetai dans un feu de branches de genévrier.

Ma réputation avait encore grandi. Les Tibétains savaient désormais qu'ils pouvaient consulter un *émtchi*, et que j'avais été le médecin de Kundun. Les Chinois aussi venaient me voir en nombre de plus en plus important. A l'époque, ils m'attribuaient un salaire, une somme de trente yuans qui me permettait de couvrir mes maigres dépenses d'habillement et de nourriture. L'un de mes patients me dit que les pilules précieuses étaient même fort appréciées à Pékin et dans d'autres grandes villes de Chine. Il vanta tout d'abord mes diagnostics, ma connaissance de la médecine tibétaine et souligna que j'avais la chance de servir la Mère-Patrie au moment où le Tibet était devenu un pays prospère.

Mais, rapidement, il changea de ton pour me rappeler que le Pays des Neiges vivait autrefois sous l'ignorance et l'oppression d'un renégat qui se faisait appeler Dalaï-Lama et de sa clique. Il m'accusa d'avoir fait partie de ce « clan » de bandits.

— A l'époque j'étais un simple moine qui venait d'achever ses études de médecine, lui répondis-je d'un ton ferme. Tout ce que vous dites est peut-être vrai, mais je ne vois pas de quoi vous parlez.

— Ah ! s'exclama-t-il. Vous ne voyez toujours pas…

Ce soir-là, ayant regagné, comme chaque jour, ma cellule, j'invoquai Tara pour qu'elle me protégeât de cet homme, venu sans doute pour m'interroger et me nuire à nouveau. Je m'endormis en pensant aux moines de Tchoté.

Je fus enfin autorisé à retourner à Tchoté. De minces rayons de soleil, annonciateurs du printemps, filtraient à travers les arbres. Les buissons étaient plutôt rares dans le sous-bois. Quelques arbres étaient tombés, victimes des fortes chutes de neige de l'hiver dernier, d'autres ployaient dangereusement. La forêt que je traversai en ce mois d'avril de l'an cheval-terre (1978), sur la route de Nyémo, était clairsemée. J'avais entendu des détenus raconter que les Chinois pratiquaient une déforestation sauvage, massive. J'en avais désormais les preuves sous les yeux. Des camions, chargés de troncs, filaient devant mes yeux, soulevant un nuage de poussière.

En proie à l'indécision quant à la direction à suivre, je pris un chemin qui me conduisit vers une passe. La marche me réchauffait, mais le soir, exténué par tant d'efforts, je m'allongeai à l'abri d'une grotte. L'air froid me fit frissonner. Je me mis en boule, me roulant dans la couverture que j'avais emportée avec moi. Je m'étais frayé un chemin difficile, tortueux, à travers les obstacles que m'imposait cette vie humaine, comme je venais de le faire en traversant cette forêt. Depuis la visite d'un de mes oncles à Drapchi, je n'avais plus jamais eu de nouvelles de ma famille. Il m'avait annoncé la mort de Pessala et la disparition de deux autres oncles dans les prisons chinoises. Les yeux grands ouverts, je voyais l'obscurité s'épaissir autour de moi. Je tentai d'allumer un feu pour repousser les ténèbres. L'humidité empêchait le bois de prendre. J'entendais toutes sortes de bruits et de murmures et n'osais pas trop bouger. Un animal furetait dans les parages. Je sentis quelque chose me renifler, puis s'éloigner. Soudain je n'y tins plus et m'abandonnai à ma détresse. Des sanglots lourds me nouaient la gorge. Mon corps fut secoué de hoquets. Je me sentais seul, épuisé, las de vivre tant de souffrances. Je finis par m'endormir en pensant qu'après-demain je serais à Tchoté.

Au petit matin, la soif me réveilla. J'entendais le bruissement de l'eau et, plus loin, la chute ininterrompue d'une cascade. Le ruisseau qui m'apparut bientôt fut pour moi un soulagement. La veille, je m'étais senti perdu dans ce décor qui me rappelait tant de souvenirs anciens. Je bus avidement pour étancher ma soif. Je me rendis compte alors que la faim aussi me taraudait, mais je n'avais plus de *tsampa*. Je me mis à la recherche de quelques racines et de feuilles. La deuxième journée fut aussi douloureuse que la précédente.

Je croisai des nonnes qui, malgré les menaces qui pesaient sur elles, avaient décidé de regagner le couvent de Gargompa. Elles me racontèrent que les gardes rouges avaient totalement détruit leur monastère. C'était la raison pour laquelle elles parcouraient la région pour tenter de recueillir quelques dons qui devaient leur permettre d'achever les travaux de reconstruction. Il restait très peu de religieuses à Gargompa, et de très jeunes nonnes avaient été violées par les Chinois. Certaines s'étaient enfuies à Lhassa, où elles participèrent à des manifestations contre l'occupant. Vraisemblablement arrêtées, elles n'avaient jamais plus donné la moindre nouvelle. D'autres avaient préféré se suicider. Quelques-unes partirent pour l'Inde, grâce à l'aide des habitants de la région, et elles trouvèrent refuge à Dharamsala, où Kundun avait installé son gouvernement en exil. Celles qui restaient à Gargompa et dans ses environs devaient se débrouiller pour se procurer des vêtements et de la nourriture. Elles me dirent aussi que tous les monastères avaient été pillés, saccagés et la plupart rasés. Je pensai immédiatement à Tchoté et accélérai la marche.

Ma progression devenait plus difficile. J'étais épuisé par tant d'efforts. J'avais faim aussi, et cela provoquait une douleur si obsédante que je fus obligé de m'arrêter et d'entrer en méditation. La chaleur qui traversa alors mon corps me fit un bien immense et me soulagea. Le soir, je trouvai un abri dans une demeure où je pus soigner une vieille femme prise d'une très forte fièvre. Avant de quitter la maison, le lendemain, je cueillis certaines plantes qui allaient lui permettre de vaincre son mal. Quelques heures seulement me séparaient à présent de Nyémo. Dans la nuit, je crus entendre rire un hibou, mais je n'en étais pas très sûr. Pour nous, Tibétains, cela aurait été un très mauvais présage.

Il pleuvait par intermittence. Lorsque je le pouvais, je me mettais à l'abri d'un arbre, d'un rocher ou d'une grotte. Il me tardait de retrouver les miens, mon monastère. Je décidai de marcher encore un peu. Finalement, je passai une dernière nuit près d'un lac. Là, je pus enfin allumer du feu avec des branches de genévrier. J'en profitai pour brûler un peu d'encens. Au loin, le roulement sourd du tonnerre se répercutait sur les sommets enneigés.

Tchoté… Je demeurai longuement à considérer le passage qui me permettrait de franchir les derniers obstacles. Une forte émotion me poussait à précipiter mes pas. Pourtant, je m'engageai prudemment sur le pont qui enjambait la rivière, faisant attention de ne pas glisser. Des planches manquaient. Je dus retourner sur mes pas. Trouvant un chemin qui descendait dans la gorge, je l'empruntai. Le bruit était terrifiant. Les flots battant la roche avec une force incroyable éveillèrent en moi toutes les images de mon adolescence. Pour rejoindre la piste qui remontait sur l'autre rive, je n'avais guère d'autre choix que de traverser la rivière. L'eau était glaciale, les courants violents. Je luttai pour ne pas tomber, pour ne pas être emporté plusieurs centaines de mètres plus loin. Rassemblant tout mon courage, j'atteignis enfin l'autre rive. Je gravis la piste, tout heureux, finalement, de n'avoir pas dû entreprendre un trop long détour.

Devant moi, aussi loin que portait la vue, ce n'était que silence et solitude. Des fleurs sauvages tapissaient

les herbages qui menaient au monastère. Le soleil se fit
plus éclatant et m'éblouissait. Tchoté, les moines, mon
tuteur, mon cœur battait la chamade. Etait-ce une
vision ? La haute muraille était criblée de trous obscurs,
comme d'immenses crevasses qui n'existaient pas auparavant. C'était ?… Il y a vingt-cinq ans déjà. C'était si
loin, c'était hier. Mais ces trous béants provoqués par
l'éclatement de la dynamite retinrent toute mon attention. Et cette clôture ? Et ce silence, si soudain pesant ?
Une vague de panique déferla en moi. Je franchis la
lourde porte de la salle de prières. Elle s'ouvrit sur une
vision d'horreur et de désolation !

Tout était détruit, les statues, les reliques, les effigies.
Je me rendis dans un grenier. Quelques travaux de restauration avaient bien été entrepris, ici et là, mais tout
paraissait abandonné. La représentation du Bouddha en
bronze et en or, haute de deux étages, avait été emportée et remplacée par une autre, plus petite, en terre. Les
peintures murales, toutes en or, avaient disparu.

A cet instant, secoué de sanglots, je laissai le déses-
poir m'envahir. Quand j'eus cessé de pleurer, je restai
longtemps prostré et ne remarquai pas les mouvements
furtifs autour de moi. Une trentaine de moines s'étaient
avancés à ma rencontre. Ils étaient maigres et j'eus
beaucoup de mal à reconnaître, parmi eux, mon tuteur.
Il me présenta une *khata* et on nous offrit le thé. Les
reliques avaient été emportées, les effigies vendues sur
les places étrangères et les textes sacrés étaient quelque
part en Chine.

J'avais beau essayer de comprendre les qualités essentielles de la nature humaine, la révolte grondait en moi,
la colère aussi. Pourquoi avoir détruit Tchoté, Gandèn,

Drépoung, Séra, et plus de six mille autres temples et monastères ? Pourquoi ces transferts massifs de population chinoise au Tibet ? Pourquoi toutes ces souffrances ? Pourquoi ces destructions ? Où étaient la tolérance, la sagesse prônées par les maîtres de Pékin ?

Mon récit se voudrait également, en cet instant, la mémoire de Tchoté. C'est à mes compagnons que je pense en disant ces mots. Mon monastère est toujours en partie détruit. J'espère seulement que ces quelques pensées pourront aider tous ceux qui y demeurent encore. Tchoté qui est dans mon cœur et ma conscience, et que je ne reverrai sans doute jamais en cette vie...

Je restai deux jours à prier avec les moines, à invoquer les déités pour qu'elles nous protègent. Nous évoquâmes nos espoirs et nos peurs. Je ne savais pas de quoi mon avenir serait fait. J'espérais simplement, un jour, retrouver Kundun. Ici, le retour de Sa Sainteté était toujours autant espéré, malgré les obstacles et les pièges tendus par les communistes chinois.

Avant de partir, je consultai les plus anciens et leur prescrivis certaines substances médicinales. Sans doute cachaient-ils aussi une certaine fierté que je fusse, à l'origine, des leurs.

Un matin, très tôt, je partis en direction de mon village. En cours de chemin, je m'arrêtai près du monastère de Yèntsa. Il devait être onze heures. Quelques demeures entouraient le vaste bâtiment qui avait également souffert des exactions commises par les Chinois. Un troupeau d'une dizaine de yacks paissait paisible-

ment. Des enfants travaillaient la terre, tout en récitant
inlassablement *Om Mani Pémé Houm*. Je m'approchai
d'un adulte, qui me dit s'appeler Theundroup. Nous
échangeâmes quelques mots. Abandonnant momentanément son dur labeur, il m'accompagna jusqu'à l'entrée du sanctuaire qui s'ouvrait sur un jardin fleuri. Un
lama vint à ma rencontre ; il avait été *guéshé* à Tachilhunpo. Me guidant à travers la salle des prières et
quelques autres pièces, toutes richement décorées,
comme par le passé, il me montra des statuettes et des
effigies représentant le Bouddha et diverses autres divinités : de pures merveilles… Des lampes à beurre brûlaient devant une rangée de bols d'offrandes en argent,
ce qui aiguisa immédiatement ma curiosité.

— Comment avez-vous pu préserver tout cela ? lui
demandai-je.

— C'est une bien longue histoire, me répondit-il.

Il me prit le bras et nous sortîmes dans le jardin, où
il me servit un bol de thé.

Deux nonnes et une quinzaine de novices s'assirent
près de nous. Elles me souriaient avec une grâce infinie. La plus âgée accepta de me faire le long récit des
événements qui avaient secoué les proches environs de
leur monastère. A l'époque de la Révolution culturelle,
elle avait été chargée de la destruction de toutes les
œuvres sacrées de Yéntsa. Ne pouvant faire autrement
que se soumettre, elle participa à de nombreuses
réunions d'endoctrinement, où elle montra même un
certain zèle. Rassurés, les gardes rouges ne remarquè-
rent jamais l'étrange manège qui se tramait dans ce
monastère. Il y avait, plus haut, un petit sanctuaire
oublié où vivait encore un vieux moine. Dès qu'elle le

pouvait, elle grimpait là, tantôt avec une statuette du Bouddha, tantôt avec l'effigie d'une de nos nombreuses déités, tantôt avec des tankhas ou des textes sacrés, enroulés dans de vieux chiffons. Le temps allait peut-être se révéler le meilleur allié de cette nonne courageuse.

Le quinzième et le vingt-cinquième jour de chaque mois, elle partait prier et réciter des textes dans les familles des environs. Un après-midi, alors qu'elle rentrait au monastère, la peur la saisit lorsque lui parvint l'écho d'un roulement ininterrompu de tambour. Ce son ne pouvait être annonciateur que d'un grand malheur. Les gardes rouges avaient formé des enfants tibétains à détruire nos traditions ancestrales. Ces tambours signalaient leur présence. La nonne pressa le pas et atteignit le petit sanctuaire avant que les enfants n'arrivent. Elle demanda au vieux moine d'invoquer les déités protectrices, puis elle dévala le versant, à la rencontre d'une trentaine de gosses déchaînés.

— Que faites-vous ici ? demanda-t-elle sur un ton ferme et dur.

— Nous venons détruire ces lieux d'enfer.

Le roulement de tambour se fit plus sourd, plus fort. Certains des enfants s'amusaient follement à l'idée de tout briser.

— Vous n'avez rien à faire ici, dit la nonne. J'ai personnellement été chargée de la destruction des œuvres. Il n'y a plus rien ici, plus de statuettes, plus de textes. Allez-vous-en ! J'ai autre chose à faire qu'à vous écouter.

Convaincu par son assurance, le groupe rebroussa chemin et ne revint plus jamais en ce lieu. Le calme revenu, les nonnes ressortirent peu à peu les œuvres sacrées, puis les textes, et la vie reprit un cours à peu près normal. J'appris que les habitants des environs s'étaient tous montrés très solidaires des nonnes. Il n'y en eut pas un pour les dénoncer. Theundroup raconta aussi qu'il avait eu de graves ennuis avec les Chinois. Son fils avait été arrêté en 1966, an cheval-feu de notre calendrier. Lui-même avait été battu pour avoir allumé des lampes à beurre dans sa maison. Malgré la continuelle surveillance dont il faisait l'objet, Theundroup enfreignit cependant les interdictions et plaça une lampe à beurre à l'intérieur d'une Thermos. Malheureusement, les Chinois s'en aperçurent et le battirent à nouveau. Pour échapper à la vigilance de ses tortionnaires, Theundroup gravissait, juste avant le lever du jour, la colline, et, tous les matins, allumait les lampes à beurre du monastère. De retour à Yititok, quelque temps plus tard, j'engageai des recherches et finis par retrouver la trace du fils de Theundroup : il était emprisonné à Drapchi, mais toujours vivant. Je lui envoyai aussitôt un message.

Je restai encore deux jours au monastère, partageant les prières avec le *guéshé* de Tachilhunpo, les nonnes et Theundroup. Lorsque je les quittai, ce fut pour prendre la direction de mon village natal. Il me restait une vaste plaine à traverser, un col. Je longeai cette rivière dont la course sinueuse allait me conduire pratiquement au pied de la colline, lieu de tous les secrets de mon enfance. Bien au-dessus des sommets enneigés, j'aperçus des vautours qui tournaient en un vol lent et tourbillonnant. A un moment donné, je me détournai de la rivière, obliquai droit vers la falaise. Une pensée confuse me revint, le rire du hibou. Ce n'était peut-être qu'un rêve, pas forcément un mauvais présage. Tchoté, la destruction du monastère, des moines qui couraient en tous sens pour échapper aux gardes rouges, le sang coulant, des hommes que l'on égorgeait, des femmes que l'on violait… A la veille de l'invasion de notre pays par la Chine communiste, on raconte que les montagnes, les collines et les lacs avaient émis des plaintes étranges, pareilles à des coups de canon. C'était, disait-on à l'époque, la bataille que se livraient déités et démons, les protecteurs du Dharma contre leurs ennemis. La bataille fit rage. Comme un signe avant-coureur du drame qui allait nous frapper. A Lhassa et dans ses environs, juste avant le 10 mars 1959, on avait vu des corneilles se poser au sol sans croasser et pointer leur bec vers la terre avant de s'envoler au bout d'un court instant. Ces signes étaient considérés généralement comme un très mauvais présage. Quelques jours plus tard, Kundun prit le chemin de l'exil et les soldats de notre armée furent massacrés.

Mais, ici, la montagne à perte de vue semblait particulièrement calme. Je ne songeai plus qu'aux miens. *Mola* devait être une bien vieille femme. Je souris en songeant aux histoires d'Akhou Tènpa racontées par *pala*, le soir, au coin de l'âtre.

Lorsque je gravis la colline, j'entendis le hurlement des chiens. Le hibou dans mon rêve, ces chiens en ce milieu de matinée : tous ces signes avant-coureurs de mauvaises nouvelles ! Au sommet, je m'assis un instant, contemplant la vaste étendue que je venais de traverser.

Mon regard finit par se poser sur ma maison natale. Mon cœur battait, fort, si fort… La porte s'ouvrit sur un de mes demi-frères. Il me dévisagea un court instant, se prosterna à trois reprises, en murmurant :

— *Lhamènpa*! *Lhamènpa*!

Des larmes inondèrent nos visages. Quelques secondes plus tard, je me trouvai dans la pièce principale, ma famille autour de moi, du moins ce qu'il en restait. Le choc fut brutal. Tous ces signes… J'appris la mort de *mola*, la disparition de *pala*, de mes oncles.

Je restai une semaine auprès des miens. Chaque jour, je montais sur la colline et demeurais des heures, immobile, à invoquer Tara, la prière préférée de *mola*. J'avais construit un temple miniature, planté un drapeau de prières. Un soir d'orage violent, la montagne fut secouée par un tremblement de terre. Un léger frémissement parcourut la demeure. Lorsque le calme revint, un double arc-en-ciel se dessina dans le ciel gris-noir. Maintenant la pluie tombait. J'étais trempé. Le froid, l'obscurité, les couleurs de l'arc-en-ciel, la pluie. J'avais mal. Je me sentais fatigué. Je fermai les yeux et sombrai dans une semi-inconscience. *Amala* et *mola* me souriaient… J'étais emporté par une vague d'émotions qui roulait, tanguait, bousculait tout. *Pala* aussi s'était approché de moi, il me prit la main et me conduisit sur un chemin de lumière. Lorsque je repris conscience, j'étais engourdi par le froid. Un aigle s'envola. La mort rôdait autour de moi. Je savais que la moindre trace de mauvais karma pouvait me poursuivre partout, où que je sois.

— Penses-y, Tendzin Tcheudrak! m'entendis-je dire à haute voix.

On est content de manger, de boire, de travailler. Mais pourtant les conditions de la vie, la santé, la nourriture se dégradent d'un instant sur l'autre. Et l'on se rend soudain compte que rien n'est encore accompli. Je devais diriger plus pleinement encore ce qui restait de ma vie vers la vraie pratique du Dharma. C'était cela le message de mes proches. Je me promis de m'y consacrer, dès cet instant, sans attendre demain, car la mort pouvait frapper ce soir.

Le lendemain, je regagnai Lhassa. Il me fallut trente-six heures de marche. A peine, cependant, avais-je regagné Yititok, que l'on me transféra à Drapchi. A nouveau! Le docteur Li eut juste le temps de m'expliquer que c'était à cause de ce Chinois dont j'avais reçu récemment la visite.

16

Vingt et un ans après

Depuis la mort de Mao Tsé-toung, la Chine semblait vouloir émettre quelques signes d'ouverture et de dialogue. En 1977, Pékin regretta certains excès de la Révolution culturelle. A l'époque, Ngapo Ngaouang Djigmé, le Tibétain qui avait négocié, en 1951, l'«Accord en dix-sept points», signé avec un sceau falsifié, était devenu une des plus importantes personnalités du système communiste mis en place au Tibet. Dans un discours, il avait souhaité le retour de Sa Sainteté et de tous les réfugiés tibétains. Mais comment pouvait-on croire un tel individu ? Un an plus tard, en 1978, les autorités locales eurent un geste remarqué : elles libérèrent trente-quatre prisonniers, présentés comme les «derniers grands chefs rebelles» qui étaient enfermés à Lhassa, le tout bien sûr à grands renforts de propagande.

A cette époque, Yishine Dordjé, un médecin tibétain de Potangmo, avait engagé d'innombrables démarches auprès des autorités chinoises, et il finit par obtenir l'autorisation de me rencontrer à Drapchi. Lui et deux confrères, Dégué Tsénam et Tsultrim Tendzin, parcouraient le pays depuis plusieurs années à la recherche de textes qui leur permettraient de fabriquer à nouveau les pilules précieuses, qu'on ne trouvait plus au Tibet.

— Sans les textes, il est impossible de les préparer. Ce serait trop dangereux, lui fis-je remarquer.

— Mais où les trouver? Même le Mèn-Tsi-Khang ne les possède plus. Les gardes rouges ont tout brûlé, me répondit-il, désolé.

— Allez à Gandèn, et demandez de ma part Sonam Rine-tzine. Je pense qu'il pourra vous être de quelque secours. Ensuite, revenez ici.

Yéché Dordjé retrouva finalement un exemplaire du traité, et il me rencontra à nouveau, grâce à Péma Tcheudrak, un des responsables tibétains de Drapchi. Il m'annonça que Dégué Tsénam avait également rapporté un traité du Kham, mais que ni l'un ni l'autre n'étaient en mesure de comprendre son contenu.

— *Lhamènpa*, vous êtes aujourd'hui le seul médecin du Tibet à pouvoir fabriquer *rine-tchén rilbou*. Il faut mettre tout en œuvre pour préserver cette tradition. Je vous en prie, venez avec moi à Potangmo.

— Je ne peux vous accompagner, et, dans l'immédiat, cela ne servirait à rien, lui dis-je. Par contre, vous pouvez recevoir mes enseignements ici.

Yéché Dordjé fut autorisé à rester à Lhassa et à venir chaque jour à Drapchi. Il fallut plus d'un mois pour lui donner un aperçu du traité, suffisamment en tous les cas pour qu'il pût retourner à Potangmo et rassembler l'ensemble des ingrédients nécessaires à la fabrication des pilules. Quelques semaines plus tard, je reçus la visite de Tséguièl Lèk, le responsable de la médecine tibétaine à Potangmo.

— Maintenant nous avons besoin de vous, me dit-il. N'ayez crainte ! J'assume toutes les responsabiltés s'il advenait quoi que ce soit pendant la durée de votre séjour chez nous. Mais, avant de partir, il faut que je vous avoue quelque chose, *Lhamènpa*. Lorsqu'on m'a parlé de vous, j'ai imaginé un vieillard.

Et il éclata d'un rire sonore, aussi bruyant que celui de Kundun. Je ris aussi.

— J'ai cinquante-six ans, lui dis-je, dont dix-neuf de prison.

Tséguièl Lèk entreprit toutes les démarches pour que mon voyage se passât le mieux possible. Lorsque j'arrivai à Potangmo, je fus reçu avec beaucoup de déférence, y compris par les médecins chinois qui dirigeaient l'hôpital. On me conduisit à Dramtchou, un lieu plaisant au milieu d'herbages traversés par un ruisseau. Dix-huit prisonniers vivaient et travaillaient là, sous la surveillance d'étudiants en médecine, originaires pour la plupart de la région du Kham, notamment de Dergué. La demeure était vaste et agréable par rapport à tout ce que j'avais connu auparavant.

Les responsables du centre avaient préparé mon arrivée. Je pus examiner les ingrédients : il y en avait une centaine. Je fis uniquement des remarques sur l'or qui n'était pas pur. Le métal avait certainement été confisqué aux Tibétains, fondu en boules et marqué d'un sigle, de manière à pouvoir le distinguer des autres qualités d'or présentées en lingots ou en extraits bruts. J'évoquai la question avec Tséguièl Lèk qui était, ici également, le responsable tibétain, mais, en fait, comme

bon nombre de mes compatriotes, il était sous l'autorité directe des Chinois. Tout le reste n'était que pure
façade. La réponse me parvint au bout de trois jours :
on accéderait à ma demande. L'or viendrait directement des mines.

Quatre mois furent nécessaires pour obtenir une
vingtaine de kilos de pilules précieuses. Même si l'on
respectait mon travail, ce ne fut pas toujours aisé de
cohabiter avec certains fonctionnaires chinois et des
Tibétains tout acquis au communisme. Partagés entre
une théorie soi-disant idéale et novatrice et des super-
stitions resurgies du fond de leurs traditions ancestrales,
j'étais, pour ces Tibétains, porteur de tous les malheurs
susceptibles de fondre sur eux et sur la région, parce que
je n'étais pas un lama de haut rang, normalement seul
habilité à purifier les métaux et le mercure nécessaires
à de tels médicaments. Les quolibets pleuvaient, mais
je me refusais à me laisser prendre à leur jeu stupide,
en poursuivant vaille que vaille mon travail. Il faut
croire que les déités et les gardiens du Dharma furent
avec moi. Les médicaments furent prêts à la période des
récoltes, lesquelles se révélèrent au demeurant excel-
lentes, bien meilleures même que celles des années précédentes. Une femme tibétaine vint m'en informer. Je
lui répondis avec un sourire complice :

— Les textes disent que, pour obtenir une bonne
récolte, il faut, auparavant, purifier du mercure. C'est
encore mieux, si l'on prépare également d'autres
métaux.

La femme partit rassurée, et je passai désormais aux
yeux de tous pour un sage et un fin connaisseur des
choses surnaturelles.

Pour revenir à la purification du mercure, les conditions de travail ne furent pas idéales, et cela requérait une énergie considérable de la part de ceux qui la préparaient. Aussi les gardiens veillaient-ils régulièrement à désaltérer chacun d'une rasade de *tchang*, sans oublier de se servir en passant.

A trois ou quatre heures de marche de Dramtchou, se trouvaient plusieurs autres prisons : Tchamdo, Nandak, Traloung, Guchang et Zongnak, dont certaines passaient pour être extrêmement dures. A cette époque, ma peine était achevée depuis plus de deux ans, et je vivais toujours sous contrôle des autorités pénitentiaires chinoises. Personne n'avait encore évoqué ma libération, et je n'y croyais plus trop. Je devais donc me rendre régulièrement au camp de Zongnak, le plus éloigné par rapport à Dramtchou. Je partais le matin très tôt et arrivais vers midi.

Tséguièl Lèk m'avait suggéré de préparer des médicaments pour les prisonniers et le personnel du camp. Nous étions dans l'impossibilité de leur prescrire des pilules précieuses, faute de quoi les officiers de haut rang n'auraient pas manqué de les détourner pour eux et leurs familles. Nous fabriquâmes donc une substance qui contenait aussi du mercure, mais en moindre quantité. A chacun de mes déplacements, je consultais les malades et leur donnais ces substances qui soulageaient un peu leurs maux.

Une rivière contournait Zongnak. Une canalisation de fortune traversait le camp, permettant, en amont, aux soldats et au personnel du camp de laver leur linge.

En aval, ces eaux usées passaient par une fosse et c'était elles que les prisonniers buvaient. Les détenus qui en absorbaient tombaient immanquablement malades. Un jour, une Tibétaine la recouvrit de terre, mais les Chinois s'en aperçurent et lui imposèrent une séance de *thamzing* au cours de laquelle elle dut reconnaître ses fautes, entre autres celle d'avoir aidé des réactionnaires. La fosse fut rouverte, les prisonniers continuèrent à être infectés. Lorsqu'ils se plaignaient auprès du médecin du camp, on leur répondait qu'ils se faisaient passer pour malades, afin de ne pas travailler.

— Vous persistez à vouloir vivre comme par le passé !

Les tentatives d'évasion étaient rares. Lorsque cela se produisait, les hommes étaient humiliés, torturés et conduits au bord de la falaise voisine. Abattus d'une balle dans la nuque, puis de trois balles dans le cœur, les cadavres étaient jetés à l'eau. Dès le printemps, le vent portait jusqu'au camp une odeur nauséabonde. Souvent, des lambeaux de chair et des ossements flottaient dans la canalisation. Au cours d'une de mes visites à Nandak, j'appris que dix-huit prisonniers avaient tenté de s'évader. Un trou d'une dizaine de mètres de large fut creusé. Les prisonniers furent alignés au bord et abattus à la mitraillette. Les autres détenus du camp furent ensuite rassemblés et avertis que la mort attendait tous ceux qui tenteraient de s'échapper du camp.

De telles histoires abondaient. Je me souviens de celle d'un vieillard qui se vantait d'avoir mangé une chèvre de montagne. Manque de chance, quelqu'un l'entendit raconter cet épisode et fit une mauvaise interprétation du mot qui était, en tibétain, une abréviation du mot «chinois». Soupçonné d'avoir mangé un soldat, il resta incarcéré pendant trois longues années. Un gardien discuta un jour avec lui, et, poussé par la curiosité, lui demanda :

— Mais qu'as-tu fait de ses vêtements?

— Vous avez déjà vu une chèvre de montagne porter des habits? interrogea le brave homme, éberlué.

Celui-ci eut la chance d'être relâché. Par contre, nombreux furent ceux à mourir, innocents.

A Dramtchou, la maison qui servait à nous héberger avait été construite avec les pierres d'un monastère. On pouvait encore y lire des mantras. Le sol était carrelé d'une effigie du Bouddha et d'un mandala. En fait, il était de plus en plus fréquent au Tibet de voir des lieux publics, notamment des latrines pour touristes ou pour l'armée, construits avec ce qui restait des sanctuaires ou des peintures murales sacrées.

En rentrant une fin d'après-midi, je croisai un petit garçon. Il devait avoir tout au plus une dizaine d'années. Je m'assis quelques instants près de lui.

— Dis-moi, quand serons-nous libres? Quand les Chinois seront-ils partis?

Ses questions soulevèrent immédiatement ma méfiance. Je lui retournai la question.

— Pourquoi m'interroges-tu ainsi? Pourquoi me demandes-tu cela?

— *Pala* est mort dans un camp, et, depuis, *amala* est battue tous les jours par les villageois.

— Que lui reproche-t-on?

— D'être la femme d'un réactionnaire, sanglota-t-il. Il me raconta alors qu'elle s'était enfuie et qu'elle voulait se suicider. Elle avait déjà jeté son plus jeune enfant dans la rivière.

— Je suis l'aîné, et elle me cherche partout.

N'ayant pas trouvé son fils, la Tibétaine s'était finalement suicidée. Je confiai le garçon à un de mes patients, qui me conseilla de rester sur mes gardes, à cause des mouchards qui étaient nombreux dans les environs.

Avant de quitter Drapchi pour Potangmo, j'avais proposé aux autorités chinoises d'ouvrir une annexe du Mèn-Tsi-Khang pour soigner les prisonniers et les patients de l'extérieur qui souhaitaient me rencontrer. Lorsque je revins à Lhassa, ma requête avait été acceptée. J'en éprouvai une profonde satisfaction, conscient toutefois de l'ampleur de la tâche qui m'attendait. Il manquait nombre de substances médicinales. Je partis, avec un groupe de prisonniers, dont Seupa, Domkou, Tsétèn Namguièl, Sonam, Példèn, Guélèk et une trentaine d'autres, pour cueillir des plantes dans les environs immédiats. Des camions nous attendaient au pied de la montagne. Une fois chargés, nous rentrâmes à Drapchi. En traversant les villages, je remarquai que des Tibétains vendaient, en échange d'une bien maigre somme d'argent, des plantes médicinales à des échoppes tenues par des Chinois. Les herbes de qualité étaient expédiées en Chine, les autres revendues au détail aux Tibétains. Lorsque j'avais besoin de substances qu'on ne trouvait qu'au Népal, en Inde ou en Chine, il me fallait adresser une lettre au directeur de la prison, qui me donnait ensuite l'autorisation d'en acheter dans les échoppes chinoises de Lhassa.

Dans une même volonté d'exploitation, les Chinois poursuivaient, comme aux environs de Potangmo, l'abattage massif des arbres. Ils procédaient par dynamitage. Les arbres, très anciens, étaient souvent énormes, et il était impossible de les déraciner à main d'homme. Les prisonniers creusaient alors un trou autour des racines, et les gardiens posaient les bâtons d'explosif. L'arbre semblait tressaillir un instant et s'abattait. Délesté de ses branches, le tronc dévalait ensuite la pente, dans un incroyable vacarme. On pouvait ainsi voir, par place, des lieux où la forêt avait entièrement disparu, et avec elle les plantes, les fleurs, toute cette flore et toute cette faune que nous, Tibétains, respections tant. Arrivés à la scierie, les troncs étaient débités ; les meilleures coupes partaient pour la Chine ; les autres étaient revendues et servaient surtout pour le chauffage.

Durant ces séjours dans la montagne, nous étions le plus souvent logés sous tente, parfois nous descendions dans la vallée et étions alors reçus par les habitants. J'en profitais systématiquement pour rencontrer des patients. Je me contentais de les examiner et de leur prescrire des médicaments qu'ils devaient ensuite se procurer. Partout, je croisais la misère. La peur se lisait dans les regards. Tous me racontaient les terribles exactions que les Chinois continuaient à commettre. Il arrivait que des familles sortent de leur cache des tankhas, une effigie de divinités, une statuette du Bouddha, juste le temps d'invoquer les déités. Je priais avec elles et, dès que nous avions fini, les œuvres sacrées retrouvaient leur cache. Je rencontrai également des nomades. Certains faisaient paître tranquillement leurs troupeaux de yacks sur l'immensité de hauts plateaux. Des tentes délimitaient le camp. La première servait souvent pour le stockage du lait, du beurre, de la viande séchée. Toutes ces denrées étaient régulièrement récupérées par les Chinois qui n'en laissaient qu'une maigre part à mes compatriotes, lesquels continuaient à endurer les privations et la faim.

A cette époque, j'aurais pu envisager de m'évader. Je ne le fis pas parce que partir, rejoindre l'Inde et le Dalaï-Lama, signifiait pour moi abandonner mes compatriotes et leur faire perdre l'infime possibilité qu'il leur restait de recevoir mes soins. Par ailleurs, lorsque je gagnais ainsi la montagne, de lourdes menaces pesaient sur les autres détenus, en cas de tentative d'évasion de ma part. Et puis les Chinois prenaient toujours soin de placer parmi nous quelques indicateurs que nous ne pouvions connaître. Il y eut évidemment des tentatives d'évasion. Certaines réussirent. Mais il faut être conscient que la population ne pouvait pas trop se risquer de venir en aide aux détenus en fuite ; le danger était partout, même chez son frère ou son voisin.

En l'an mouton-terre (1979), j'appris que les Etats-Unis avaient officiellement reconnu la Chine. Cette année-là, Pèntchén Rinpotché réapparut à Lhassa, après de nombreuses années d'emprisonnement. Etait-ce un nouveau signe d'espoir ? Nous savions que le Dalaï-Lama continuait à parcourir la planète pour informer le monde de la dramatique situation du Tibet. Sa Sainteté avait également demandé à Pékin de laisser rentrer au Tibet les exilés qui souhaitaient revoir leur famille. Et puis, un jour, j'appris qu'une délégation tibétaine, conduite par Lobsang Samten, un des frères du Dalaï-Lama, avait quitté Delhi pour le Tibet, via Pékin. C'était le 2 août 1979.

La délégation resta quatre mois au Tibet. Lorsqu'elle arriva, le 1er octobre, dans la capitale, une foule énorme de plusieurs dizaines de milliers de personnes s'était assemblée autour du Norbou Lingka, transformé en un immense «parc pour le peuple». Ce jour était celui d'une commémoration chinoise, jour de fête. J'étais disponible et je pus donc me rendre moi aussi dans l'ancienne résidence d'été du Dalaï-Lama.

Je sortis, accompagné de Seupa, Phunetsok, Sonam Példèn, Doungtouk, un proche du régent Réting Rinpotché qui dirigeait les affaires du pays lorsque le Dalaï-Lama était encore mineur. Nous avions emporté un peu de *tchang* et de la *tsampa*. Plus nous approchions du Norbou Lingka, plus la foule était dense. Des hurlements couvraient la voix des représentants de Sa Sainteté. Des femmes pleuraient, s'évanouissaient. Des hommes jouaient des coudes pour protéger Lobsang Samten et ses compagnons. Notre groupe rassembla son énergie pour franchir les derniers mètres qui nous séparaient de la délégation. Seupa, Phunetsok, Sonam Példèn et Doungtouk me portèrent plus qu'ils me poussèrent. Et je les vis, je le vis.

— Lobsang Samten La!

— *Lhamènpa*! *Lhamènpa*! Venez, venez vite!

J'avais reconnu Lobsang Samten. Mais quelque chose avait changé dans son profil. C'est cela, il portait maintenant la moustache et ses cheveux étaient épais. Vingt ans après! Ma gorge se noua. J'avais du mal à retenir mon émotion. Lobsang Samten, Ngari Rinpotché, Thouptèn Djigmé Norbou, Djétsune Péma, *amala* et… Kundun. Mais seul Lobsang Samten était là. Je lui présentai une *khata*.

— Comme je suis heureux de vous revoir, *Lhamènpa*. De vous savoir à Lhassa, vivant. *Amala*, Kundun, tout le monde se réjouira de cette merveilleuse nouvelle, sans doute la meilleure de notre séjour, car tout le reste n'est que désolation. Quelles horreurs! Quelle honte!

L'émotion m'empêcha de prononcer le moindre mot, et puis la foule, si dense, criait:

— Vive le Tibet libre! Le Tibet aux Tibétains! Vive le Dalaï-Lama! Longue vie à Kundun!

Devant le flux immense des Tibétains venus approcher le frère — l'envoyé — de Sa Sainteté, un des officiels chinois qui accompagnait et surveillait la délégation eut ce constat terrible pour les communistes: «Un seul jour a suffi pour anéantir vingt années d'efforts.» Pendant que nous échangions quelques mots, mon groupe protégeait la délégation, en repoussant comme il le pouvait cette marée humaine si terrifiante et si belle à la fois, en tous les cas emplie de l'espoir de tout un peuple, le nôtre.

Le calme revenu, nous nous retrouvâmes un peu plus tard, à l'abri des regards, et Lobsang Samten me parla de la vie des réfugiés tibétains, du gouvernement en exil, des voyages de Sa Sainteté, de l'écho de plus en plus favorable de notre cause dans l'opinion.

— Et vous, *Lhamènpa*? Comment avez-vous survécu?

Je ne répondis pas à cette question. Des Chinois nous
surveillaient, mais les espions tibétains, assis à côté de
nous, étaient encore plus dangereux. Je mentis à Lobsang Samten.

— Tout va bien. Depuis que la Mère-Patrie a commencé la rénovation du Tibet, beaucoup de choses ont
changé. Les Tibétains sont désormais moins ignorants,
et nous menons tous une vie agréable.

De nous tous, Phunetsok paraissait le plus ému. Soudain, il saisit la main du frère du Dalaï-Lama et se mit
à raconter ce qui s'était réellement passé au Tibet depuis
le départ de Kundun et de ses proches. Quelqu'un pho-
tographia la scène. Plus tard, Phunetsok fut inquiété,
mais s'en tira finalement à bon compte.

Lobsang Samten me parla longuement d'*amala*. Elle
réclamait ma venue à Dharamsala.

— Ce n'est pas possible. Je n'ai aucune raison de
quitter le Tibet. Je suis utile à mes compatriotes. Mais,
si vous désirez vraiment que je vienne en Inde, vous
devez vous adresser aux autorités chinoises, dont je
reçois désormais tous les ordres.

Le frère du Dalaï-Lama me fixa droit dans les yeux,
haussa les épaules, avec un geste d'impuissance. Notre
dialogue ne révélait aucunement la vérité. Lobsang
Samten me murmura quelques mots, pendant que
Seupa et Phunetsok détournaient l'attention des mouchards. Un nouveau rendez-vous fut pris. Au tomber
du jour, je me rendis à l'hôtel où logeait la délégation.
Les Chinois étaient nombreux, mais les gardes se montrèrent compréhensifs. Je pus enfin parler avec Lobsang

Samten sans le moindre témoin. Je racontai tout ce que j'avais vécu et vu.

La délégation quitta Lhassa en laissant derrière elle une immense vague d'espoir et d'attentes. Les Tibétains évoquaient le retour du Dalaï-Lama, la fin des répressions. Même dans les prisons et les camps, les détenus ne pouvaient cacher leur joie. Mais, hélas, rien ne changea vraiment pour eux.

Les autorités chinoises laissèrent passer quelques jours, puis réunirent les personnalités les plus représentatives de la Région autonome, convoquèrent également des Tibétains soumis à leur cause et des prisonniers qui travaillaient dans différents départements. Je fus également convoqué à cette assemblée.

On nous abreuva de longs discours. Finalement, nous apprîmes que le pouvoir communiste de Pékin avait l'intention de développer encore le Tibet, et qu'il attendait de nous suggestions, idées, critiques aussi, afin de préparer, tous ensemble, un avenir meilleur au peuple tibétain.

Il y avait là des médecins chinois. Je représentais, moi, le corps médical tibétain. On annonça la construction d'un hôpital de tradition occidentale dont je pus, le lendemain, mesurer les travaux qui étaient déjà bien engagés. C'est alors que les officiels me firent part de leur intention de me placer à la tête du centre de médecine tibétaine. Conscients que, pendant la Révolution culturelle, les traités de médecine avaient été, pour la plupart, brûlés, ils me proposèrent de commencer la rédaction d'un ouvrage utile pour les générations futures.

Au fond, cette perspective ne me déplaisait pas, car il s'agissait avant tout de préserver nos traditions ancestrales. Je mis en garde les officiels présents sur les difficultés de rédiger un tel ouvrage, sachant qu'il fallait à tout prix rassembler les textes anciens qui avaient pu être sauvés. Et puis je fis part de l'impérieuse nécessité de cueillir des substances médicinales avant d'ouvrir le centre, car elles manquaient de plus en plus et le Mèn-Tsi-Khang n'était plus à même de répondre à toutes les demandes. Je rappelai que les gardes rouges avaient jeté des centaines de kilos de poudres médicinales dans les fosses communes et que cela ne devait plus se reproduire. J'exigeai aussi du papier et de l'aide. J'obtins tout. Mon salaire de trente yuans ne suffisant plus, celui-ci monta même jusqu'à soixante yuans. Quatre-vingts Tibétains vinrent m'assister dans la préparation de l'ouvrage. En quelques semaines, je pus rassembler ainsi quelques traités anciens.

J'organisai également la cueillette des plantes. Des équipes, composées uniquement de prisonniers et encadrées par de jeunes médecins, partirent régulièrement dans différents sites de la région. Au pied du Mèn-Tsi-Khang poussait une sorte de radis, dont nous utilisions les racines. J'en pris pour les mélanger à d'autres substances et en fis replanter près de Drapchi. Plus tard, j'appris qu'on trouvait cette plante en abondance dans le Spiti, à la frontière de l'Inde et du Tibet.

Nous manquions de place à Drapchi. Aussi les autorités locales chinoises m'autorisèrent-elles à les stocker dans des cellules vides du monastère de Séra, dont les façades étaient en cours de reconstruction. Je pouvais travailler sur place, pour suivre les opérations de séchage et de transformation, à condition toutefois de rentrer chaque soir à Drapchi, sauf autorisation spéciale. Je m'étais fait une raison : je serais toujours un pion entre les mains des autorités chinoises ! J'aurais dû recouvrer normalement ma liberté en l'an dragon-feu (1976). Trois ans plus tard, en l'an mouton-terre (1979), j'étais toujours considéré comme un prisonnier, même si je bénéficiais de la possibilité de soigner les patients, chinois et tibétains.

Passant régulièrement à Drépoung, j'avais pris l'habitude de faire des circumambulations autour du temple. Un jour, j'entendis deux petites filles parler des changements qui avaient eu lieu ici.

— Tous nos monastères ne sont que ruines, souligna l'une d'elles. Les Chinois refont les façades pour leurrer les Tibétains et les touristes. Mais l'intérieur est si misérable…

La situation était identique à Séra, en partie reconstruit pour la promotion du tourisme. Mais à l'intérieur, toutes les statues, les effigies, les objets sacrés avaient disparu. Entendre ces deux fillettes évoquer notre culture me remplit le cœur de confiance. En vingt-neuf ans d'occupation, les Chinois n'avaient pas réussi à nous briser.

Comme je ne pouvais pas m'éloigner des environs de Lhassa sans autorisation spéciale, je savais pouvoir trouver les substances importées de l'Inde, du Népal et de Chine dans une boutique située à proximité de Drapchi, dont les responsables étaient mes patients. Le seul client de ce dépôt était le Mèn-Tsi-Khang. Je savais quels ingrédients ils avaient en stock. Aussi avais-je pris l'habitude de dresser une liste des poudres dont j'avais besoin et de la faire signer par le directeur de Drapchi, un Chinois coléreux qui, un jour, me reprocha de vouloir faire du commerce. Dès lors, il me refusa toute signature. Heureusement, les gens du dépôt se montrèrent très compréhensifs et continuèrent de me livrer, non plus à Drapchi, mais à Séra.

Le monastère de Séra était, par le passé, une ville bourdonnante. Aujourd'hui, il n'était que ruines et en grande partie abandonné. Quelques moines y traînaient avec nonchalance, attendant la venue d'éventuels touristes. Nous pûmes donc facilement stocker les plantes. Mais nous dûmes d'abord nettoyer les cellules inhabitées et réparer les toits éventrés. Comme nous manquions d'outils, nous étions obligés de préparer les poudres en les écrasant à l'aide de gros cailloux sur les bancs en pierre de l'ancien jardin de Séra. Des prisonniers de Drapchi m'aidaient et rentraient chaque soir au camp.

En 1980, an singe-fer, une nouvelle délégation, diligentée par le Dalaï-Lama et conduite par sa sœur cadette, Djétsune Péma, arriva à Lhassa. Une précédente mission d'enquête, composée de jeunes, avait été expulsée sous prétexte qu'elle soutenait la rébellion. Pendant les cent cinq jours — du 1er juin au 3 octobre — que dura le périple, le groupe parcourut treize mille kilomètres. Partout où Djétsune Péma et ses amis passèrent, on évoqua les erreurs commises par la Bande des Quatre, « mais tout allait maintenant très bien dans le Tibet qu'ils avaient visité… », osaient-ils encore affirmer.

Lorsque Djétsune Péma fut annoncée dans la capitale, une foule de plusieurs milliers de personnes s'assembla à nouveau au Norbou Lingka, où elle fit un discours remarquable, évoquant la santé de Sa Sainteté et les efforts des Tibétains de l'exil, qui, comme nous, poursuivaient deux objectifs principaux : le retour de Kundun et la libération du Tibet. L'émotion était intense et les autorités chinoises sur le qui-vive. Contrairement aux affirmations de Pékin, la majeure partie de notre patrimoine culturel et religieux avait été détruite entre 1956 et 1961, et non durant la fameuse Révolution culturelle (1966-1976). Sur un total de plus de six mille monastères et couvents, il n'en restait que huit en l'an dragon-feu (1976).

Lorsqu'à quatre heures du matin je rencontrai Djétsune Péma à son hôtel, une intense émotion nous envahit. De la fenêtre de sa chambre, elle pouvait voir le Potala, toujours aussi majestueux. Dans une pièce de l'avant-dernier étage clignotait une petite lumière.

— A part un gardien chargé de surveiller les lieux, personne n'habite plus là, lui confiai-je à regret.

Elle me parla un peu du voyage, de ce qu'elle avait pu constater et me dit qu'elle souffrait beaucoup de voir les Tibétains ainsi réduits à l'état de quasi-esclaves. Dans les villes, la plupart en étaient contraints à la mendicité, les écoles étaient fermées et la famine persistait dans le pays.

Djétsune Péma découvrit une cité bien différente de ce qu'elle avait connu. Presque toute la ville avait été détruite et des constructions de style chinois rempla-

çaient les anciens édifices. Elle éprouva une profonde
tristesse lorsqu'elle se rendit à Tchang-Sèp-Char. La
demeure familiale avait été transformée en auberge
pour les officiers de l'armée chinoise. Les grilles étaient
cadenassées et les fenêtres peintes en bleu. Les égouts
de la cité débordaient et il n'y avait plus d'évacuation
d'eau. Il y avait bien des lampadaires et des ampoules,
mais pas d'électricité, car le courant n'était disponible
que dans les quartiers habités par les Chinois. Elle
s'étonna de ce que les Lhassapas marchaient toujours la
tête baissée. Je lui expliquai qu'à l'époque de la Révolution culturelle, ils n'avaient plus le droit de lever les
yeux et que, depuis, ils avaient conservé cette habitude.
Aujourd'hui encore, ils vivaient dans la crainte perpé-
tuelle de représailles. La mission d'enquête découvrit
que toutes les émissions de radio étaient diffusées en
langue chinoise, tandis que, le soir, on imposait à la
population des séances d'endoctrinement, véritables
lavages de cerveau qui commençaient au coucher du
soleil et se prolongeaient parfois jusqu'au petit matin.

Djétsune Péma évoqua avec moi la santé fragile
d'*amala* qui souffrait d'hypertension. Elle m'annonça
alors qu'une demande avait été déposée auprès des
autorités chinoises pour me laisser partir pour l'Inde
pendant quelques mois, le temps de visiter la mère du
Dalaï-Lama. La démarche aboutit, et j'obtins une permission de trois mois. J'en informai aussitôt Djétsune
Péma et lui confiai un énorme sac contenant des textes
sacrés très anciens, notamment des traités de médecine.
Je savais que les Chinois ne me laisseraient pas les
emporter et que j'allais être fouillé au corps, tandis que

la délégation pouvait les prendre dans ses bagages sans trop de risques.

Juste avant mon départ de Lhassa, en octobre 1980, Péma Tcheudrak, un officiel tibétain très influent dans la capitale, vint me voir.

— Je sais, me dit-il, que vous ne reviendrez pas.

— Pourquoi une telle affirmation ? répondis-je.

Je me méfiais terriblement, car cet homme n'était pas dupe. Il savait qu'en quittant le Tibet je rejoindrais le Dalaï-Lama et son gouvernement en exil.

— Depuis la fin de la Révolution culturelle, beaucoup de choses ont changé au Tibet. Nous avons besoin de gens comme vous. Nous avons toujours l'intention de vous confier un poste important au centre de médecine tibétaine. Pourquoi aller en Inde ?

— Je n'ai rien à vous dire à ce sujet, lui répondis-je. Par contre, si vous voulez vraiment m'aider, prêtez-moi un peu d'argent. Je ne peux pas emprunter en Inde, ce serait une honte pour la Mère-Patrie.

— De combien avez-vous besoin ?

— Je ne gagne que soixante yuans par mois. Je ne peux pas financer un tel voyage. Il me faudrait mille yuans, que je vous rembourserai à mon retour.

Péma Tcheudrak consentit finalement à me prêter cette somme, persuadé qu'il ne serait jamais remboursé.

Au moment où je pénétrai dans le Djokhang pour invoquer les déités, je pris conscience soudain combien les Chinois avaient bafoué notre religion. A l'exception de quelques statues et de quelques textes sacrés, tout ce qui touchait de près ou de loin au bouddhisme avait été détruit. Sans ces objets à vénérer, la plupart des

Tibétains se sentaient perdus. Certains avaient bravé l'occupant, en les dissimulant, au risque de leur vie.

Après vingt et un ans d'emprisonnement, ces trois mois de permission étaient un signe. Je pensais que, maintenant, ma vie s'améliorerait. « Le karma engendre toute chose », dit le Bouddha. Le fait d'avoir beaucoup souffert m'a permis de me rapprocher des autres êtres humains, m'a sensibilisé peut-être plus qu'un autre à la terrible question du Tibet. Je montrai toutefois une extrême prudence, car nul ne sait ce qui peut encore lui advenir. Je ne pouvais pas oublier toutes ces années où je vis tant de mes compatriotes succomber sous les tortures des geôliers chinois. Même si je me sentais serein, je ne pouvais pas dire que j'étais heureux. Mon peuple continuait à souffrir et ses souffrances n'ont jamais cessé depuis l'invasion communiste, en 1949. Chaque jour encore, des femmes, parfois très âgées, des enfants franchissent la chaîne himalayenne pour trouver refuge et protection auprès de Sa Sainteté le Dalaï-Lama. Mon analyse serait peut-être autre si j'apprenais que les Tibétains jouissent désormais d'une certaine liberté. C'est malheureusement loin d'être le cas.

Avant de quitter la ville, je visitai, une dernière fois, les principaux sanctuaires et rencontrai quelques proches. Je leur dis qu'une fois à Dharamsala, je ne leur écrirais jamais, pour qu'ils n'aient pas d'ennuis. J'avais cinquante-huit ans, et je me sentais déjà si vieux! Pour le reste de ma vie, je souhaitais retrouver la famille Yapchi, servir de mon mieux le Dalaï-Lama, son gouvernement, aider mes compatriotes à vaincre, si possible, leurs propres souffrances.

Le matin de mon départ, un arc-en-ciel enveloppait le Potala, l'ancienne résidence de Kundun. Une émotion intense m'étreignit. Je quittais mon pays, peut-être sans jamais devoir le revoir en cette vie.

Il était quatre heures lorsque je traversai la rivière Kyitchou. A huit heures, je m'arrêtai pour boire du thé et manger un peu de *tsampa*. Au moment de franchir le premier col, je me retournai une dernière fois. Le Potala resplendissait sous les mille feux du soleil. Tout au long du chemin, je récitai un appel personnel aux déités du Dharma :

Aidez-nous à recouvrer bientôt notre liberté,
Aidez-nous à recouvrer notre indépendance,
Permettez-nous de revenir,
Longue vie à Kundun !

17

A nouveau près de Kundun

Fin octobre 1980, an singe-fer du calendrier tibétain, je quittai Lhassa. Je ressentais une impression de bonheur et, en même temps, j'étais hanté par la pensée que mes compatriotes continueraient à subir les pires atrocités, tandis que, moi, je marchais vers la liberté.

Logeant chez une tante maternelle, je passai plusieurs semaines à Katmandou, à visiter les lieux sacrés du bouddhisme. Le matin, je faisais des circumambulations autour des sites ; l'après-midi, je rencontrais des patients. Je rejoignis ensuite New Delhi par avion, avant de remonter vers Dharamsala, où j'arrivai au petit matin.

Quatre heures, les premières rumeurs de l'aube : froissement de robes, murmures, les regards toujours aussi brillants, les pas feutrés, de vieilles mains égrenant un *mala* usé. Le jour se levait. Des hommes et des femmes marchaient, à petits pas, dos voûté, le long du *lingkor*, la voie qui contourne le temple et la résidence de Sa Sainteté. J'empruntai ce même chemin, une, deux, trois fois... Toutes mes pensées étaient tournées vers le Dalaï-Lama, que j'allais retrouver aujourd'hui ou demain. Sur la placette bordée d'arbres qui s'ouvrait sur le temple du Tsouklagkhang des ombres glissaient. Je les imitai, emporté par un élan tout de ferveur et d'enthousiasme. Dans un vacillement de lampes à beurre et de volutes d'encens, comme elles, je glissai, m'agenouillai, me relevai, glissai de nouveau. Murmures, prières, et la douleur qui s'enfuyait de mon corps. Ce matin-là, je me sentis étrangement léger. Mon regard se perdit dans les drapeaux de prières qui frissonnaient au vent. Je m'arrêtai devant les pierres *mani*, pour me recueillir et rendre un hommage ému à nos morts.

Les habitations étaient construites hâtivement. Des toits en carton, des plaques métalliques, parfois de bois, servaient à leur fabrication. C'était simple, misérable le plus souvent, comme si les réfugiés tibétains ne vivaient là que dans l'attente du départ, dans l'unique espoir d'un retour déjà programmé inconsciemment. Certains vivaient à Dharamsala depuis une vingtaine d'années, depuis l'installation du Dalaï-Lama et de son gouvernement en exil. Je constatai toujours la même ferveur chez mes compatriotes. L'autel s'illuminait de petites lampes à beurre et diffusait une clarté sautillante sur une marmite de thé salé et beurré ou de *toukpa-baktouk*, la soupe traditionnelle commune à toutes les régions de notre pays. Dans un coin, une femme préparait de la *tsampa* ou faisait cuire du pain à la vapeur. Un vieillard murmurait des chants lancinants, *Om Mani Pémé Houm*… La vie ici était loin d'être paisible, mais elle était tout entière teintée de ferveur et de compassion. A Mc Leod Ganj, la partie haute du village, quelques inscriptions sur les murs ou les baraques en bois — «Sauvez le Tibet!», «Le Tibet est toujours

vivant » — rappelaient que la plupart de mes frères et
sœurs vivaient toujours sous occupation chinoise. Mais
je fus particulièrement frappé de croiser, pour la première fois, des moines bouddhistes occidentaux. J'en
avais aperçu au Népal, quelques jours plus tôt, mais cela
avait été une image fugitive. C'est à cet instant précis
seulement que je compris que les Chinois ne vain-
craient jamais les fils du Dharma. L'œuvre du Bouddha continuerait, grâce, aussi, à la sagesse de notre souverain, qui, inlassablement, poursuivait son devoir de
délivrer ses précieux enseignements. A l'époque, il ne
fut pas question pour moi de l'accompagner dans ses
voyages à l'étranger ; Kundun souhaitait me confier une
tout autre mission. Elle allait s'avérer d'importance.

Cet après-midi-là, Kundun m'accueillit chaleureuse-
ment. Il me demanda de lui raconter les souffrances des
nôtres dans les geôles chinoises, les miennes également.
Sa Sainteté souhaita aussi que je témoigne devant nos
compatriotes exilés, afin que tous puissent prendre
conscience du drame qui se perpétrait dans notre pays
depuis 1949. Il me proposa enfin de reprendre ma place
comme médecin personnel à ses côtés. J'acceptai avec
une joie si profonde, si intense, que des larmes mouillè-
rent mes paupières. Après tant d'années de souffrances
et d'obstacles, la vie semblait enfin me sourire à
nouveau.

Le Dalaï-Lama n'avait pas changé. Il possédait toujours ce même rire cosmique et rayonnait de cette présence dont se dégageait une indicible énergie. La seule
différence était qu'avec l'âge — il avait à l'époque qua-

rante-cinq ans — son envergure était plus grande
encore. Il m'avoua cependant que ses voyages à travers
le monde le fatiguaient beaucoup, mais que ce n'était
rien au regard de ce que subissait le peuple tibétain.
Puis, nous évoquâmes la santé délicate d'*amala*.

Comme le voulait la tradition, l'audience avec Sa
Sainteté aussitôt terminée, je rendis visite à Guièlyoum* Tchènmo — titre honorifique donné à la mère
du Dalaï-Lama —, qui résidait alors à Kashmir Cottage. *Amala* était très âgée — elle comptait quatre-
vingts ans —, et j'avais décidé d'adopter une attitude
prudente quant aux interrogations qu'elle se posait vraisemblablement sur le Tibet. Elle savait qu'elle ne
retournerait pas à Lhassa en cette vie. *Amala* était au
courant des atrocités commises par l'occupant chinois ;
elle était consciente que les horreurs n'avaient jamais
cessé. Djétsune Péma avait dû tout lui raconter. Aussi,
lorsque je la vis, une fois l'instant d'émotion passé, elle
m'assaillit d'un flot de questions, concernant, notamment, ma vie dans les prisons. Quelqu'un l'avait informée d'une large partie de mon sort, mais elle voulait
l'entendre de ma propre voix.

Amala souffrait depuis fort longtemps d'hypertension et avait subi une attaque qui l'alita un certain
temps. Tout son côté gauche était à présent paralysé. Il
fallait la soutenir pour l'aider à marcher. Mais plus que
la maladie, c'est la situation du peuple tibétain qui la
faisait souffrir horriblement et lui était le plus néfaste.
Depuis son départ de Lhassa, en 1959, elle avait
conservé l'espoir d'un retour dans son pays natal, et,
surtout, celui de finir ses jours à Taktsèr, en Amdo.

En cette fin d'année 1980, l'hiver fut particulière-

ment rude à Dharamsala. La neige tombait en abondance, mais en dépit des difficultés pour se déplacer, je
visitai les différents départements de l'administration
centrale — Santé, Education, Finances, Sécurité,
Affaires religieuses, Relations internationales et Information, Affaires intérieures et extérieures, Justice, auxquels s'ajoutera, en 1988, celui de la Planification. Je fus
reçu par le *Kachag* et par l'Assemblée qui siégea exceptionnellement. Je pus ainsi découvrir les structures
démocratiques mises en place sous l'impulsion de Sa
Sainteté le Dalaï-Lama. Nous disposions d'un gouvernement en exil qui fonctionnait sur le modèle de nombreux autres pays. Nos députés, aujourd'hui au nombre
de quarante-six, étaient élus pour cinq ans et nom-
maient les sept membres du *Kachag* qui désignaient
ensuite leur président. Une seule ombre à ce tableau que
je découvrais : le gouvernement du Tibet en exil n'avait
été reconnu par aucune nation. Je dus relater à plusieurs
reprises mes expériences de la prison. Même dans la rue,
les Tibétains m'interpellaient pour savoir, eux aussi.

C'est à cette époque que je revis Djétsune Péma, la
sœur cadette de Kundun. Présidente du Tibetan Children's Village, qu'elle dirigeait depuis l'an dragon-bois
(1964), année du décès de l'aînée de la famille, Tséring
Deulma, Djétsune Péma et son équipe venaient de fêter
leur vingtième anniversaire, célébré comme il se devait
en présence de notre souverain. Je réalisai alors tout le
travail accompli depuis que notre gouvernement en exil
s'était installé en 1960, an souris-fer, à Dharamsala.
Que de chemin parcouru, que de souffrances soulagées,
que d'obstacles vaincus ! J'éprouvai une immense fierté
et une très vive émotion en regardant ces enfants. La

joie venait de les voir épanouis, entourés de parents adoptifs dans des « homes » qui ne cessaient de surgir de terre. Tristesse de voir chaque jour de nouveaux arrivants qui fuyaient les atrocités chinoises.

Je rendais, le plus souvent possible, visite à *amala* qui n'avait jamais ménagé ses forces pour soutenir ses enfants, notamment Kundun et Djétsune Péma, et pour aider tous les réfugiés qui parvenaient à Dharamsala, dans un état physique et psychique souvent pitoyable. J'avais aussi sollicité une nouvelle audience de Sa Sainteté, au cours de laquelle je devais officiellement reprendre mes fonctions. Elle eut finalement lieu dans la dignité et la simplicité requises pour une telle cérémonie. Deux jeunes médecins furent présentés avec moi, afin que je pusse les former, pour me succéder s'il m'arrivait quelque chose. Kundun reçut nos *khata* et annonça nos nominations. L'audience achevée, je me rendis au temple du Tsouklakhang pour invoquer les déités de la médecine. Je dis alors cette prière, parmi beaucoup d'autres :

> *Qu'il n'y ait pas d'ennemis,*
> *Qu'il n'y ait pas de malédictions,*
> *Qu'il n'y ait plus de maladies,*
> *Que tous les conflits s'apaisent,*
> *Que le bonheur croisse dans les esprits et les corps,*
> *Qu'il y ait richesse et puissance,*
> *Que la richesse abonde comme les grains de céréales,*
> *Que je vive longtemps encore,*
> *Que tous mes souhaits puissent se réaliser.*
> *Longue vie à Kundun !*
> *Longue vie à la famille Yapchi !*

Quelques semaines plus tard, je retrouvai également mon rang (le cinquième) dans la hiérarchie tibétaine, et le Dalaï-Lama me nomma à la direction du Mèn-Tsi-Khang que, dès l'an tigre-eau (1962), il avait tenu à reconstituer, malgré d'énormes difficultés.

Pendant ce temps, la santé d'*amala* se dégrada encore. Guièlyoum Tchènmo quitta son enveloppe corporelle le 12 janvier 1981, an oiseau-fer du calendrier tibétain. Sa mort jeta un trouble profond dans notre petite communauté. Le chagrin se lisait sur tous les visages. La population était en état de choc et se prépara à engager quarante-neuf jours de deuil.

Chaque matin, je me rendais à la résidence de Kundun pour lui prendre le pouls. Il ne se passait pas un seul jour sans que Sa Sainteté ne me parlât du Mèn-Tsi-Khang, qui, depuis 1962, occupait un minuscule bâtiment à Mc Leod Ganj.

— Prenez les choses en main. Comme l'éducation, comme l'opéra, il faut préserver notre médecine.

Financé au début par des fonds propres du Dalaï-Lama, puis par des dons, le Mèn-Tsi-Khang avait connu de nombreux problèmes internes. Les médecins ne voulaient pas rester. Certains l'avaient même quitté pour des raisons purement pécuniaires. L'un d'eux avait d'ailleurs monté une clinique privée qui occupait un vaste espace et fabriquait ses médicaments elle-même. Je ne pouvais comprendre un tel comportement, car nous avions besoin de toutes les forces vives du corps médical pour sauvegarder l'œuvre de mon vénérable maître Khyènrap Norbou et de ses éminents prédécesseurs. «Les médecins d'autrefois pouvaient lire le pouls rien qu'en touchant le lacet du patient», disait-on, jadis, au Tibet. Il n'en allait malheureusement plus de même aujourd'hui ; je le regrettais.

Ayant évalué les graves lacunes de l'institut, je rencontrai Lobsang Samten, qui le dirigeait alors. Au cours d'une conversation à bâtons rompus, je lui demandai :

— Fabriquez-vous des pilules précieuses ? Les médecins savent-ils procéder à la purification des métaux tels que l'or, et surtout le mercure ?

— Nous possédons tout au plus quatre-vingts médicaments.

La situation était grave. Des pilules précieuses, qui ne provenaient pas du Mèn-Tsi-Khang, mais de certains médecins en délicatesse avec notre éthique, se retrouvaient sur le marché, sans les substances essentielles à leur préparation. J'évoquai la question avec l'entourage du Dalaï-Lama.

— Nous sommes totalement conscients du problème, mais n'avons pas d'argent, me dirent-ils en chœur.

— Nous allons perdre tous nos patients si nous ne trouvons pas rapidement une solution, leur répondis-je. Nous ne pouvons pas laisser perdurer une telle situation.

Un matin, au cours d'une consultation, je me décidai à en parler à Sa Sainteté et lui proposai de fabriquer les pilules précieuses les moins complexes. Le Dalaï-Lama accéda à ma demande. Je demandai aussitôt à Tsarong Djigmé, qui vivait alors au Ladakh, de me rapporter des matières premières. Il vint à Dharamsala avec une petite bouteille et me la donna. J'éclatai de rire, oscillant entre l'irritation et l'amusement :

— Que voulez-vous que nous fassions avec ça ? Une bouteille, cela ne sert à rien.

— Il y a tellement de substances au Ladakh, *Lhamènpa*. Vous devriez venir.

Nous avions déjà dépensé beaucoup d'argent pour payer le voyage par avion à Tsarong Djigmé.

— Toutes vos paroles sont aussi inutiles que des bulles, lui dis-je, mais je ne doute pas que vous ayez fait de votre mieux.

Au fil des mois, une organisation plus efficace prit forme. Nous commencions à recevoir des plantes médicinales du Tibet et des matières premières de certaines régions montagneuses de l'Inde. Le Dalaï-Lama me confia cent mille roupies (environ vingt mille francs) pour la construction d'un nouveau bâtiment, où se trouve, aujourd'hui encore, le Mèn-Tsi-Khang de Dharamsala. Il nous fallut bientôt beaucoup de charbon pour chauffer l'or, le cuivre, l'argent, afin de les transformer en poudres. La préparation du *tsotrul* nécessitait une centaine d'ingrédients et nous reçûmes l'autorisation de préparer les médicaments derrière la résidence de Sa Sainteté, à un endroit où Kundun faisait régulièrement des feux rituels.

Entre le deuxième et le sixième mois de l'an chieneau (1982), nous pûmes ainsi travailler avec beaucoup d'ardeur, sous le regard encourageant et protecteur de notre guide spirituel. Nous obtînmes trois millions de pilules *rine-tchén tsotru dachèl*, que nous revendîmes cinq roupies pièces. Parfois, le rire de Sa Sainteté trouait le silence de la fin du jour. Tsarong Djigmé et moi, nous logions dans une petite maison, située près de notre lieu de travail, car nous devions surveiller le feu et, surtout, la purification de certains métaux. Désormais en possession de quinze millions de roupies, nous pouvions penser à franchir une nouvelle étape. Le jour arriva où nous pûmes fabriquer enfin un nombre suffisant de nos médicaments les plus réputés, *rine-tchén drangdjor rilnak tchènmo* et *rine-tchén ratna sampèl*. Ce fut, pour nous, une première grande victoire.

A cette époque, je constatai que nous gaspillions beaucoup de matières premières. Travaillées à la main, certaines substances étaient inutilisables lorsqu'elles restaient en granulés. Nous avions absolument besoin de machines à broyer. J'en fis part à Sa Sainteté et lui expliquai que les Chinois avaient installé ce type de machines au Mèn-Tsi-Khang de Lhassa. Les avis de l'entourage du Dalaï-Lama furent assez partagés, car Dharamsala était une des régions les plus humides de l'Inde et rien ne garantissait le succès de notre projet. Finalement, Kundun accéda à ma demande et je dis aux sceptiques qui m'entouraient :

— Le monde progresse chaque jour. Vous le constatez, ici, en Inde. Devons-nous continuer à demeurer dans le passé, alors que nous avons la possibilité d'aller de l'avant ? Avec l'ancienne méthode que vous préconisez, il nous faudrait plusieurs centaines de personnes, pendant des mois ; et nous ne sommes qu'une quinzaine.

Je trouvai les machines qui nous convenaient à Bombay. Leur arrivée à Dharamsala ne se passa pas sans remous. Même les élèves du Mèn-Tsi-Khang réagirent.

— On dirait des citernes. Quel gâchis d'avoir dépensé tant d'argent…

Je me trouvais dans les camps de réfugiés du sud de l'Inde lorsque me parvinrent les échos de ces turbulences autour des machines. J'en fus un peu découragé. Ce soir-là, je me réfugiai dans la méditation et invoquai les déités pour qu'elles me vinssent en aide. Quelques semaines plus tard, de retour à Dharamsala, son secrétariat privé m'informa de la visite de Sa Sainteté, qui voulait voir les machines. Je les fis fonctionner et mon équipe fabriqua près de deux mille kilos d'encens. Kundun était fort attiré par tout ce qui touchait à la technique. Lorsqu'il vit les substances broyées, il eut un énorme éclat de rire et nous félicita tous. Sa Sainteté le Dalaï-Lama, Tendzin Namguièl et moi-même posâmes pour la postérité devant nos fameuses machines.

Il fallut ensuite créer une école de médecine. Il n'y en avait pas à Dharamsala. Au début, nous eûmes cinq étudiants. Confrontés aux difficultés de la tâche, deux abandonnèrent ; mais d'autres candidats se présentèrent, et ils furent bientôt dix. Je fis planter une tente, là où se trouve aujourd'hui la cuisine, et nous y prenions nos repas en commun. Il était difficile d'accueillir les élèves en pension. Plus tard, au cours d'un voyage en Italie, Namguièl Lhamo, l'épouse de Lobsang Samten, et moi-même obtînmes le parrainage de notre école. C'est grâce à ces dons que fut construit le grand bâtiment de l'actuel Mèn-Tsi-Khang, dont les coûts atteignirent près de dix millions de roupies. La cuisine fut financée par la vente de pilules précieuses. A

l'époque, je logeais à l'hôtel Kokonor, à Dharamsala.
Pendant notre absence, les singes descendaient en
bande, faisaient irruption dans la pièce et emportaient
tout ce qu'ils pouvaient y trouver, vêtements, savons.
Pour faire de la cuisine, nous utilisions du kérosène, ce
qui noircissait les murs.

En 1984, an souris-bois, six dispensaires de médecine tibétaine furent ouverts — dont un à Mundgod,
deux à Bylakouppé, deux autres à Dharamsala. Pour
satisfaire aux besoins des nombreux patients, il fallait
développer aussi la cueillette des plantes. Je me ferai ici
volontairement peu précis, afin de ne pas mettre en
péril des familles et des militaires tibétains qui furent
envoyés dans certaines régions frontalières du Tibet,
versant indien, pour m'aider à cueillir les plantes qui
nous étaient nécessaires. Ces hommes, commandés par
un officier indien, firent un travail remarquable, difficile. Un moment, je dus même emprunter ce que vous
appelez l'hélicoptère, mais que j'avais, moi, surnommé
l'« avion bourrasque ». L'endroit était si haut que je dus
emporter une canne de marche pour gravir le versant.
Certains d'entre nous eurent le mal des montagnes. Il
fallait ménager les hommes. Partout où nous passions,
le sous-officier qui menait le groupe signalait notre
position par radio. Nous recueillîmes ainsi quatre-
vingts sacs de substances médicinales extrêmement
pures.

Une fois les médicaments préparés, nous prîmes la
décision de les distribuer gratuitement aux réfugiés
tibétains et aux patients indiens qui commençaient à
venir nous consulter. A New Delhi, nous avions installé le centre médical à la Maison du Tibet, et nous

logions à une vingtaine de minutes de là dans une maison qui avait été aimablement mise à notre disposition.
Ce fut encore à cette époque que le ministre indien
chargé de la Santé, une femme, nous conseilla d'ouvrir
un centre médical de médecine traditionnelle tibétaine.

— Comment voulez-vous que nous fassions ? lui dis-
je remarquer. Nous n'avons aucun terrain.

Quelques jours plus tard, nous rencontrâmes des
officiels de la capitale indienne. On nous conseilla
d'abord de louer une maison, que nous occupâmes ainsi
deux ans avant de l'acheter.

Peu après, je m'adressai à une assemblée de médecins tibétains. Il nous fallait absolument du personnel
qualifié pour les dispensaires, leur dis-je. Quelle ne fut
pas ma surprise de constater combien les qualités
requises pour aider autrui étaient parfois déviées à des
fins de pur enrichissement. Moi-même, j'aurais pu
suivre cette voie, si je l'avais souhaité. Je ne le fis pas,
parce que le peuple tibétain avait besoin de toutes les
compétences. S'ouvrirent des centres à Kollegal, à Ban-
galore — là, avec le soutien de Tènpa Tséring — puis
au Népal, au Sikkim et au Ladakh. Il existe aujourd'hui
une quarantaine de centres. Pour tous ces endroits,
nous fîmes l'acquisition de bâtiments financés par les
fonds du Mèn-Tsi-Khang qui recevait maintenant
l'aide de mécènes de plus en plus nombreux, et toujours de Sa Sainteté le Dalaï-Lama. Les donateurs
étaient américains, japonais, anglais, français. Mon
salaire avoisinait alors trois cents roupies par mois
(environ soixante francs).

A Dharamsala, je me rendais, deux fois par semaine
— le lundi et le jeudi —, vers six heures du matin, à la
résidence de Sa Sainteté le Dalaï-Lama. Je lui prenais
le pouls. Je dois reconnaître que notre souverain est très
robuste et ne souffre d'aucune maladie grave. Depuis
qu'il est devenu, à l'âge de seize ans, le chef spirituel et
temporel du Tibet, il travaille beaucoup. Parfois, lors
de ses déplacements, il est si occupé qu'il n'a même pas
le temps de se nourrir. C'est à ce moment-là que je
constate certaines fluctuations dans son état ; mais ce
n'est jamais bien grave. Il m'arrive cependant de lui
demander de ne pas trop consommer de thé sucré ou
de ne pas absorber d'aliments gras, comme le beurre de
cacahuète. Aujourd'hui, le Dalaï-Lama sollicite la
médecine traditionnelle autant que la science médicale
occidentale. Il se fait d'ailleurs régulièrement faire des
check-up. La plupart du temps, les diagnostics concor-
dent, mais il déclare préférer l'absorption de médicaments tibétains.

En 1985, an bœuf-bois, Sa Sainteté me demanda de
participer à une série de conférences en Occident. Je
pris l'avion au départ de New Delhi. Invité par de
grands maîtres, tels que Dagpo Rinpotché en France ou
Soguièl Rinpotché en Grande-Bretagne, je découvris
l'Europe — l'Italie, la Suisse avec ses nombreux réfugiés tibétains, l'Allemagne —, avant de me rendre, sur
d'autres invitations, en Australie et aux Etats-Unis.
Avec des médecins occidentaux, je participai à de nombreux colloques. Les conférences et les débats se succédaient. Je me souviens particulièrement de ce jour à
Harvard, où, devant trente-sept spécialistes de la médecine occidentale, je dus prendre le pouls de plusieurs

patients. J'étais inquiet, mais tout se passa merveilleusement bien. Mes diagnostics s'avérèrent exacts, précis. Je parlai alors longuement du *loung*, cette humeur qui commande des fonctions d'échanges telles que la respiration, l'expectoration, l'activité musculaire, la parole, la menstruation, la miction et le relais de l'influx nerveux sensoriel. A Londres, je participai à un débat dans un centre spécialisé dans le traitement du cancer.

J'étais fatigué, parfois irrité par la succession de rencontres toutes plus importantes les unes que les autres. Je savais aussi que certains testaient la fiabilité de notre médecine. Ce fut un succès, et je fus convié à cinq autres reprises à me déplacer en Occident. Pendant ce temps, nous avions engagé au Mèn-Tsi-Khang des recherches sur le cancer, le sida, l'obésité, l'asthme, le diabète, et diverses autres maladies graves dont les problèmes du cœur que je découvris chez de nombreux patients, lors de mes différents voyages. Au début de l'exil, les réfugiés tibétains furent décimés par la tuberculose, maladie que nous ne connaissions pratiquement pas au Tibet.

Nos équipes parcourant les régions et les pays limitrophes à la recherche de plantes médicinales, j'en arrivai à un constat simple. Alors qu'en 1727 Tendzin Phunetsok, un des spécialistes en pharmacopée tibétaine les plus réputés, avait dressé la liste de quelque deux mille deux cent quatre-vingt-quatorze substances, commentant par ailleurs et testant trois cent douze plantes, nous utilisons aujourd'hui à peine mille cinq cents substances et deux cents espèces de plantes, qui sont notre capital, un trésor à partir duquel nous préparons les médicaments les plus indispensables. Pas question de faire la moindre impasse sur tel ou tel type de fabrication, sous prétexte que nous avons du mal à trouver les ingrédients dont nous avons besoin. Je crois bien que le Dalaï-Lama ne l'accepterait pas, car il se montre de plus en plus exigeant pour tout ce qui concerne le Mèn-Tsi-Khang.

Au fil des mois, je devais désormais concilier la formation des jeunes médecins tibétains avec mes conférences à travers le monde. Ce n'était pas aisé, d'autant plus que le Mèn-Tsi-Khang rencontrait de plus en plus de succès. A Dharamsala, nous recevions la visite de médecins étrangers. En l'an tigre-feu, j'appris le drame qui avait frappé les habitants de Tchernobyl (26 avril 1986). Trois ans plus tard, le huitième mois de l'an serpent-terre (1989), j'eus l'occasion de me rendre en Union soviétique, sur les sites contaminés par la catastrophe. Une rencontre avait été organisée avec d'autres médecins. La population ukrainienne souffrait beaucoup. Au cours de cette réunion, j'évoquai nos textes médicaux qui abordaient, dès le XI\ e siècle, des questions de contamination liées au progrès de l'humanité et aux expériences chimiques qui affecteraient sa consommation alimentaire et sa santé. Nos textes indiquaient en effet que l'évolution des sociétés entraînerait une dégradation des valeurs morales et de l'environnement. A travers les siècles, l'homme s'est lancé dans un ensemble de compétitions effrénées et se révèle aujourd'hui prêt à obtenir toujours plus de pouvoir et un meilleur statut. Les nations se livrent à une course aux armements frénétique. Les pays riches mobilisent des capitaux considérables pour procéder à toutes sortes d'expérimentations. Toutes ces activités sont aggravées par le développement des cinq fléaux que sont le désir/attachement, l'ignorance, l'orgueil, la colère et la jalousie. Je proposai aux dix-huit médecins présents de prescrire des pilules précieuses, dont *rine-tchén rilbou*, afin de soulager les maux de leurs patients. J'en disposais, mais en quantité nettement insuffisante. On me conduisit ensuite dans un hôpital où je pus observer des hommes, des femmes, des enfants contaminés par les radiations nucléaires. On me demanda un diagnostic : je pris le pouls, commentai mon analyse. Je me réjouis qu'elle fût approuvée par les autres médecins présents.

Il me fallut quitter Tchernobyl pour répondre à une invitation en Mongolie, mais je promis aux médecins de revenir aussitôt mes obligations dans la République bouriate accomplies. Je passai deux jours dans la capitale du pays, puis empruntai un petit avion pour aller assister aux célébrations du sept centième anniversaire de la mort de Gengis Khan. Je découvris un pays et des traditions très proches des nôtres. Des stoupas étaient érigés en maints endroits, des drapeaux de prières flottaient au vent. Tout comme chez nous, les Mongols comptaient le déroulement des mantras à l'aide de leur *mala*. Je visitai, ici aussi, des hôpitaux, et me rendis compte que les médecins utilisaient aussi les médicaments tibétains pour soigner. Ils leur attribuaient des noms qui me parurent étranges et je m'empressai de les rectifier. Dans un monastère, on me montra une statue très ancienne du Bouddha, quatre-vingts tankhas, des effigies des déités protectrices aux visages rehaussés d'or et ornés de corail, ainsi qu'un nombre considérable de textes. Je fus particulièrement sensible à la ferveur religieuse de tous ces gens. On me proposa de conduire une expédition pour cueillir des plantes dans les montagnes avoisinantes, mais, une fois sur place, je n'en trouvai guère. Plus tard, j'allais revenir en Mongolie pour y passer près d'un an.

Entre-temps, de retour à Tchernobyl, je visitai de nouveau les patients. Certains avaient quitté l'hôpital. On ne m'expliqua pas pourquoi. Seuls treize malades à qui j'avais prescrit des pilules précieuses étaient encore présents. Je pus m'entretenir avec eux et les examiner. Leurs palpitations avaient disparu ; les sourcils commençaient à repousser ; les douleurs oculaires s'étaient estompées. Nous ne pouvions malheureusement faire mieux que d'atténuer leur mal. C'est alors que l'on me fit une proposition que j'accueillis avec un intérêt évident et une pointe de fierté, car cela équivalait à reconnaître pleinement notre médecine : la construction d'un hôpital doté d'une antenne tibétaine. Les officiels du département de la santé nous proposèrent de revenir à Moscou pour visiter les régions où, selon eux, il était possible de trouver les plantes et les substances nécessaires à la fabrication de médicaments. Je repartis à Dharamsala. L'an cheval-fer (1990) se passa en négociations et tractations avec les Russes. Pendant ce temps, j'avais formé quelques médecins à la purification des métaux. D'autres étaient préparés à la recherche. J'étais plutôt optimiste quant à la préservation de notre tradition médicale, à condition toutefois que les matières ne vinssent pas à manquer.

Je revins à Moscou en août 1991, an mouton-fer. Namguièl m'accompagnait. Le projet prenait forme.

Une vingtaine de Tibétains pourraient être affectés à cet institut. Tous les documents étaient prêts. Nous prîmes l'avion pour la capitale mongole, en compagnie de neuf Russes, puis un autre qui nous mena sur la frontière chinoise. Nous passâmes ainsi une vingtaine de jours à chercher certaines plantes ; nous n'en trouvâmes que très peu, en tout cas insuffisamment en regard de ce que nous envisagions de faire. Déçus, nous rentrâmes à Moscou. C'était le 18 septembre 1991. Les événements politiques, un manque évident de moyens financiers et surtout de plantes nous empêchèrent finalement de mener à bien ce projet. Je repartis avec une certaine amertume dans le cœur, mais l'essentiel était acquis : la reconnaissance de la valeur de notre médecine.

Moscou, Paris, Rome, Zurich, Genève, Mexico, Tokyo, Lisbonne, Sydney, Francfort, les grandes villes et les capitales du monde m'invitaient. On m'interrogeait sur la situation au Tibet, sur la vie dans les camps. Notre médecine était et demeure un sujet fort apprécié par le monde occidental. A cette époque, j'appris que les Chinois avaient versé dix mille yuans pour la restauration de Tchoté. Les circonstances firent que je pus, moi aussi, y contribuer par un don équivalent, ce qui provoqua une réaction immédiate des autorités locales. Mais en réalité, pour reconstruire Tchoté, il fallait une somme considérable. J'en éprouve, aujourd'hui encore, une profonde tristesse. Je souhaiterais tellement que Tchoté revive.

An souris-feu du calendrier tibétain (1996). J'ai soixante-quatorze ans et je dois désormais envisager de me préparer à quitter ce corps. Je suis convaincu que je ne pourrai pas revoir le Tibet dans cette vie. Depuis 1980, date à laquelle je parvins à Dharamsala, j'ai œuvré de mon mieux pour permettre au Mèn-Tsi-Khang de préserver nos traditions. Quatre médecins-chefs connaissent désormais les procédures de purification et de détoxification du mercure et autres métaux. Au cours de cette année, treize praticiens ont bénéficié également de ces enseignements. Quatre-vingts étudiants travaillent sous le contrôle permanent de professeurs. Il y va de l'avenir de notre institution. En 1996, nous avons pu préparer cent neuf kilos de mercure et plusieurs millions de pilules. Des étrangers nous ont apporté leur soutien. Certains ont enseigné la science occidentale à nos élèves. D'autres nous ont encouragés et aidés, et nous ont offert, qui de l'argent, qui du matériel, qui de l'aide au secrétariat. Nous disposons maintenant de microscopes et d'ordinateurs.

Des scientifiques du monde entier prennent désormais en considération nos travaux, mais il reste encore beaucoup à faire pour que la médecine tibétaine soit reconnue à sa juste valeur et trouve sa vraie place, afin de contribuer, à sa mesure, au bien-être de l'humanité.

18

Au seuil du grand voyage

Naître, c'est déjà, en soi, accomplir un pas vers la mort. Je pense souvent à la mienne, prochaine. Bouddhiste, je la considère comme un processus naturel, une réalité que j'ai admise tout au long de mon existence. Nul ne peut y échapper, et je ne vois aucune raison de m'en inquiéter. Elle n'est pas une véritable fin.

Chaque instant qui passe me rapproche de ce moment. Je m'y suis préparé depuis fort longtemps, en essayant de mon mieux d'appliquer les enseignements du Dharma. En vivant les dernières années de ma vie dans la proximité de Sa Sainteté le quatorzième Dalaï-Lama, je me suis rendu davantage encore à cette évidence : seules les pensées d'amour, de compassion et de bonté sont essentielles. Sur ce point, Tendzin Guiatso et le Mahatma Gandhi délivrent un même message : nous efforcer d'aimer aussi notre ennemi.

Depuis l'an bœuf-terre (1949), la Chine communiste occupe le Tibet. Elle y impose une impitoyable politique de répression. Et pourtant, même si notre ennemi est cruel, s'il sème la terreur, la violence et l'injustice, le Bouddha nous dit de l'aimer. En comprenant que c'est l'ignorance qui est à la source de toutes nos souffrances et donc de nos comportements erronés, ce n'est que par le dialogue que la question tibétaine se réglera un jour. Ce livre est un simple témoignage pour que le monde sache ce que nous, Tibétains, avons subi et subissons encore sous la botte chinoise. Pékin affirme avoir assoupli sa politique d'occupation. A l'en croire, les Tibétains peuvent désormais exercer leur religion, suivre une éducation. Il n'en est malheureusement rien. Opprimés au Tibet ou libres en exil, les Tibétains n'acceptent pas l'occupation chinoise ; ils la subissent, physiquement et moralement. Personne ne pourra jamais rien contre leur volonté de survivre, leur détermination et leur confiance en leur guide spirituel et temporel, le Dalaï-Lama.

L'amour et la compassion jouent un rôle primordial dans notre existence. S'y ajoute la tolérance. Nous devrions nous efforcer de mener une vie inspirée par la conscience de nos actes. Ainsi, quoi qu'il advienne, nous n'aurons rien à regretter.

A soixante-seize ans, je garde espoir en l'avenir. Tout au long de ma vie, j'ai essayé de mon mieux d'aider les autres, amis et ennemis. Je suis resté fidèle à Sa Sainteté le Dalaï-Lama. Je le servirai le temps qui me reste à vivre. Puis, un jour, je partirai. Peut-être renaîtrai-je comme simple moine à Tchoté pour y poursuivre la reconstruction du monastère, ou bien comme médecin au Mèn-Tsi-Khang pour continuer l'œuvre de mon maître, le Vénérable Khyènrap Norbou, ou bien…

Puissé-je œuvrer, si cela se révèle nécessaire,
A préserver toujours
La culture précieuse du Dharma et de la médecine,
Si longtemps portés par la tradition tibétaine.

Requête pour la Vérité

Vous, Bouddhas des trois temps, Bodhisattvas et Disciples,
Qui avez épanoui un océan de qualités sans limites,
Qui considérez chaque être comme votre unique enfant,
Veuillez être attentifs à cette supplique désespérée
*   pour la reconnaissance de la Vérité.*

Puissent les Enseignements du Bouddha qui permettent
*   de supprimer la misère*
Répandre, dans le monde tout entier, bien-être
*   et prospérité.*
Que les détenteurs du Dharma de la doctrine et ceux
*   du Dharma des réalisations*
Agissent en sorte que se développent les activités
*   des dix aspects de la pratique*

Pris sous le joug irrésistible des puissantes actions
*   néfastes,*
Les êtres sont sans cesse emportés par les affres
*   de l'affliction.*
Par toutes les peurs, difficiles à endurer, de la famine,
*   des armes et de la maladie,*

Faites que chacune de leur respiration soit comme un océan
  de paix et de bonheur.

Qu'en particulier, les détenteurs du Dharma du Pays
  des Neiges
Fassent jaillir les forces puissantes de la Compassion,
Pour tarir rapidement ces flots de larmes et de sang
Que font couler des armées d'impitoyables barbares venues
  d'une contrée enténébrée.

Ces barbares au comportement infâme, provoqués
  par des perturbations d'esprits mauvais,
Ces objets de compassion œuvrent à leur propre ruine
  et à celle d'autrui.
Faites que ces assemblées d'êtres indisciplinés obtiennent
  l'œil de la Sagesse,
Et épanouissent pleinement amour et bonté.

Le sens de mon souhait mûri du plus profond de mon cœur
Est que pureté et liberté recouvrent le Tibet tout entier,
Que la fête de la coexistence harmonieuse du spirituel
  et du temporel
Advienne spontanément au plus tôt

O Protecteurs, dans votre compassion, veuillez prendre
  soin
De l'Enseignement et de ses détenteurs, du peuple
  et de ses représentants,
De ceux qui ont sacrifié leurs biens et leur vie
Et subi tellement de sévices.

En résumé, sous le regard du Victorieux,
Vous, Tchènrézik, Protecteur qui veillez sur le Tibet,

Conformément à votre grande prière,
Veuillez promptement faire tomber la pluie
  de la bonne fortune.

Du fait de l'interdépendance de la réalité profonde
  de l'apparence et du vide,
De la force des paroles vraies, de la puissance
  de la compassion des Trois Excellents (Joyaux),
Et du pouvoir de la vérité infaillible de la loi
  de la causalité,
Puisse cette prière de Vérité se réaliser rapidement
  et sans obstacle.

Sa Sainteté Tendzin Guiatso,
quatorzième Dalaï-Lama

(trad. juillet 1998)

ANNEXES

LA PHONÉTIQUE DES NOMS PROPRES
ET DES NOMS D'USAGE COURANT

Selon la méthode *Parlons tibétain*
de Gilbert Buéso (L'Harmattan, 1998)

Phonétique française	*Phonétique anglaise*
Akhou Tènpa	Aku Tempa
Bachaka	Bashaka
Ba-ra-lou-go	Bha-ra-Lhu-go
Beun	Bön
Bylakouppé	Bylakuppe
Chakyamouni	Shakyamuni
Chaptèn	Shab-Ten
Chédra	Shedra
Chi	Zhi
Choutak	Shu-tak
Dessi	Dhesi
Djaboug Tamtcheu Pèldjor	Jabug Damchoe Paljor
Djampel-Yang Chérap Teunpa	Jampel-Yang Sherab Tonpa
Djokhang	Jokhang
Djoungmo ritreu	Jung-mo-ri-toe
Docha	Dohshah
Do-dé-Pou	Dho-de-Phu
Dodroung	Dodrung
Dordjé	Dorje

Doumdéo	Dumdeo
Dramtchou	Dramshu
Dreulma	Dolma
Dritchou	Drichu
Droup	Drub
Gargompa	Ghar-gompa
Gokhangsar	Go-Khangsar
Golèp	Goleb
Golmud	Gharmu
Golok Djampel Reulpé Lodreu	Golok Jampel Rolpai Lodoe
Guèndune	Gendün
Guiangtsé	Gyantsé
Guiatso	Gyatso
Guié	Gyey
Guièloua	Gyalwa
Guièltsap	Gyaltsap
Guièltsén	Gyaltsen
Guiu-chi	Gyü-zhi
Kachag	Kashag
Kanguiour	Kangyur
Kél	Khel
Kèntchoung	Khenchung
Khapsé	Khabse
Khyènrap Norbou	Khenrab Norbu
Khyènrap Ouangtchouk	Khenrab Wangchouk
Kiourou	Kyuru
Kour	Kur
Kune-Rik Dome Tcheu	Kun-Rig-Dohm-Choe
Kyitchou	Khyi-Chu
Lékdoup	Legdup
Lhadjé	Lha-Je
Loguièl	Logyal
Loung	Loong

Manjoushri	Manhushri
Marikoung	Ma-ri-khung
Matchou	Machu
Mèndzine	Meinzin
Mènnièn	Mein-nyen
Mèn-Tsi-Khang	Men-Tsee-Khang
Meunlam	Mönlam
Meunlam Tchénmo	Mönlam Chenmo
Ngaouang	Ngawang
Ngapo Ngaouang Djigmé	Ngabo Ngawang Jigmé
Ngatcheu	Ngachod
Ngultchou Tsotèl	Ngulchu Tsothel
Niarong	Nyarong
Nièrtchèn	Nyertchen
Norbou Lingka	Norbou Lingka
Om Mani Pémé Houm	Om Mani Padme Hum
Ouangtchèn	Wangchen
Pangbo	Phangbo
Példèn	Palden
Pèntchén	Panchen
Pessala	Paisala
Phunetsok	Phuntsok
Ramotché	Ramoche
Rapguièl	Rabgyal
Rine-tchén drangdjor rilnak tchènmo	Rintchen dangjor rilnag chenmo
Rine-tchén ratna sampèl	Rintchen ratna samphel
Rine-tchén rilbou	Rintchen rilbu
Rine-tchén tsotru dachèl	Rintchen tsotru dashel
Rinpotché	Rinpoche
Routa	Ruta
Shol	Shol
Silsoul	Sil-sul
Sindou	Sindu

Soungmi	Sung-mi
Tachilhunpo	Tashilhunpo
Takhang	Ta-Khang
Tartchine	Tharchin
Tchago	Jha-Go
Tchakpori	Chagpori
Tchandzeu	Chan-ztso
Tchènrézik	Chenrézig
Tcheudeun	Choedon
Tcheupel	Chöphel
Tchik	Chik
Tchondjouk	Chonjuk
Tchoté	Chothey
Tchoutak	Chuthak
Tékhang	Thekhang
Tènguiour	Tengyur
Teuma	Toema
Theundroup	Dhondup
Thouptèn	Thubten
Tik	Thik
Tik-tchik tang kour-guié	Thik-chik dhang kur-gyey
Tik tsi-kour tsi	Thik tsee-kur tsee
Toumo	Tum-mo
Toukpa-baktouk	Thukpa bat-thup
Tséguièl Lèk	Tsegyal Lak
Tséthang	Tsethang
Yapchi	Yabshi
Yéché	Yeshi
Yeuntèn	Yönten

GLOSSAIRE

Amala : terme honorifique désignant la mère.

Bardo : «entre», «état intermédiaire». Au moment de la
mort, l'être ne disparaît pas complètement. Laissant derrière lui son corps physique, sa continuité mentale passe
par une étape intermédiaire, avant de retrouver un
nouveau support d'existence. Etat intermédiaire entre la
mort et la naissance.

Beun : tradition religieuse en vigueur au Tibet avant l'introduction du bouddhisme, et qui perdure de nos jours.

Bodhisattva : être qui a pleinement développé l'esprit d'éveil.

Dalaï-Lama : *Dalaï* est un mot mongol signifiant *océan* et
Lama, un équivalent tibétain du terme indien gourou qui
désigne un maître spirituel. Accolés l'un à l'autre, les deux
termes sont souvent traduits par «Océan de Sagesse».
Mais Dalaï-Lama est avant tout un titre. Celui de chef spirituel du Tibet, figure religieuse la plus éminente connue
du monde bouddhiste, et de chef temporel du Tibet, chef
du gouvernement. Le Dalaï-Lama est considéré comme

une des manifestations humaines de Tchènrézik, bodhi-
sattva de la compassion. Le premier titre a été conféré à
Seunam Guiatso (1543-1588) par le chef mongol Altan
Khan en 1578.

Dharma : ce mot sanskrit a de nombreuses significations. Ici,
il est à prendre dans le sens d'Enseignement du Bouddha.

Djé Tsongkhapa (1357-1419) : grand maître de la tradition,
fondateur de l'école *guélougpa*, dans la continuité de l'école
kadam.

Djokhang : temple principal de la capitale tibétaine, Lhassa.
Le temple le plus vénéré par les bouddhistes tibétains,
fondé selon la tradition au VIIᵉ siècle.

Djoo : statue du Bouddha Chakyamouni se trouvant au cœur
du Djokhang. Elle est la plus vénérée du Tibet.

Écoles bouddhistes : le bouddhisme tibétain est de tradition
Mahâyana (Grand Véhicule), qui se diffusa au Tibet sous
la forme de quatre écoles : *Kaguiu, Nyingma, Sakya* et *Guéloug*. Ces quatre écoles maintiennent toujours intactes les
lignées de transmission.

Gandèn Tripa : titre porté par le chef de la lignée *guélougpa*.
Gandèn est le nom du monastère, *tri* signifie, en tibétain,
trône. Littéralement : « celui qui est titulaire du trône de
Gandèn ».

Guéshé : titre de docteur en philosophie bouddhiste attribué
dans l'école *guélougpa*, après de difficiles examens.

Guièltsap : régent désigné par le *Kachag* pour diriger le Tibet pendant l'absence et la minorité des Dalaï-Lamas.

Guièlyoum : titre honorifique désignant la mère du Dalaï-Lama. Le père porte celui de *guièliap*.

Guiu-chi : les *Quatre Tantras*, textes contenant les enseignements de médecine.

Kachag : Conseil des ministres, composé de trois laïcs (les *kaleun*) et d'un religieux (le *kaleun lama*), lorsque le Tibet était indépendant. Aujourd'hui le *Kachag*, reconstitué en exil, est composé de sept ministres (*kallums*).

Kalachakra : divinité du bouddhisme tantrique tibétain.

Karma : notion importante du bouddhisme. Etymologiquement *karma* signifie action. La loi du karma fait référence aux lois qui régissent les actes et les résultats qu'ils entraînent.

Khata : écharpe blanche, généralement en soie, présentée comme signe de salutation.

Kundun : un des titres attribués au Dalaï-Lama.

Lama : maître bouddhiste tibétain.

Lhamènpa : en devenant médecin personnel du Dalaï-Lama, un *émtchi* est alors honoré de ce titre, par lequel les Tibétains appellent aujourd'hui tout médecin de Sa Sainteté.

Lossar : le nouvel an. Les cérémonies du nouvel an tibétain commencent le vingt-neuvième jour du douzième mois, le jour du *Goutor*, où l'on exorcise toutes les négativités de l'année passée. Il est l'occasion de nombreuses cérémonies. Le nouvel an tibétain débute en l'an 127 av. J.-C. (1998 = 2125 du calendrier tibétain).

Mala : rosaire qui sert à compter les mantras. Equivaut au chapelet.

Mandala : représentation symbolique du monde, du cosmos, du palais d'une divinité ou d'un paradis. Existe en peinture, en sable coloré ou en trois dimensions, et constitue un support de méditation.

Mantra : formule rituelle, employée dans l'hindouisme comme dans le bouddhisme comme support de méditation. *Om Mani Pémé Houm* est le mantra le plus célèbre du Tibet : c'est celui de Tchènrézik, le bodhisattva de la Compassion considéré comme le protecteur du pays.

Meunlam : rituels collectifs de bons vœux effectués au moment du nouvel an.

Meunlam Tchénmo : textuellement, la « Grande Prière ». Instituée par Djé Tsongkhapa en 1409, cette fête religieuse célébrée dans les quinze premiers jours suivant le nouvel an rassemblait à Lhassa jusqu'à cinquante mille personnes.

Mola : terme désignant la grand-mère.

Momo : plat traditionnel de fête ; a l'apparence des raviolis, cuits à la vapeur, végétariens ou farcis de viande.

Moxibustion : méthode thérapeutique consistant à appliquer des sources de chaleur (directement ou à une certaine distance) à la peau.

Oracle de Nétchoung : désigne celui qui a pour fonction d'exé-
    cuter des cérémonies particulières, lors desquelles il est
    pénétré par l'« esprit d'une déité », alors qu'il est en état
    de transe. Dans ces conditions, il délivre des conseils de
    prédiction. Les Tibétains l'appellent *Koutén*, ce qui signi-
    fie, littéralement, le « support physique ». Ils racontent
    volontiers que l'esprit de Nétchoung est entré pour la pre-
    mière fois dans le corps d'un être humain en 1544. Ainsi,
    Drag Trang-gowa Lobsang Példèn devint le premier Nét-
    choung Koutén.

Padmasambhava : né dans l'Udiyana, au nord de l'Inde.
    Maître tantrique qui a contribué à la première introduc-
    tion du bouddhisme au Tibet, en soumettant les forces
    hostiles. Il a aussi aidé à la construction de Samyé, pre-
    mier monastère bouddhiste tibétain.

Pala : titre désignant le père.

Pierre mani : pierre gravée du mantra *Om Mani Pémé Houm*.
    Certaines sont colorées et peuvent avoir de grandes dimen-
    sions, tels des rochers ; d'autres au contraire de petite taille
    sont empilées pour former des murs appelés *mendong*. Elles
    se rencontrent partout, dans les lieux sacrés, près des monas-
    tères et des villages.

Poudja : cérémonie religieuse.

Ramotché Tsouklakhang : un des temples les plus vénérés du
    bouddhisme tibétain, situé à Lhassa.

Régent : il dirige le pays en l'absence du Dalaï-Lama ou
    durant sa minorité. L'institution a été créée au XVIIᵉ siècle
    par le cinquième Dalaï-Lama.

Réincarnation : voir *trulkou*.

Rinpotché : terme honorifique désignant un maître spirituel qualifié et réalisé. Exemple : Dalaï-Lama est un nom mongol utilisé aussi par les Chinois et les Occidentaux. Les Tibétains l'appellent Guièloua Rinpotché : le Précieux Victorieux.

Samsara : cycle des existences.

Sang : monnaie tibétaine.

Sangha : au sens conventionnel, le terme *Sangha* désigne un groupe supérieur ou égal à quatre personnes munies de cinq vœux.

Soutra : les soutras sont les textes contenant les enseignements originels du Bouddha. Ils peuvent prendre la forme d'un dialogue entre le Bouddha et ses disciples, autour d'un thème particulier

Tachi délèk : formule exprimant les bons vœux.

Tachilhunpo : Guéndune Droup, le premier Dalaï-Lama, disciple de Tsongkhapa, fonda en 1447 ce monastère, près de Chigatsé.

Tantra : les tantras sont les enseignements et les écrits qui établissent le fondement du bouddhisme Vajrayana.

Tchang : bière d'orge.

Tchang-Sèp-Char : lieu situé entre le centre de Lhassa et le Potala. La famille du Dalaï-Lama y vivait avant l'invasion chinoise.

Tchoupa : robe tibétaine portée par les hommes et les femmes.

Thamzing (littéralement «lutter») : séance de critique publique appliquée par les communistes chinois; la personne mise en cause se tient, pendant plusieurs heures, debout face à un groupe rassemblé pour l'occasion. La famille, les enfants, les amis peuvent être obligés d'y participer, en critiquant la victime. Aux «autocritiques» se mêlent les insultes, les coups, les crachats des proches. Humiliée, bafouée, la personne en arrive souvent à souhaiter ou à réclamer une mort rapide.

Thanka : au Tibet, peinture basée sur l'art religieux indien de l'époque de la dynastie pala. Dans la continuité des enseignements religieux bouddhistes indiens, les Tibétains ont suivi scrupuleusement les instructions des artistes bouddhistes indiens, et, plus tard, ceux des artistes bouddhistes népalais. C'est au VIIe siècle, dans le Tibet central, que se développe, sous le règne du roi Songtsèn Gampo, la peinture de thanka.

Trulkou : l'idée de réincarnation est intégrée à la structure philosophique du bouddhisme. Un *trulkou* est la réincarnation d'un maître du passé.

Tsampa : farine d'orge grillée.

Tsokrampa : *guéshé* (voir ce mot) de deuxième catégorie, dont l'examen a lieu à Lhassa, pendant la fête de Tsok-Tcheu.

BIBLIOGRAPHIE

Avedon John F., *Loin du Pays des Neiges,* Calmann-Lévy.

Barraux Roland, *Histoire des Dalaï-Lamas,* Paris, Albin Michel, 1993.

Bell Charles, *The Land of the Lamas,* Londres, Secley Services and Co., 1929.

— *The Religion of Tibet,* Oxford, Oxford University Press, rééd. 1968.

— *Portrait of a Dalaï-Lama,* Londres, Wisdom Publications, rééd. 1987.

— *Tibet Past and Present,* Delhi, Motilal Banarsidass, rééd. 1992.

Clifford Terry, *La Médecine tibétaine bouddhique et sa psychiatrie,* Paris, Dervy-Livres, 1991.

Collectif, *Tibet, des journalistes témoignent,* Paris, L'Harmattan, 1992.

— *Tibet, l'envers du décor,* Genève, Olizane, 1993.

— *Tibet, la solution l'indépendance,* Genève, Olizane, 1995.

Comité juridique d'enquête sur la question du Tibet, *Le Tibet et la République populaire de Chine,* Genève, Commission internationale de juristes, 1997.

Commission internationale de juristes, *La Question du Tibet et la primauté de droit,* Genève, 1960.

Das Sarat Chandra, « The Hierarchy of the Dalaï-Lama », *Journal of the Asiatic Society of Bengal,* 1904.
— *Tibetan Studies,* Calcutta, K. P. Bagghi & Co., 1984.
— *Lhassa and Central Tibet,* Delhi, W.W. Rockhill, rééd. 1988.

Deshayes Laurent, *Histoire du Tibet,* Paris, Fayard, 1997.

Djamyang Norbou, *Un cavalier dans la neige,* Paris, Maisonneuve, 1981.

Donnet P.A., *Tibet mort ou vif,* Paris, Gallimard, 1990.

Eco-Tibet France, *Tibet, Environnement et développement,* Savoie, Editions Prajna, 1993.

Fromaget A., *Océan de pure mélodie, Vie et chants du sixième Dalaï-Lama,* Paris, Dervy, 1995.

Goldstein Melvyn C., *A History of Modern Tibet,* University of California Press, 1986.

Harrer Heinrich, *Sept Ans d'aventures au Tibet,* Paris, Arthaud, 1983.

Lamothe M.-J. *Les Cent Mille Chants de Milarépa,* Paris, Fayard, 3 vol., 1988.
— *La Vie de Milarépa,* Paris, Seuil, 1997.
— *Sur les pas de Milarépa,* Paris, Albin Michel, 1998.

Lillico S., « The Panchen-Lama », Shanghai, *The China Journal,* vol. XXI, 1934, p. 96-99.

Malik Inder L., *Dalaï-Lama of Tibet,* New Delhi, Uppal Publishing House, 1984.

Maraini Fosco, *Tibet secret,* Paris, Arthaud, 1990.

Martynov A. S., *On the Status of the Fifth Dalaï-Lama.*

Mehra, *Tibetan Polity (1904-1937), Conflict between the 13th Dalaï-Lama and the 9th Panchen,* Leyde, Ed. J. Brill, 1976.

Mullin Glenn H., *Selected Works ot the Dalaï-Lama III, Essence of Refined Gold,* Ithaca, Snow Lion, rééd. 1982.

— *Selected Works of the Dalaï-Lama VII,* Ithaca, Snow Lion, rééd. 1985.

— *Selected Works of the Dalaï-Lama II, Tantric Yogas of Sister Niguma,* Ithaca, Snow Lion, rééd. 1985.

— *Path of the Bodhisattva Warrior, The Life and Teachings of the Thirteen Dalaï-Lama,* Ithaca, Snow Lion, 1988.

— *Mystical Verses of a Mad Dalaï-Lama,* Weaton, First Quest Edition, 1994.

Ngapo Ngawang Jigme, *Tibet,* PML Editions, 1989.

Patt D., *A Strange Liberation, Tibetan Lives in Chinese Hands,* Ithaca, Snow Lion, 1992.

Példèn Guiatso, *Le Feu sous la neige,* Arles, Actes Sud, 1997.

Pema Jetsun, *Tibet, mon histoire,* propos recueillis par Gilles Van Grasdorff, Paris, Ramsay, 1996.

Richardson H. E., *Tibet ans its History,* Oxford University Press, 1962.

— *A Short History of Tibet,* New York, Dutton and Co., 1962.

— « The Dalaï-Lamas », Londres, *Occasional Paper of the Institute of Tibetan Studies,* n° 1, Shambala, Pandect Press Ltd, 1971, p. 19-30.

Rinchen Dolma Taring, *Daughter of Tibet,* Londres, 1970.

Rockhill Woodwille W., *The Dalaï-Lamas of Lhassa and their Relationships with the Manchu Emperors of China, 1644-1908,* Leyde, 1910.

Samten Gyaltsen Karmay et Heather Stoddard, *Secret Vision of the Fifth Dalaï-Lama,* Serindia, 1988.

Shakabpa W. D., *Tibet, a Political History,* New York, Potala Publications, 1984.

Snellgrove D.L. et Richardson H., *A Cultural History of Tibet,* Londres, Weidenfeld and Nicolson, 1968.

Sogyal Rinpoché, *Le Livre tibétain de la Vie et de la Mort,* Paris, La Table ronde, 1993.

Stein R. A., *La Civilisation tibétaine*, Paris, L'Asiathèque-Le Sycomore, rééd. 1981.

Subba T. B., *Flight and Adaptation, Tibetan Refugees in the Darjeeling-Sikkim Himalaya*, Dharamsala, LTWA, 1990.

Surkhang Wangchen Gélek, « The Critical Years : The Thirteenth Dalaï-Lama », in *Tibet Journal*.

Tibetan Young Buddhist Association, *Tibet, the Facts*, Dharamsala, TYBA, rééd. 1990.

Tokan Tada, *The Thirteenth Dalaï-Lama*, Tokyo, 1965.

Van Walt van Praag Michael, *The Status of Tibet*, Colorado, 1987.

Wang Furen et Suo Wenqing, *Highlights of Tibetan History*, Pékin, New World Press, 1984.

Winnington Alan, *Tibet*, Londres, 1957.

Wu Harry, *Retour au Laogai*, Paris, Belfond, 1996.

Ya Hanzhang, *The Biographies of the Dalaï-Lamas*, Pékin, Foreign Languages Press, 1991.

Younghusband Francis, *Indian and Tibet*, 1910.

Sa Sainteté le quatorzième Dalaï-Lama, *Universal Responsibility and the Good Heart*, Library of Tibetan Works and Archives, 1980.

— *Four Essential Buddhist Commentaries*, Library of Tibetan Works and Archives, 1980.

— *Kindness, Clarity and Insight*, New York, Snow Lion, 1984.

— *Mon pays et mon peuple*, Genève, Olizane, 1984.

— *Opening the Mind and Generating a Good Heart*, Library of Tibetan Works and Archives, 1985.

— *Au loin la Liberté*, Paris, Fayard, 1990.

— *Enseignements essentiels*, Paris, Albin Michel, 1984.

— *Comme un éclair déchire la nuit*, Paris, Albin Michel, 1992.

— *Cent éléphants sur un brin d'herbe,* Paris, Le Seuil, 1991.
— *La Méditation au quotidien,* Genève, Olizane, 1992.
— *Terre des Dieux, malheur des hommes,* entretien avec Gilles Van Grasdorff, Paris, Lattès, 1994.
— *Dialogues on Universal Responsibility & Education,* Library of Tibetan Works and Archives, 1995.
— *The Power of Compassion,* Harper Collins India, 1995.

Et les nombreux textes tibétains consultés à Dharamsala.

LE TIBET EN QUELQUES CHIFFRES

Taille	2,5 millions de km².
Capitale	Lhassa.
Population	6 millions de Tibétains. plus de 8 millions de Chinois.
Religion	bouddhiste à 90 %, *beun* (religion indigène du Tibet) ; l'islam et le catholicisme sont aussi pratiqués.
Langue	tibétain (famille de langue tibéto-birmane). La langue officielle imposée est le chinois.
Nourriture de base	*tsampa* (farine d'orge grillée).
Boisson nationale	*tchang* (thé salé beurré).
Altitude moyenne	4 000 mètres.
Montagne la plus haute	Chomo Langma (mont Everest), 8 848 mètres
Faune (animaux)	yack, bharal (mouton bleu), daim musqué, antilope tibétaine, gazelle

tibétaine, kiang (âne sauvage), panda et ica.

Oiseaux

grue à col noir, lammergeier, grande grèbe à crête, oie tête chauve, canard irisé et ibis.

Aspects
écologiques
majeurs

déforestation massive dans l'est du Tibet, braconnage des grands mammifères. Exploitation excessive des minéraux et des autres ressources naturelles.

Pluviosité
moyenne

varie beaucoup. Dans l'ouest, elle est de 1 mm en janvier jusqu'à 25 mm en juillet. Dans l'est, elle est de 25-50 mm en janvier et de 800 mm en juillet.

Ressources
minérales

Bauxite, uranium, fer, cuivre, chrome, charbon, sel, mica, lithium, étain, or et pétrole.

Principaux
fleuves

Zachu (Mékong), Dritchou (Yangtsé), Matchou (Huangho), Guièlmo Ngoultchou (Salween), Tsangpo (Brahmapoutre), Senge Khabab (Indus) et Langchen Khabab (Sutlej).

Economie

Tibétains : essentiellement agriculture et élevage. Chinois : dans le gouvernement, le commerce et les services.

Provinces

U-Tsang (Tibet central), Amdo (Tibet du Nord-Est) et Kham (Tibet

	du Sud-Est), Ngari au sud-ouest, Chang Tang au nord.
Pays voisins	Inde, Népal, Bhoutan, Birmanie, Turkestan oriental, Mongolie et Chine.
Drapeau	une montagne, des lions des neiges, un soleil avec des rayons rouges et bleus. Illégal au Tibet.
Chef de l'Etat	Sa Sainteté le quatorzième Dalaï-Lama (titre complet : Djétsune Ngaouang Lobsang Yéché Tendzin Guiatso Sisoum Ouanguiour Tsounpa Mepé Dé Pélsangpo).
Gouvernement en exil	démocratique (régime parlementaire : 46 députés élus tous les cinq ans).
Gouvernement au Tibet	communiste.
Relations avec la Chine	coloniales.
Statut	pays occupe.

REMERCIEMENTS

Nous remercions particulièrement :

Les traducteurs du tibétain en anglais qui ont assisté le docteur Tendzin Tcheudrak et Gilles Van Grasdorff à Dharamsala.

Pour la traduction simultanée : Kelsang Yangzom, Tendzin Rabgyal pour leur aide de chaque instant, leur talent et leur solidarité pour l'aboutissement de ce projet.

Pour la traduction écrite : Phunetsok tout d'abord, assisté de Khedup Woeser, pour leur remarquable travail, leur patience et leur gentillesse. Et le Dr Namgyal Tenzin, pour la qualité de ses traductions pour tous les textes liés à la médecine.

Pour les recherches sur Khyènrap Norbou : la compilation a été effectuée en collaboration avec Sonam Rinchen et Ngawang Soepa.

En France, l'énorme travail de traduction des soixante-sept cassettes et autres documents de l'anglais en français, soit au total plus de deux mille pages, effectué par Géraldine Le Roy. A son talent, elle y a ajouté son soutien, sa foi en cet ouvrage.

Jean Lassale et Jacques Krischer pour leur soutien permanent.

Le Bureau du Tibet et Wangpo Bashi pour leur collaboration.

Ngaouang Dakpa pour sa relecture, ainsi que toute sa famille.

La rédaction de cet ouvrage n'aurait pas pu se réaliser sans l'accueil particulièrement chaleureux du gouvernement du Tibet en exil et de l'ensemble de la communauté tibétaine.

Mes remerciements vont tout d'abord à M. Dawa Thondup, ancien représentant de Sa Sainteté le Dalaï-Lama en France, qui m'a aidé à nouer les contacts avec le docteur Tendzin Tcheudrak, tout en m'avertissant des nombreux écueils que j'allais rencontrer. Merci aussi à Mme Kunzang D. Yuthok, actuel représentant de Sa Sainteté à Paris, pour son soutien.

A Dharamsala, mes remerciements vont tout particulièrement à M. Tempa Tséring, secrétaire du département de l'Information et des Relations internationales, pour sa confiance et son amitié, et à l'ensemble du gouvernement du Tibet en exil ; à Djétsune Péma qui a tout organisé au Cottage, symbole de tant de rencontres, à Példèn Guiatso, mon ami, à l'oracle de Nétchoung. En France, à Dagpo Rinpotché pour son soutien de chaque instant.

Et enfin, mes remerciements à MM. les sénateurs Claude Huriet, président de l'Association des amitiés parlementaires pour le Tibet au Sénat, Louis de Broissia et Jean-Jacques Robert ; à M. Léon Zeches et sa famille, mon amitié aussi ; à M. André Heiderscheid ; à Olivier Masseret ; à Sofia et à Khoa ; à Anne-Marie et Mᶜ Gilbert Collard, notre amitié partagée ; et à Marie…

Vous pouvez apporter votre aide à l'Institut médical fondé par le docteur Tendzin Tcheudrak ou participer à la reconstruction du monastère de Tchoté en vous adressant directement à :

Mèn-Tsi-Khang
Tibetan Medical and Astrological Institute
of His Holiness the Dalaï-Lama
Gangchen Kyishong
Dharamsala — 176215 (HP) India

Si vous souhaitez parrainer des personnes religieuses ou laïques en difficulté, adressez-vous à :

Entraide franco-tibétaine
président-fondateur :
Dagpo Rinpotché
77250 Veneux-les-Sablons

Pour tous renseignements :
Bureau du Tibet
84, bd Adolphe-Pinard
75014 Paris

Table

Deuxième partie : 1950-1976

Troisième partie · 1975-1998

Annexes

ŒUVRES DE GILLES VAN GRASDORFF
SUR LE TIBET

Terre des Dieux, malheur des hommes, entretiens avec Sa Sainteté le Dalaï-Lama, Lattès 1995, Grand Livre du mois, 1995, Livre de Poche, 1996.

Tibet, mon histoire, avec Jetsun Pema, Ramsay, 1996, Livre de Poche, 1997.

Paroles des Dalaï-Lamas, Ramsay, 1996, Marabout, 1997.

Panchen-Lama, l'otage de Pékin, préface de Louis de Broissia et de Claude Huriet, Ramsay, 1998.

Spiritualités vivantes / poche

Le Chemin des nuages blancs, Lama Anagarika Govinda (n° 20).
Les Fondements de la mystique tibétaine, Lama Anagarika Govinda (n° 21).
Bardo-Thödol, Le Livre tibétain des morts, prés. par Lama Anagarika Govinda (n° 26).
L'Esprit caché de la liberté, Lama Tarthang Tulku (n° 56).
L'Enseignement du Dalaï-Lama, Tensin Gyatso (n° 62).
Instructions fondamentales. Introduction au bouddhisme Vajrayna, Kalou Rinpotché (n° 80).
Les Fleurs du Bouddha. Anthologie du bouddhisme, Pierre Crépon (n° 88).
Dhammapada. Les Dits du Bouddha, traduits du pali (n° 109).
Le Dharma et la vie, Lama Denis Teundroup (n° 114).
La Méditation créatrice, Lama Anagarika Govinda (n° 115).
La Méditation bouddhique, Jean-Pierre Schnetzler (n° 118).
Dzogchen et Tantra. La Voie de la Lumière du bouddhisme tibétain, Namkhaï Norbu Rinpoché (n° 135).
Comme un éclair déchire la nuit, Dalaï-Lama (n° 152).
Passerelles. Entretiens avec des scientifiques sur la nature de l'esprit, Dalaï-Lama (n° 173).

Espaces libres

Sur les pas du Bouddha, Marc de Smedt (n° 15).
Alexandra David-Néel, Jacques Brosse (n° 18).
Voyages et aventures de l'esprit, Alexandra David-Néel (n° 45).
Jésus et Bouddha. Destins croisés du christianisme et du bouddhisme, Odon Vallet (n° 97).

Albin Michel Spiritualités / grand format

Histoire des Dalaï-Lamas. Quatorze reflets sur le lac des visions, Roland Barraux.
Au-delà des dogmes, Dalaï-Lama.
Tant que durera l'espace, Dalaï-Lama.
Pacifier l'esprit. Une méditation sur les Quatre Nobles Vérités, Dalaï-Lama.
Bouddha, Terre ouverte, Olivier Germain-Thomas.
Dans les pas de Milarépa, Marie-José Lamothe.
Bouddha et les femmes, Susan Murcott.
Moines danseurs du Tibet, texte et photographies de Matthieu Ricard.
Shabkar, Autobiographie d'un yogi tibétain, 2 vol., traduit par Matthieu Ricard et Carisse Busquet.

Carnets de sagesse

Paroles du Bouddha, Marc de Smedt et Jean-Louis Nou.
Paroles du Tibet, Marc de Smedt.

La composition de cet ouvrage
*a été réalisée par l'**Imprimerie Bussière**,*
l'impression et le brochage ont été effectués
sur presse Cameron dans les ateliers
*de **Bussière Camedan Imprimeries***
à Saint-Amand-Montrond (Cher),
pour le compte des Éditions Albin Michel.

Achevé d'imprimer en août 2001.
N° d'édition : 19905. N° d'impression : 12911-012370/1.
Dépôt légal : septembre 2001.